내면의 신학

내면의 신학

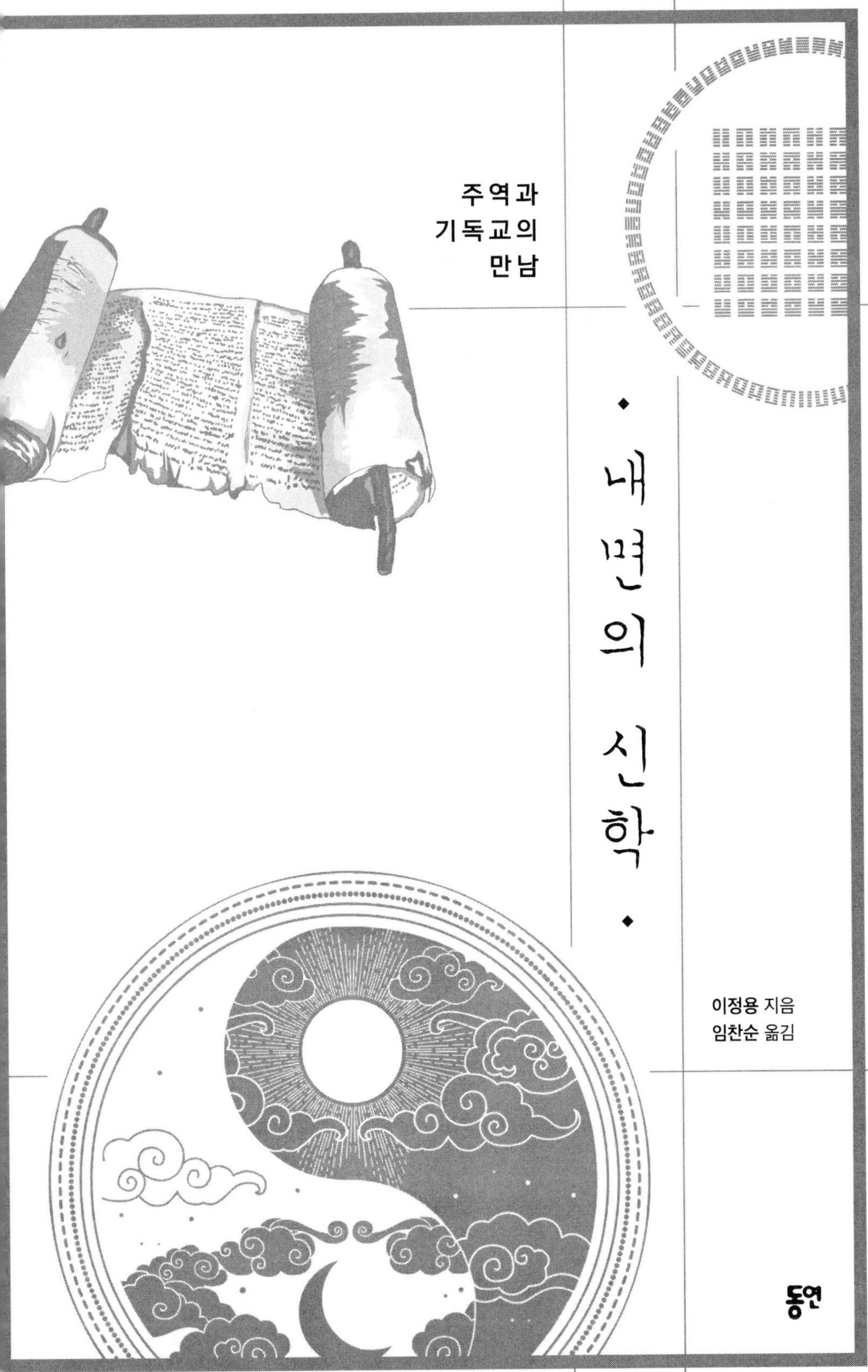

주역과
기독교의
만남

내면의 신학

이정용 지음
임찬순 옮김

동연

여러분의 삶 속에서
하나님의 현존을 발견하기를 소망하면서,
모든 독자께 이 책을 드립니다.

특별한 감사의 말

해럴드연구소 소장 위니프레드 밥콕(Winifred Bobcock) 여사에게 진정으로 깊은 감사를 드립니다. 여사의 전폭적인 지원이 없었다면, 이 책은 쓸 수 없었습니다. 여사는 이 책을 시작할 때부터 마칠 때까지 끝까지 지원하고 격려해 주었습니다. 해럴드의 저작에 대한 해석을 면밀하게 검토하고, 원고를 향상시킬 수 있는 많은 통찰을 제시해 주었습니다. 연구를 위한 재정 지원은 물론 저작권이 있는 자료들을 사용하게 해 준 해럴드연구소에 심심한 감사를 드립니다. 또한 비아트리스 브루토(Dr. Beatrice Bruteau) 박사님께 진심 어린 감사를 드립니다. 박사님은 원고 전체를 읽고 많은 유익한 제안을 해 주었습니다. 그럼에도 이 책에 부족한 것이 있다면 그것은 전적인 제 책임입니다.

그리고 출판사로 보내기 전 원고를 준비하는 과정에서 많은 도움을 준 노스다코타대학교의 길 깃마크(Gill Gidmark), 조앤 매튜(Joan Matthew)와 제임스 밧포드(James Botsford)에게도 감사를 드립니다. 아내와 딸, 아들의 인내와 이해도 잊을 수 없습니다. 이 책이 출판될 수 있도록 가족들은 무엇이든 도와주었습니다.

중국의 고등중국학연구소(the Institute of Advanced Chinese Studies)와 「중국문화」의 편집진에게 감사를 드립니다. 제2장 "주역과 내면의 과정 기본 철학"은 「중국문화」에 출간된 논문을 다시 사용했습니다.

노스다코타대학교에서 저자 이정용

    살다 보면 생각지 못한 뜻밖의 인연이 이어집니다. 임찬순 목사님과 30년을 넘어 다시 인연이 맺어지리라고는 전혀 생각지도 못했습니다. 제가 1990년 한국학중앙연구원 한국학 대학원 석사과정에 다닐 때, 임 선배는 박사과정에 있었고, 한두 학기 같이 수업을 들었습니다. 그 후 미국으로 유학을 떠났습니다. 세월이 한참 지나 강남 고속버스터미널에서 만나, 『삼위일체의 동양적 사유』(*Trinity in Asian Perspective*) 영어 원서를 받아, 조부 학산 선생에게 전해 드렸습니다.

    '주역'과 '기독교', 두 세계의 만남이라는 키워드는 임 목사님과 저를 이어주는 끈이었습니다. 임 목사님은 그동안 스승인 이정용 박사의 신학을 주제로 박사학위를 취득한 후, 영어로 집필된 이 박사의 저작을 우리말로 번역해 국내에 소개해 왔습니다. 이미 『삼위일체의 동양적 사유』(2021), 『역易과 모퉁이 신학』(2023)을 출간했습니다. 마치 2년 터울이 패턴이 된 것처럼, 이번에 『내면의 신학: 주역과 기독교의 만남』이란 번역서를 냅니다.

    추천서를 써 달라는 감당하기 어려운 말씀을 주신 것은 아마 오래전 조부 학산 이정호 선생과 이정용 박사의 인연이 바탕이 되고, 제가 한국주역학회 회장의 임기를 막 마쳤기 때문일 것입니다. 1970년대 학산 선생이 서울 국제 대학에 근무하던 시절, 이정용 박사와 김흥호 교수와 함께 역(易)을 공부했다고 들었습니다. 추운 겨울 난로 옆에서 손을 녹여가며 2시간씩 공부하셨답니다. 그때 공부한 결실로 이정용 박사는 *Journal of Chinese Philosophy* 9(1982: 211-241)에 『정역의 기원과 중요성』(*The Origin and Significance of Book of Correct Change*)을 발표했습니다. 이런 선대의 인연은 다음 세대로 이어지나 봅니다.

저는 감리교신학대학교에서 <주역 연구>라는 수업을 진행하면서, 이 정용 박사의 저작을 읽었습니다. 교재로 쓴 『역의 신학』은 구하기 어려운 희귀 도서였는데, 감신대 도서관에 있었습니다. 학생들이 이 책을 공부하며 무척 좋아했습니다. 우선 이정용의 신학은 그분의 생생한 실존적 고민과 체험에서 나오는 것이어서 감동이었습니다. 그분의 박사학위논문 주제인 신의 고통의 문제도 그렇게 느껴졌습니다. 그런 점이 임 목사님에게도 가슴으로 절절하게 다가왔던 것 같습니다.

감리교에는 토착화 신학의 한 줄기 전통이 흐릅니다. '토착화'는 밖의 것이 들어와 현지에 심긴다는 뜻으로 다소 비주체적으로 느껴져 아주 흡족한 명칭은 아닙니다. 그러나 한국의 철학과 사상은 외래 사상과의 접촉과 수용, 변용을 통해 더욱 풍성해졌습니다. 한국에서의 기독교(천주교 포함) 전통이 이미 수백 년인데, 이제 기독교를 한국철학 사상의 관점에서 수용해야 합니다. 외래 사상이 들어와 몸에 맞게 정착하는 데 수백 년은 그리 긴 시간이 아닙니다. 온갖 우여곡절을 거치는 것은 지극히 당연합니다.

흔히 하는 말로 "시작이 반"입니다. 그 시작을 알리는 깃발을 들고 앞장서 나가는 것은 보통의 용기와 지혜로는 엄두를 내지 못합니다. 그 시작된 일을 이어 나가고, 바꾸고, 더 좋은 것으로 만들어 가는 일은 참으로 값지고 복됩니다. 이정용 박사님의 평생 업적과 그 뜻을 널리 펼치려 헌신하는 임찬순 목사님의 노력이 한국 사회로부터 먼 땅까지 아름다운 꽃밭을 이루길 소망하며, 이것으로 추천의 말씀을 갈음합니다.

2025년 5월
한국주역학회 명예회장 이선경 삼가 씀

이 책을 세상에 내보내면서

근대와 현대는 과학주의, 물질주의, 외재화의 길로 달려오다가 결국 파산에 이르렀습니다. 이것은 서구 문명과 교회의 운명이 되었습니다. 한편, 고대와 중세 그리고 동양은 영혼과 존재의 형이상학을 시도했으나, 시대의 한계를 넘지 못하고 길을 잃었습니다. 역사는 돌고 돕니다. 오늘 우리는 새로운 시대가 열리는 문턱, 곧 개벽(開闢)의 신새벽 앞에 서 있습니다. 포스트모던(postmodern)은 해체의 시대가 아니라, 동서와 세계 종교들이 진정으로 만나고 창조적 변화를 경험하는 한 시대의 끝이자 새 시대의 시작입니다.

이 책은 이정용의 원저, *Patterns of Inner Process: The Rediscovery of Jesus' Teachings in the I Ching and Preston Harold* (Secaucus, NJ: The Citadel Press, 1976)를 번역한 것입니다. 『내면의 신학: 주역과 기독교의 만남』이란 제목으로 세상에 나오게 됩니다. 이 책을 번역할 것인가를 고민하면서부터 책으로 나오기까지 참으로 오랜 세월이 흘렀습니다.

이정용은 내면의 과정을 정직하고 겸손하게 풀어갑니다. 그는 동양 고전 『주역』의 상징의 언어인 태극, 음양, 괘를 내면의 과정의 패턴으로 설명합니다. 이것은 현대의 과학, 심층심리학, 영성을 아우르는 미국의 신비로운 사상가 프레스턴 해롤드(Preston Harold)의 사유와 연결됩니다. 프레스턴 해롤드는 필명으로, 미국에서 *The Shining Stranger*(빛나는 나그네, 1967)

와 *The Single Reality*(하나의 실재, 1971)를 남긴 인물입니다. 해롤드연구소(Harold Institute)를 통해서 이 책들은 세상으로 나왔습니다. 해롤드는 예수님의 삶과 사역을 현대 수학, 양자역학, 핵물리학, 심층심리학 등을 통해 "비정통적 해석"이지만 새롭게 이해했습니다. 이정용은 해롤드의 이러한 해석이 동양적 사유, 『주역』의 세계관과 소통됨을 발견했고, 그를 대화의 파트너로 삼아 이 책을 썼습니다.

주역의 괘는 우주적 상징으로 자연의 변화와 삼위일체적 관계, 아원자적 미시 세계의 변화와 인간의 내면의 과정을 해명하고, 또한 내면의 과정과 외적 과정이 만나고 관계를 맺습니다. 이 책은 전통적인 신학과 영성의 이해를 뛰어넘는 '내면의 혁명'을 제안합니다. 이 혁명은 정치적, 제도적, 윤리적, 사회적 차원이 아니라, 인간의 영혼 깊은 곳에서 일어나는 변화의 흐름입니다. 파괴나 해체가 아닌 상생과 유지, 사랑과 회복을 통해 일어나는 영적 변화입니다. 이 책의 차례, 즉 나, 예수, 십자가, 왕국, 물질과 영, 정신, 시간, 환생, 소통, 공감, 무의식, 남녀는 많은 것을 말해 줍니다. 이 모두는 하나의 실재 속에서 드러나는 내면의 과정이기 때문입니다. 세계와 나는 하나의 실재이기에 연속성 속에 있고, 우주적 "나"와 그리스도는 만나고 함께 삽니다. 자아, 영성, 구원 그리고 하나님의 나라는 "내면의 과정"(inner process)을 통해 이루어집니다. 이 여정은 사랑을 넘어 공감으로 이뤄지는 영원한 대화입니다. 존재의 깊은 흐름은 서로 이질적인 것들을 하나로 묶는 통합의 운동입니다. 그리스도와 하나님과 "나"는 우주적 여정 속에서 만나고 하나가 됩니다.

『내면의 신학』은 이천 년 전 팔레스타인 땅에 오셨던 역사적 예수와 가르침을 통해 우주적 그리스도를 찾아가는 여정입니다. 이정용은 신정통주의에 뿌리를 둔 신학자로 출발하여, 미국의 작은 대학(liberal arts college)

과 주립대학교, 신학대학원에서 조직신학과 종교학을 가르쳤습니다. 그는 과감하게 『주역』을 신학과 종교적 사유를 이끄는 기초로 삼아서, 한국적 신학의 길을 엽니다. 자신을 찾아가는 자전적 신학의 길입니다.

그는, 이 책은 "분명하고 깨끗한 관념들과 정확한 묘사를 좋아하는 이들에게는 다소 바보 같고 반복으로 느낄 것"이라고 고백합니다. 이 책은 기존의 학문과는 다른 길로 관상(contemplation)과 묵상의 열매입니다. 단지 관념을 명료화하는 데 그치지 않고, 내면의 흐름과 과정 속으로 독자를 초대합니다. 그는 이 책을 통해 새로운 신학의 언어를 탐색하고 가다듬습니다. 의식을 넘어 무의식까지 품어내는 학문의 길입니다. 동양적 신학의 구체적인 예입니다. 하나님은 외재적 존재가 아니라, 하나님 세포로, 알파 세트(alpha set)로, 우리 내면에서 참부모로, 그리스도로 사십니다. 기도와 명상을 통해 내면의 과정은 인식됩니다.

『내면의 신학』은 반세기 전에 이루어진 통일과 개벽의 시대를 열려는 한 신학자의 몸부림입니다. 서구 신학과 바르트, 불트만, 틸리히에 정통했던 이정용은 동양의 사유 속에서 기독교의 본질을 다시 발견합니다. 그에게 하나님의 나라는 부활과 환생의 언어로, 과학과 마음의 언어로, 현실이자 체험으로 뜨겁게 다가왔습니다. 예수님은 나의 '원형'으로 내 안에 들어와 나와 함께 사십니다. 그것이 바로 내면의 과정, 내면화의 길이 도달하는 궁극처입니다. 우주와 역사는 하나의 실재이기에, 신학은 "우주론적 인간학"으로 자리 잡게 됩니다.

번역하면서 느꼈던 몇몇 문제를 되짚어 봅니다. "외재적"(external)과 "내면의"(inner, internal)란 단어로 대비시켜 번역했습니다. 외재적/내재적, 외면적/내면적으로 할 수도 있지만, 외재적은 외적으로 대상화가 되는 반면에, 내면의 과정은 인격과 체면과 영성으로 형성되기에 그리했습니다.

때로 "외부 혹은 외적"으로 번역한 경우도 있습니다. 한국어 어감 때문입니다. 성경 인용은 새번역을 이용했습니다. 젊은 독자를 위해서입니다.

신학 책에서도 많은 경우 예수라고 쓰지만, 이 책에서는 예수님으로 번역했습니다. 한국의 개신교적 전통을 살리고 싶었고, 원저자도 공감하리라 믿었기 때문입니다. 예수님은 신앙과 삶 속에서 나의 원형으로, 우리와 함께 걷는 분입니다.

이 책을 번역하면서 썼던 "2024년 미연합감리교회 총회 후의 신학적 성찰: 지구촌 기독교, 통일 한국의 도래를 기다리는 소망의 노래"와 이정용의 신학적 입장을 성찰하는 "역과 나 — 그리스도와 하나님과의 연합을 향한 치열한 이정용의 구도의 길"을 부록으로 붙였습니다. 이 책을 좀 더 심층적으로 이해하려는 시도입니다.

민들레 홀씨처럼 이정용의 언어들이 먼 하늘 위로 태평양을 건너가서 한반도에 떨어지고 싹이 나기를 기도합니다. 이제는 태평양을 훌훌 넘어서 이런 신학의 언어가 한반도와 온 땅 위에서 춤추고 꽃 피우기를 소원해 봅니다.

이 책이 나오기까지 말 없는 성원과 원고를 읽어 주고 응원한 분들에게 깊은 감사를 드립니다. 이정용의 신학을 공부하는 모임에 미국과 한국에서 함께한 분들의 내면의 응원이 없었다면, 이 책은 나오지 못했습니다. 한국의 쉽지 않은 출판계의 상황에서도 이 책을 내도록 공감과 애정을 쏟아 주신 동연의 김영호 장로님께 깊은 감사를 올립니다.

2025년 5월 오순절을 기다리는 부활절에

임찬순

차례

제 1 장

들어가는 말

자아실현을 외재적 과정이 아니라 내면의 과정으로 보는 방식으로 전환이 이제 이루어지고 있는 것이 서양 지성계의 현대적 추세입니다. 이런 경향은 현대의 모든 학문적 연구에 절대적인 영향을 미치고 있습니다. 자아실현을 내면화하고 있는 가장 분명하고 대담한 시도는 현실을 새롭게 이해하는 실존주의적 접근입니다. 주체성만이 현실적(subjectivity alone is real)이라는 키에르케고르의 명제는 객관적 가치를 중시하는 서구적 접근 방식을 사실상 뒤집어엎고 있습니다. 즉, 객관성은 분명하게 외재화의 한 형태입니다. 주체성을 실존적으로 주장하는 것은 내면의 현실을 확증하는 것입니다. 그러므로 서양에서 일어난 실존주의를 한마디로 말하면, 자아의 내면의 현실을 이해하려는 형이상학적 운동입니다.

내면의 과정으로의 전환은 심리학의 영역에서 분명하게 나타납니다. 심층심리학의 발전은 프로이트(Sigmund Freud)의 기념비적 작업을 통해 이루어졌고, 심리학 연구에서 결정적인 전환점이 되었습니다. 심리적 지향의 내면적 깨달음과 인격 형성의 과정은 현대 심리 연구의 중심 주제가 되고 있습니다. 특히 융(C. G. Jung)의 집단 무의식의 개념은 만물의 내면의 과정을 이해하는 중요한 근거가 됩니다. 초심리학과 영적 세계에 대한 관심이 증가하면서 초탈적인 황홀경(ecstatic trance)의 경험을 통해서 무의식은 드러납니다. 서양인들이 자기를 실현하는 내면의 과정에 대해서 점점 더 관심을 기울이는 현상이 일어나고 있습니다.

자기실현의 내면의 과정에 있어서 주요한 발전은 최근 과학적 발견에서 일어나고 있습니다. 아인슈타인의 상대성 원리는 과학적 객관화의 기초가 되었던 정태적이고 절대적인 기준틀(frame of reference)이 바뀌었음을 분명하게 보여줍니다. 상대성의 원리는 세계에 대한 절대적 관점의 기초를 놓게 해주었던 합리적 범주(the rational category)를 파괴합니다. 즉, 아인슈타인의 원리는 외부 과정의 기준틀을 무력화시키고, 자아실현의 내면의 과정을 위한 어떤 영역을 제공합니다. 새로운 핵물리학은 외재화 된 감각으로서는 접근할 수 없었던 아원자적(subatomic) 구조의 내면의 과정을 다룹니다. 게다가 다양한 세포 구조에서 이루어지는 행동의 내면의 과정을 연구함으로써, 생물과 무생물 사이에서 존재하는 밀접한 관계를 관찰할 수 있습니다. 내면의 현실의 과정을 연구하는 것은 서양에서 이루어지고 있는 현대적 발전의 두드러진 특징입니다.

내면의 과정을 이해한다고 해서 외부 과정을 이해하는 것을 배제하는 것은 아닙니다. 내면의 과정 자체는 자아실현의 외부 과정을 배제해서는 이해할 수 없습니다. 오히려 내면의 과정은 외부 과정의 기초입니다. 그러나 상호성이 똑같이 참은 아닙니다. 현실의 외부 과정이 내면의 현실을 이해할 수 있게 만들지는 않습니다. 이것은 합리적 성향과는 모순됩니다.

내면의 과정이 외부 과정보다 왜 더 포괄적인지를 이해하기 위해서는 그것들의 관계를 이해해야 합니다. 내면의 과정은 연속성, 즉 나뉘어지지 않은 전체의 특징을 갖습니다. 이것은 융의 집단 무의식의 개념에 비유할 수 있습니다. 연속성은 외부 과정에 속하는 다른 속성들의 차이를 넘어섭니다. 분석을 통해서 차이를 드러내는 것은 객관화 과정의 특징입니다. 이런 분석을 통해서 차이를 강조하는 것으로는 전체를 다룰 수 없고 언제나 전체의 부분만을 다룰 뿐입니다. 부분들을 모아서는 전체를 만들 수 없는 것과 마찬가지로, 외부 과정은 전체를 다루는 내면의 과정을 이해할 수 없습니다.

이런 종류의 역설을 정이(程頤, 1033~1108)[1]가 잘 설명해 줍니다. 그는 성실함(誠)과 고요함(靜)의 관계를 설명하고자 했습니다. 그는 "성실함은 자연스럽게 고요함을 낳게 되지만, 고요함이 성실함이 될 수는 없다"[2]고 말합니다. 여기에서 성실함은 내면의 과정에 해당하고, 고요함은 외부 과정입니다. 성실함은 고요함이 될 수 있지만, 고요함이 성실함을 얻을 수는 없습니다. 내면의 과정과 외부 과정은 연합하게 되지만, 내면의 과정이 언제나 외부 과정보다는 우위에 있습니다.

이런 관계는 종종 영성가들(mystics)이 설명해 줍니다. 그들은 외부 현실로부터의 완벽한 초연(detachment)을 통해서 내면의 현실을 경험한 이들입니다. 그러나 그들은 내면의 실재에 도달할 때, 외부 현실 전체를 깨닫게 됩니다. 그러므로 외부 과정으로부터의 초연을 경험하게 될 때, 내면의 과정에 애착을 갖게 됩니다. 비록 외부 과정이 내면의 과정의 부분적 표현이긴 해도, 외부 과정에 애착하게(attachment) 되면, 내면의 과정을 발견할 수 없습니다. 이런 역설은 힌두교에서 외부 세계를 마야로 보는 관점과 외부 과정이 놀랍게 비슷합니다. 즉, 외부 세계는 실재하는 것은 아니지만, 그렇다고 실재하지 않는다고 꼬집어 말할 수도 없습니다. 결국 외부 세계는 여러

---

1 중국 송대의 유학자로 보통 이정 형제—정호(程顥)와 정이(程頤)—를 지칭하며, 호는 명도(明道)와 이천(伊川)이다. 주자의 스승 격으로 명도는 기일원론, 이천은 이기이원론으로 대비된다. 이천의 『역전』(易傳)이 전해진다. 주자가 이정 형제의 학문을 더욱 발전시키고 집대성시켰다. [역주]
2 『이정전서』(二程全書), XV. 15.

이름과 형태로 현실이 나타나기 때문입니다.[3] 그러나 생성의 외부 과정이 환영은 아닙니다. 왜냐하면 외부 과정은 궁극적 현실이고 모든 생성과 과정의 원천인 내면의 과정의 연장이기 때문입니다. 내면의 과정은 외부 과정의 원초적인(primordial) 것으로 외부 과정의 원천(source)입니다.[4]

내면의 과정은 외부 과정의 배경이고, 외부 과정은 내면의 과정의 전경(foreground)입니다. 내면의 과정은 본질이나 "있음"(isness) 자체로 나타나지만, 외부 과정은 실존이나 '있음' 자체의 표현으로 나타납니다. 외부 과정은 내면의 과정에는 상대적인 것과 마찬가지로, 실존은 본질에 의해서 조건 지워집니다. 내면의 과정은 영적이고 측정될 수 없는 것을 다루지만, 외부 과정은 물질적이고 측정될 수 있는 것을 다룹니다. 내면의 과정과 외부 과정은 떼려고 해야 뗄 수는 없지만, 그렇다고 같지는 않습니다.

내면의 현실이 외부 현실과는 차별화되는 주요한 특징의 하나는 종종 동시성의 원리(synchronicity principle)라고 불리는 비인과론적 연결 원리입니다. 동시성은 "단순한 우연 이상의 의미를 지닌 시공간에서 일어나는 사건의 일치"입니다.[5] 이것은 "사건의 상대적 동시성"입니다.[6] 사건들이

---

3 Ruth Reyna, *The Concept of Maya from the Vedas to the 20th Century* (NY: Asia Pub. House, 1962), 93.

4 이정용은 내외 관계를 음양의 관계로 다룬다. 구분은 되지만, 완전하게 나눠지는 것은 아니다. 서로가 관계성 속에 존재하기 때문이다. 그는 동양 세계에서 외부 세계를 마야나 환상으로 보는 것에 완전하게 동의하지는 않지만, 그런 특징은 받아들인다. 즉, 내면의 과정을 외재적 과정보다 우위에 놓는다. 하지만 외부 과정을 없는 것으로 생각하지는 않고, 또한 환영이나 마야로 보지도 않는다. 즉, 그는 동서양의 장점을 취하지만 관계를 중심으로 보는 동양적 사유의 방향으로 나간다. 그렇다고 그것만을 주장하지는 않는다. 때로는 그런 태도는 분명하게 드러나지 않기에 비판받을 수 있다. [역주]

5 Carl G. Jung, "Forward" in the *I Ching or Book of Changes*, tr. By Richard Wilhelm and C. F. Baynes (Princeton: Princeton University Press, 1967), xxiv.

6 Carl G. Jung, "In Memory of Richard Wilhelm," in *The Secret of the Golden Flower*,

동시에 일어나지만, 엄격하게 인과율적 관계를 따르지는 않습니다. 달리 말하면, 내면의 과정은 인과율적 연결 원리를 넘어서는 어떤 의미를 찾습니다. 한편, 외부 과정은 사건의 인과율적 연결에서 의미를 찾습니다. 아원자적인 입자들의 활동은 불확정적이고 인과율이 적용되지 않는 것과 마찬가지로, 내면의 과정은 인과율에 근거한 합리적 상관관계를 넘어섭니다. 이런 인과적이지 않은 연결 원리에 따르면, 우연한 사건이나 관념의 연결로 보이는 것이 의미 있는 상관관계가 맺어집니다.

예를 들어, 십자가의 상징(+)과 양의 사인(+)의 상관관계는 외부 과정의 관점에서 보게 된다면 그냥 어쩌다가 일어난 일치일 뿐이고 어떤 의미가 없습니다. 그러나 내면의 과정 관점에서 본다면, 이것은 가장 의미 있는 연결이 됩니다. 외부 감각의 눈으로 보기에는 동시성적 원리 때문에 우연하게 일어난 상징의 일치는 아무 의미가 없지만, 내면의 과정의 개념에서 본다면 우연의 일치가 매우 의미가 있습니다.

내면의 과정은 내면의 현실입니다. 현실은 존재의 상태가 아니고 늘 생성의 과정에 있습니다. 따라서 현실은 과정이고, 과정은 변화의 전개입니다. 내면의 현실이나 과정은 모든 변화의 핵심이고, 모든 생성의 중심입니다. 즉, 내면의 현실은 움직이는 바퀴의 축 혹은 삼차원에서 실린더의 회전축에 비유됩니다. 이것은 과정의 중심일 뿐만 아니라 전체와 과정 모두를 나타냅니다. 그것은 전체의 상징인데, 중심은 드러나는 모든 과정의 원천입니다. 그 중심, 과정의 축이 연속성(a continuum)이기 때문에 전체가 가능합니다. 중심에서 모든 것이 함께 모이게 됩니다. 그 속에 전체 과정이 존재합니다. 그곳에서 시간과 공간의 차이가 사라집니다. 모든 것은 중심에서 시작되고,

---

tr. By Richard Wilhelm (NY: Harcourt, Brace and World, 1962), 141.

중심에서 끝납니다. 중심은 영원의 차원을, 절대성의 질을 갖게 됩니다. 내면의 현실은 과정의 중심을 다루기 때문에 외부 현실의 궁극적 관심이 됩니다.

폴 틸리히가 종교를 궁극적 관심이라고 정의하는데, 내면의 과정은 종교적 현실입니다. 이것이 종교가 생성의 내면의 과정인 영적 현실을 다루게 되는 까닭입니다. 내면의 현실과 동일시되는 종교적 진리는 객관화의 외부 과정을 통해서는 파악할 수 없습니다. 전통 신학이 내면의 현실인 종교적 진리를 합리적인 범주 속에서 객관화시키고 외재화 하려고 한 것은 명백한 잘못입니다. 내면의 과정이 과정 전체나 우주적 과정을 다룬다면, 이것은 전통적인 종교에 관한 접근으로는 감당할 수 없습니다. 왜냐하면 전통적인 종교에 대한 접근은 도덕이나 사회정치적인 범주를 다루기 때문입니다. 즉, 이런 것들은 자기실현의 외부 과정에 속합니다. 내면의 현실은 우주론적인 범주에서 다뤄져야 하는데, 왜냐하면 내면의 현실은 우주론적인 의미를 갖기 때문입니다. 내면의 현실은 우주적인 전체 속에서만 인식될 수 있기 때문에 우주론은 신학을 대체할 수 있습니다.

내면의 과정을 인간의 궁극적인 관심으로 정의한다면, 이미 밝혀온 바와 같이, 종교적 진리의 문제를 만나게 됩니다. 이런 내면의 과정은 세계의 모든 위대한 종교들이 추구해 왔습니다. 기독교라고 예외가 아닙니다. 예수님은 내면의 과정에 관해 가르쳤을 뿐만 아니라 그분 자신이 내면의 과정을 나타내고 있습니다. 신약성서는 법률적이고 도덕적인 기준틀 안에서 잃어 버리게 된 내면의 과정의 패턴에 대한 증언으로 이해할 수 있습니다. 예수님은 자신이 살던 동시대인들을 노예화하는 외부 과정으로부터 떠나게 됩니다. 예수님이 무엇보다 먼저 하고자 했던 것은 삶의 다양한 상징적 표현으로 내면의 과정을 증언하는 것입니다. 그렇기 때문에 예수님이 우주적 중요성이란 개념으로 가르친 내면의 과정의 상징적 표현을 점검해 보아야 합니다.

내면의 과정에 대한 예수님의 가르침은 잊히고 잃어버리게 되었습니다. 최근까지 서양적 사유는 도덕적이고 사회적으로 특징지어진 기준틀 속에서 예수님의 가르침을 다뤄왔기 때문입니다. 이런 기준틀 속에서 예수님의 가르침의 우주적 함의를 발견하는 것은 쉽지 않습니다. 우주적 의미라는 관점에서 내면의 과정을 전달해 줄 수 있는 새로운 기준틀(a new framework)이 필요합니다.

주역이 이런 필요에 독특한 기여를 할 수 있다고 믿습니다. 주역은 내면의 과정을 상징적 패턴의 개념으로 묘사할 뿐만 아니라 우주론적인 기준틀을 제공하기 때문입니다. 주역이란 책에서 내면의 과정의 패턴들은 우주적인 기준틀(a cosmic framework)이란 관점에서 상징적으로 연관되어 있습니다. 따라서 주역은 소우주적 체계로 인식되어 왔습니다. 주역에서 64괘로 상징화된 변화의 원초적 패턴은 내면의 과정의 양태입니다. 주역에서 기본적 관념들을 2장에서 논의하게 됩니다.

주역이 예수님이 주로 관심을 가졌던 내면의 과정을 위한 어떤 틀을 제공한다면, 창조적 종합(creative synthesis)을 통해서 내면의 과정을 탐구할 수 있습니다. 그러나 주역을 예수님 내면의 과정에 대한 가르침에 적용하기 위해서는, 전통과 문화적 성향 속에서 생기는 많은 차이들의 거대한 틈새들을 고려해야 합니다. 이런 틈새는 해럴드의 작업을 통해서 좁혀질 수 있습니다. 해럴드는 *The Shining Stranger*(빛나는 나그네)란 책의 알려지지 않은 저자입니다. 그는 이 책에서 예수님의 가르침을 현대 서구 사상의 틀(framework) 안에서 해석하려고 시도했습니다. 이것은 놀랍게도 주역의 우주론과 매우 비슷합니다. 해럴드의 작업을 참고하면, 예수님의 내적 과정에 대한 가르침을 새롭게 탐구하기 위해, 주역을 우주론적 틀로 사용하려고 시도할 때 많은 도움을 얻을 수 있습니다.

해럴드가 현대의 다양한 학문들, 즉 심층심리학, 실존주의 철학, 현대 과학 등을 창조적으로 종합하려 한 것은 큰 장점입니다. 그는 전통적인 신학이 실패한 원인은 복음서에서 본질적인 예수님의 가르침에 있다기보다는 바울 신학에 대한 과도한 의존 때문이라고 봅니다.7 이 잘못을 바로잡기 위해, 현대인들을 위한 예수님에 대한 새로운 해석을 제시합니다.8 해럴드가 말하는 모든 것을 이해하고 받아들이기는 쉽지 않습니다. 자연과학과 수학에 대한 충분한 배경적 지식이 없는 이들은 해럴드의 논의를 따라가기

---

7 이 책을 쓴 1970년대의 신학적 정황을 고려해야 한다. 역사적 예수에 대한 이해의 문제가 생긴 것이 바울 신학에 대한 과도한 의존이라고 보는 견해는 성서신학에서 많은 변화가 있었다. 즉, 예수와 바울을 대립적으로 보고, 바울이 역사적 예수를 알지 못했다는 가설 자체도 새롭게 정립되고 있다. 이정용은 예수님과 바울의 관계를 상생적으로 보는 것이 그의 신학의 결일 것이다. 그렇지만 70년대의 상황에서는 성서신학에서 바울과 예수를 대립적으로 보았고, 해롤드도 그런 영향 속에 있었고, 이정용도 그런 방향에 대한 비판적 견해는 아직 나타나지 않는다. [역주]

8 현대 성서신학은 너무도 정밀하고 객관적으로 역사적 예수를 재구성하려고 하였다. 또한 바울에 대한 비판적 견해들이 다양하게 표출되었고, 기독교가 예수의 종교라기보다는 바울의 종교라는 식의 해석도 한동안 강력했었다. 종교개혁의 전통이 바울의 재발견에 크게 의존하고 있었기 때문이기도 하다.

이제 기독교가 지구촌 기독교로 자리매김하기 위해서는, 이정용이 강조하는 내면의 과정에 대한 이해를 바탕으로, 신구약을 통합하고 전체적으로 볼 수 있는 성서신학과 조직신학이 필요할 것이다. 진정한 한국적 신학, 내면의 깨달음과 영성 형성을 위한 성서신학과 조직신학, 즉 구성신학이 요구된다. 그런 의미에서 이정용의 내면의 과정에 대한 강조와 접근은 그런 방향으로의 전진의 시작으로 자리매김되어야 한다. 또한 그리스 전통에 근거한 예수 이해나 신학적 이해가 아니라 유대교와 유대문화에 근거한 예수 이해가 많이 연구되었다. 이제는 진정으로 한국적 사유와 전승에 근거한 창조적이고 영성적인 해석을 통한 신학적 전개가 요구된다. 내면의 과정에 대한 새로운 이해와 진술은 바로 그러한 방향으로 신학적 전개를 위한 예언적 작업이기도 하다. 『주역』과 내면의 과정에 대한 관심은 영성과 의식 형성에 대한 관심으로 거대한 흐름이 한국에서 이미 형성되고 있다고 할 수 있다. [역주]

도 어렵습니다. 예를 들어, "보편적 교차행동(cross action)의 특징에 관하여"라는 장은 우주론적이고 과학적인 가설을 다루는데, 핵물리학에 대한 약간의 지식이 있으면 더 쉽게 이해할 수 있습니다. 그러나 해럴드의 작업에 대한 일차 해석자인 위니프레드 밥콕(Winifred Babcock)의 인상적인 논평이 상당한 도움이 됩니다. 이 책에서는 기술적인 개념의 사용은 가능한 피했고, 해럴드의 작업에 대한 심각한 해석을 시도하지도 않습니다. 게다가 해럴드의 결론의 어떤 것을 완전하게 받아들이기에는 저 자신도 준비가 안 되어 있습니다. 다만 제 자신의 견해에 통합될 수 있는 해럴드의 사상만을 사용할 것입니다.

이 책의 목적은 비교 연구가 아닙니다. 예수님이 가르쳤던 그리고 주역의 기준틀 속에서 함의하고 있는 내면의 과정을 해럴드의 연관된 통찰(synergistic insights)의 도움을 받아 연구하려는 것입니다. 이 책의 기본 주제는 예수님의 가르침을 중심으로 탐구하는 것입니다. 예수님의 가르침의 기본 주제는 예수님 자신, 십자가, 하나님의 나라 개념입니다. 예수님은 진리, 즉 내면의 과정의 기본적 패턴들을 드러내고자 했습니다. 이런 패턴들은 외부 행동들을 이해하는 기초가 됩니다. 이미 밝힌 바와 같이, 예수님의 가르침의 내면의 의미는 도덕적이고 사회학적이고 정치적인 함의들에 과도하게 관심을 기울였기 때문에 잃어버렸습니다. 내면의 본질을 다시 발견하기 위해서는 주역에서 분명하고 간단하게 드러나 있는 전체론적이고 우주적인 범주를 사용해야 합니다. 예수님이 진리와 생명이었던 내면의 과정의 패턴들을 가르쳤다면, 예수님의 가르침을 주역과 함께 고려하는 것은 문제가 되지 않습니다. 왜냐하면 이것이야말로 주역의 중심 주제이기 때문입니다. 주역과 예수님의 가르침이 현대의 사상과 관계를 맺기 위해서는 해럴드의 통찰이 꼭 필요합니다. 이런 세 원천 자료를 종합해서 진리의 어떤 패턴들을 연구하는 것이 이 책의 목적입니다.

　분명하고 깨끗한 관념들과 정확한 묘사를 좋아하는 이들에게는 이 책은 다소 바보 같고 반복되는 것을 느낄 것입니다. 그러나 현실은 언제나 분명하고 단순하게 드러나지 않고, 정확하게 묘사할 수 있는 범주에 속하지도 않습니다. 분명하고 단순한 관념들은 외부 과정의 현상인 표층적인 범주에 속합니다. 쇠렌 키에르케고르가 말하듯이, 진리나 내면의 과정은 외부 감각에는 불합리하게 보입니다. 게다가 인과율의 원리는 외부 과정에만 적용되기 때문에 우연의 동시적인 일치와 비합리적으로 보이는 것들이 내면의 과정을 위한 의미 있는 상관관계를 맺을 수 있습니다. 내면의 현실은 존재의 불변하는 상태라기보다는 생성의 변화하는 과정이고, 대립과 반대라기보다는 서로 돕는 상생하는 관계 사이의 상호 작용입니다. 주역은 이런 상생 과정의 기준틀을 제공하기 때문에 다음 장에서 내면의 과정의 철학을 간명하게 논의할 것입니다.

제 2 장

주역과 내면의
과정의 기본 철학

주역(周易)은 70년대에 널리 읽히고 있지만, 대중들이 주역을 제대로 이해하는 것일까요? 많은 사람들은 아직도 17세기에 중국에 왔던 예수회 선교사들의 정신으로 주역을 마법이나 이방인의 책으로 폄하합니다. 주역에 대해서 현대인들이 갖는 주요한 관심은 인생의 새로운 길, 우주적 과정과 통합의 생명의 길을 무의식적으로 찾으려는 욕망입니다. 주역은 이런 우주적 방향성을 찾는 이들에게는 황홀합니다. 그러나 그들은 주역을 거의 이해하지 못합니다. 그러므로 이 책은 주역을 이해함으로써 내면의 과정의 의미를 탐구하려고 합니다.

중국 문명의 역사에서 누구도 주역의 기본 형이상학적 이론을 완전하게 이해할 수는 없었습니다. 심지어는 공자조차도 주역을 이해할 수 없었다고 고백합니다. 공자는 한번은 이렇게 말했습니다. "내가 조금만 더 살 수 있다면, 오십이 되어서라도 주역을 연구했다면, 큰 실수를 피했을 것입니다."[1] 주역에 대한 주석이 수백 권이 넘지만, 누구도 주역을 완전하게 이해할 수는 없었습니다. 즉, 주역의 형이상학적 이론의 함의를 완전하게 이해할 수는 없었습니다.[2]

---

1 『논어』, VII. 16.

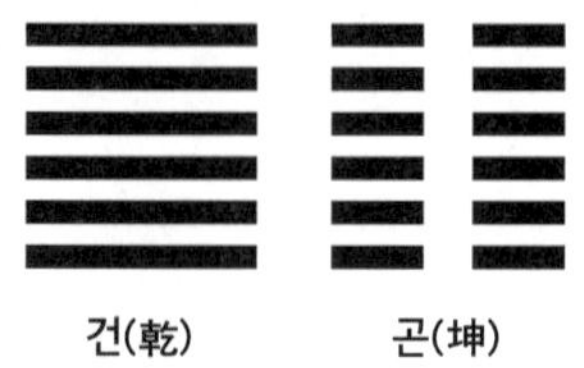

그렇기 때문에 주역에서 우리의 사고와 연관되는 내면의 과정의 기본 관념을 몇몇 탐구할 것입니다. 그것은 주역의 형이상학에 대한 포괄적 해석을 시도하는 것보다 더욱 적절하다고 생각합니다.

먼저 주역 책을 열었을 때, 음양의 여섯 효로 이루어진 괘를 보게 됩니다. 주역 책 전체는 64괘로 이루어져 있습니다. 단적으로 말해, 주역은 64괘로 이루어진 책입니다. 괘의 이름과 판단으로 이루어진 것이 「단전」(彖傳)이고, 주석들과 같은 모든 다른 묘사는 64괘를 위한 설명들일 뿐입니다. 괘들은 우주적 과정 전체를 나타냅니다. 이것이 바로, 주역이 우주의 소우주적 체계로 알려진 이유입니다. 우주에 있는 모든 것은 주역 속에서 발견되는데, 64괘는 모든 가능한 초기 상황입니다. 괘들을 알게 되면, 우주 전체를 이해할 수 있는데, 주역의 64괘는 우주의 상징이기 때문입니다.

주역이 가진 구조적 측면들을 분석하기 전에, 다른 모든 괘를 낳게 되는 두 원초적 괘를 설명해 보겠습니다. 그것들은 첫째 건괘와 둘째 곤괘입니다. 건괘는 하늘을, 곤괘는 땅을 나타냅니다. 하늘과 땅의 상호 작용이 모든 것을 낳습니다. 그러므로 두 괘는 다른 괘들의 원초적 근원입니다. 두 괘를 다음과 같이 그려볼 수 있습니다.

건괘는 양효만으로, 반면에 곤괘는 음효만으로 이뤄집니다. 따라서 두

---

2 주역에 대한 심층적 연구에 관심있는 이들은 저자의 *The Principle of Changes: Understanding I Ching* (Secaucus, NJ: University Press, 1971)을 참조하라.

괘는 특징이 완전히 반대입니다. 그것들이 상호 작용을 통해 우주의 모든 것을 만들어 냅니다. 주역에 대한 「대전」(大傳)[3]은 이렇게 말합니다. "하늘과 땅보다 더 큰 상(象)은 없습니다."[4]

두 괘의 상호 작용이 우주의 가능한 초기(germinal) 상황을 나타내는 64괘를 낳습니다. 그것들은 실제적 상황이 아니라 생성의 잠재적 상황입니다. 달리 말하면, 64괘는 우주의 모든 가능한 현상을 나타냅니다. 이것들은 우주에서 만물로서 드러나는 내면의 과정의 패턴으로 이해됩니다. 각 괘는 내면 과정의 어떤 패턴을 의미하는데, 자체적으로 독특하지만, 다른 것이 없이는 존재할 수 없습니다. 사실상 각 괘는 전체와의 관계 때문에 정확히 자율적입니다. 이런 방식으로 각 괘는 다른 것들과 분리되지 않습니다. 또는 우주적 해석에서, 변화 과정의 우주적 차원에 대한 방향성이 초기 상황을 독특하게 만들어 줍니다.

내면의 과정의 패턴을 이해하기 위해서 괘들의 구조적 측면을 분석해 봅시다. 이미 밝혀온 대로, 두 괘가 음양의 효들로 이루어진 다른 모든 괘를 낳습니다. 음효는 땅을 대변하고, 음의 특징을 갖는데, 양효는 실선으로 하늘의 성품을 상징화하는 양적 특징을 갖습니다. 건괘, 즉 하늘은 태양으로 알려져 있고, 곤괘, 즉 땅은 태음을 나타냅니다. 따라서 "하늘은 높은 위고 땅은 낮은 아래로, 건과 곤은 위치가 정해져 있습니다."[5] 주역에서 모든 다른 내면의 과정 패턴은 음효와 양효의 결합으로 나타나고, 그것은 차례로

---

3 계사전(繫辭傳)은 내용이 워낙 방대하고 중요하기 때문에 처음부터 계사전 상하 두 권으로 나누어 전해져 왔습니다. 가장 큰 해설이란 의미에서 역대전(易大傳) 또는 대전(大傳)이라고 부릅니다. [역주]

4 「대전」 I:11.

5 「대전」 I:1.

음양의 상호 작용으로 상징화됩니다. 내면의 과정의 패턴은 음양, 하늘과 땅으로 구성되기 때문에 이런 원리들은 궁극적으로는 우주의 현상에서 내면의 현실의 형성과 표현을 책임집니다. 그것들이 우주의 창조적 과정을 가능하게 만듭니다. 따라서 "상(象)은 하늘에서 이루어지고, 형태(形)는 땅에서 이루어집니다."[6] 변화하는 과정의 상과 형태들은 음양과 하늘과 땅의 상호 작용으로 가능케 됩니다. 예를 들어, 흑백의 섞임이 빛의 스펙트럼을 낳고, 음양의 반대적 특징들이 세계에서 다른 모든 패턴을 가능케 합니다. 내면의 과정이 음양의 상호 작용으로 어떻게 형태와 패턴을 취하게 되는지를 자세히 논의해 봅시다.

밝혀온 대로, 음은 나뉘어진 선으로 양은 실선으로 상징화됩니다. 두 선의 상호 작용은 운동이나 변화의 기본 패턴을 제공합니다. 다른 모든 과정의 패턴에서 나뉘어진 것의 통합과 나뉘어지지 않은 것의 분열이 기본이 됩니다. 두 원초적 힘이 계속적인 분열과 통합을 통해서 기본 패턴을 형성합니다. 음양의 에너지가 상호 작용을 통해서 힘의 기본적 장을 만들어 내고, 음양의 상호 작용이 변화 과정의 기본 패턴을 만들어 냅니다. 원초적 패턴은 변화의 모든 다른 측면에서 내재적입니다. 왜냐하면 음양의 상호 작용은 만물 가운데서 활동하기 때문입니다. 내면의 과정의 모든 다른 패턴에서, 통합과 분열의 같은 원리가 있습니다.

기본 운동의 패턴으로 64 괘들이 생겨납니다. 다른 괘들에서 볼 수 있듯이, 변화하는 과정의 패턴들은 음양의 관계로 결정이 됩니다. 패턴들은 음양의 비율만이 아니라 괘 안에서 효들의 관계적 위치로 형성이 됩니다. 예를 들어, 9번째 괘인 소축(小畜)과 10번째 괘인 리(履)와 13번째 괘인 동인(同

---

6 앞의 책.

人)과 14번째 괘인 대유(大有)를 살펴봅시다. 이 괘들은 모두 하나의 음효를 가지고 있지만, 그 위치가 양효들과의 관계에서 달라집니다.

소축(小畜)　　　리(履)　　　동인(同人)　　　대유(大有)

음효가 다른 자리에 위치하기 때문에 이런 내면의 과정의 패턴은 음양의 관계의 비율이 같다고 해서 모두 같지는 않습니다. 음효가 자리하는 위치에 따라서 달라집니다.

지금 음양의 힘의 다른 비율을 가지는 다른 괘들을 살펴봅시다. 24괘인 복(復)과 27괘인 리(頤)와 37괘인 가인(家人), 41괘인 손(損)을 살펴보면, 괘의 패턴이 다른 것은 분명히 음양의 다른 배분 때문입니다.

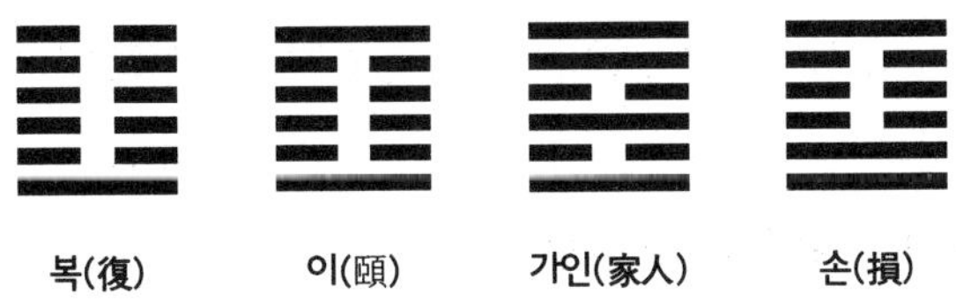

복(復)　　　이(頤)　　　가인(家人)　　　손(損)

요약하자면, 모든 과정의 초기 패턴을 주역이 나타내 주는데, 음양의 하늘과 땅의 특징인 존재의 기본 형태를 갖고 있습니다. 그러므로 괘들은 주로 우주론적 성향을 갖습니다. 이런 괘들의 패턴에서 만들어지는 차이는 음양의 힘들의 분포 비율의 차이와 구조적 배치 때문에 생깁니다.

우주의 아원자적 구조의 현대 이론에서도 이런 비슷한 관념을 볼 수 있습니다. 원자들의 다양한 개별적 특징은 광자, 중성자, 전자의 구성과 배치에 있어서 숫자의 차이 때문에 생깁니다. 마지막 분석에서 물리적 세계의 모든 요소는 음과 양 전하들의 같은 배열로 구성됩니다. 아원자의 구조는 음양의 다양한 배열인 괘의 구조에 비유됩니다. 주역이 내면의 과정의 패턴들에 관심이 있는 것과 마찬가지로, 새로운 핵물리학과 양자역학은 물리적 세계에서 내면의 과정의 패턴들에 관심을 갖게 됩니다. 내면의 과정의 패턴을 나타내는 괘들이 음양의 힘으로 구성된다면, 음양의 관계 자체를 아는 것이 필요합니다.

음양은 내면의 과정에서 패턴을 이뤄가는 책임을 지기 때문에 모든 존재의 기본 범주입니다. 그렇기 때문에 내면의 과정은 이미지와 형태로 나타납니다. 그것들은 과정의 패턴을 구조로 만드는 것입니다. 그것들은 내면의 현실에서 양극화의 기본 상징입니다. 그러나 음양의 상호 작용은 내면의 현실을 범주화하는 과정인데, 상호 작용이 일어나기 전에는 분화가 일어나지 않습니다. 양극화의 과정은 드러남과 발전의 과정, 즉 창조적 과정과 일치합니다. 더욱이 음양의 양극화는 많은 다른 이름들로 알려진 원초적 본성의 선재적 존재(the prior existence of a primordial nature)로 신이나, 도, 절대자가 존재한다고 가정합니다.

주역에서 음양 상호 작용을 통해 분열하고 차이가 만들어지는 원초적 근원은 변화 자체인 역입니다. 주역이란 책 이름은 궁극적 존재를 가리키는 역(易)에서 왔습니다. 주 나라 때의 역입니다. 주역은 변화에 관한 경전입니다. 모든 것을 변화시키는 역은 궁극적 존재, 모든 것의 내면의 본질입니다. 내면의 과정의 본질은 태극과 일치합니다, "태극은 역 속에 있습니다. 역은 음양을 생성합니다. 음양은 사상을 낳습니다. 사상은 팔괘를 낳습니다."7

노자는 이와 비슷한 형태로 말했습니다. "도는 하나를, 하나는 둘을, 둘은 셋을, 셋은 모든 것을 낳습니다."[8]

역은 다른 이름으로 도(道)라고 부릅니다. 역은 음양의 원천이고, 도는 둘의 원천입니다. "한번은 음이 되고 한번은 양이 되는 것을 도라고 부릅니다"(一陰一陽之道).[9] 도와 역의 관념은 서로 바꿔도 문제가 없습니다. 역은 도와 같이, 음양의 차이의 원천이고, 모든 과정의 궁극적 현실입니다. 이것은 미분화된 연속성의 상징이고 모든 형태를 넘어서는 순수한 가능성입니다. 모든 것은 그 존재를 역에 의존하고 있습니다. 이것이 내면의 과정 자체인 이유는 음양의 상호 작용으로 나타나기 때문입니다. 주돈이(周敦頤, 1017~1073)의 태극도를 본다면,[10] 음양의 원초적 원리들을 낳는 잠재성인 역을 알 수 있습니다. 그 변화 자체인 역은 만물을 대변하는 오행의 기초를 형성합니다. 이런 방식으로 만물의 발전이 이루어집니다. 태극도에서 보는 것과 같이, 태극으로서의 역은 근본적으로 무극, 즉 무이고, 절대적 무인데 어떤 형태도 없습니다. 이런 형태가 없는 잠재성은 주역에서 내면 과정의 본질입니다.

이미 언급했듯이, 변화하는 과정의 형태나 패턴들은 음과 양의 상호 작용으로 나타납니다. 이런 상호 작용은 주역에서 실선과 나뉘어진 선의 분열과 연합의 행위로 상징화됩니다. 연합된 것의 분열은 양으로부터의

---

7 「대전」 I:11.

8 『도덕경』, 42장.

9 「대전」 1:5.

10 주돈이(周敦頤)는 이정 형제의 스승으로 태극도를 그렸다. 송대 주자학의 원조라고 볼 수도 있다. 호는 염계(濂溪)이다. 송대 유학은 주자학(朱子學)으로 집대성이 되지만, 이런 선대의 스승들의 학설을 주희(朱熹)가 종합한 것이다. 주돈이는 주자(周子)라고 부르기도 한다. [역주]

음을 만들고, 분열된 것의 연합은 음으로부터 양을 만듭니다. 음에서 양으로, 양에서 음으로의 연합과 분열을 통한 이행은 음과 양의 양극화입니다. 음은 여성, 어둠, 수동성, 수용성 등의 본질이고, 반면에 양은 남성, 빛, 적극성, 창조성 등의 본질입니다. 상반된 성격 때문에 그것들은 서로를 완성하게 됩니다.

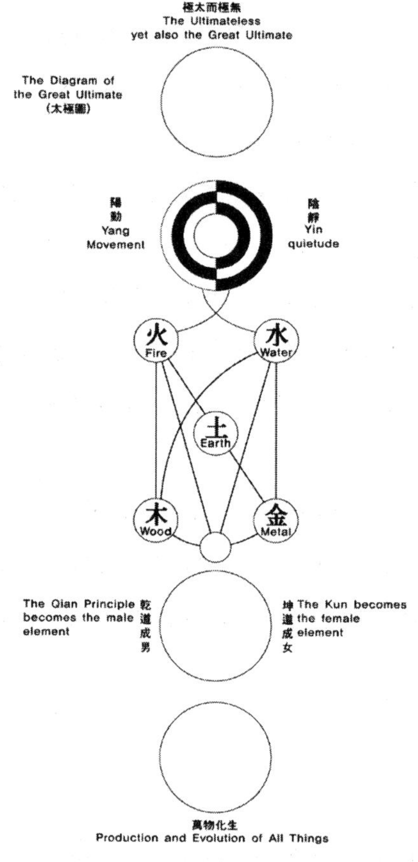

태극도

상생하는 관계에서 서로의 완성을 통해 새로운 요소들이 발전되어 나옵니다. 음과 양 서로의 완성은 연합을 향한 성장의 경험입니다. 따라서 분열된 것의 연합이 이루어집니다. 그러나 연합은 새로운 요소를 만들어 냅니다. 새로운 요소가 두 가지의 연합으로 발생하게 되자마자 다시 분열합니다. 이런 분열은 수축이나 쇠퇴를 동반합니다. 그러나 음양이 결합하여 자식을 낳게 되자마자 이제는 상호의 완성을 향해서 다시 성장합니다. 이런 방식으로 분열을 통해 자기를 비우는 과정을 낳게 되고 완성의 과정에서 연합을 이룹니다. 연합과 분열은 성장이나 팽창, 쇠퇴나 수축을 또한 동반합니다.

성장은 완성하는 과정이고, 쇠퇴는 비우는 과정입니다. 그것들은 서로 연관됩니다. 더욱이 음양의 연합과 분열이 있을 때마다 자식을 낳습니다. 이런 측면에서 음양의 관계는 각각 음이나 양의 특징을 갖는 새로운 요소가 일어나는 것을 전제합니다. 남성과 여성의 연합은 남자나 여자인 자식을 낳는 것과 같이, 음선과 양선의 연합은 다른 선을 낳습니다. 그러므로 음양의 둘은 셋을 낳는데, 음양으로 셋이 모인 것은 주역에서는 소성괘를 이룹니다.

소성괘(小成卦: 팔괘로도 부르고 세 효로 이루어진 기본괘)는 내면의 과정의 완전한 단위입니다. 내면의 변화의 모든 과정에서 셋이 존재합니다. 그러나 셋, 즉 소성괘는 기능적인 단위로 스스로 존재하는 것은 아닙니다. 음이나 양이 상대가 없이 독립적으로 존재하지 못하는 것과 마찬가지로, 이런 과정의 단일한 단위는 상대가 없이는 존재하지 못합니다. 이것이 자체의 완성을 위해서 다른 단위를 필요로 하는 이유입니다. 그래서 소성괘는 중괘(重卦, 대성괘大成卦로도 불리고 팔괘가 겹쳐져 64괘를 이룸)를 만들기 위해서 겹쳐집니다. 왜 노자가 하나는 둘을 낳고, 둘은 셋을 낳고, 셋은 만물을 낳는다고 했는지를 알 수 있습니다. 둘은 음양이고 셋은 만물을 낳는다고 한 것은 셋이 소성괘를 이루어 우주를 상징하는 것입니다.

주역에서 내면의 과정의 패턴들을 요약해 봅시다. 내면 과정의 본질은 역(易), 즉 변화입니다. 역은 궁극적 현실로는 태극이고, 그것은 무극으로 알려졌는데, 그것을 넘어서서 지칭하거나 의존할 것이 없기 때문입니다. 태극은 형태가 없고, 모든 범주적인 드러남에 앞서는 경험 이전의 선험적인 것입니다. 그것은 음양으로 드러나고, 드러나는 세계의 본질을 대변합니다. 세계 속의 모든 것은 음양의 존재에 빚을 지고 있습니다. 세계 속에서 드러나는 모든 것은 음양을 통해서 이루어지고, 양극화하거나 분열되는 특성을 가집니다. 또한 양극화를 극복하여 연합을 이루게 됩니다. 이런 경향성 때문에 연합과 분열, 음양의 상호 작용을 통해서 자녀를 낳지 않으면 안 됩니다. 이것이 바로 음양의 특성상 소성괘가 없이는 어떤 것도 가능하지 않습니다. 소성괘는 내면의 현실의 기능적 측면(the functional aspect of inner reality)의 바꿔질 수 없는 단위입니다.

음양이 내면의 과정의 존재적 단위(ontic units)인 반면에, 소성괘는 내면의 과정의 기능적 단위(the functional units)입니다. 만물에서 소성괘의 기능적 단위 때문에 모든 것을 낳는 특성을 갖게 됩니다. 결과적으로 기능적 단위는 그것 자체로 독립적으로 존재하지는 않습니다. 그러나 한 단위는 초기 상황을 대변하는 것을 완성하기 위한 상대적 단위를 필요로 합니다. 그러므로 모든 변화하는 현상의 초기 패턴(the germinal patterns of all changing phenomena)을 나타내는 중괘는 소성괘가 겹쳐진 것입니다.

64괘는 모든 생성의 초기 패턴을 대변하고, 팔괘의 모든 가능한 결합으로 이루어집니다. 팔괘(소성괘)는 음양이 세 개로 결합하는 모든 가능한 조합입니다. 사상(四象)은 음양이 두 개씩 결합하는 모든 가능한 조합입니다. 최종적으로 이런 둘의 원천은 하나에서 온 것인데, 하나야말로 절대자의 상징이고 만물의 근거입니다. 따라서 역이나 변화는 내면의 과정의 본질이고, 패턴화가 되면 우주적 현상의 비밀을 드러내는 64괘로 초기 상황을 표현합니다.

제 **3** 장

주역과 해럴드

예수님이 가르친 내면의 과정의 패턴을 주역이나 해럴드의 책에서 나오는 개념으로 해석하기 전에, 주역과 해럴드의 관계를 먼저 살펴봅시다. 그 둘이 서로 양립할 수 없다면, 예수님의 가르침과 서로 연관시키려는 시도는 아무런 소용이 없습니다.

주역과 해럴드의 작품 *The Shining Stranger*(빛나는 나그네)에 나타난 가르침들이 서로 양립할 수 있는가를 알아내기는 쉽지 않습니다.[1] 언뜻 보기에도 둘 사이에서 일어나는 대비와 차이가 너무 커 보입니다. 해럴드의 책은 종교와 과학, 심층심리학과 현대 학문에서 일어나는 첨단의 발전을 다루고 있는 반면에, 주역은 중국에서 2천 5백 년 전에 과학이 나오기도 전에 쓰인 가장 오래된 고전들 중의 하나입니다.[2] 그것들이 생겨난 공간과 시간이 워낙 다르기 때문에 서로 양립한다는 것을 상상하기조차 어렵습니다. 게다가 주역은 고대의 신탁과 수수께끼 같은 언어들로 가득 차 있습니다. 반면에 해럴드의 책은 고도의 논리와 수학의 정확성에 관심을 기울이고 있습니다.

---

1 Preston Harold, *The Shining Stranger: An Unorthodox Interpretation of Jesus and His Mission* (The Wayfarer Press, 1967).

2 저자의 "Some Reflections on the Authorship of the I Ching," in *Numen*, Vol. XVII, Fasc. 3 (December 1970), 200-210; *The Principle of Change*, 14쪽 이하.

그러므로 겉으로는 둘이 양립할 수 없는 것처럼 보입니다.

그러나 두 작품의 내적이고 본질적인 성향을 검토한다면, 놀랍게 비슷한 것을 발견하게 됩니다. 달리 말하면, 해럴드가 책에서 전제하고 있는 기본 가설들은 주역이 근거하고 있는 가설들과 완전하게 일치합니다. 여기서 먼저 주역과 해럴드의 책이 근거하고 있는 가설들을 살펴봅시다.

그러나 이런 작업에 앞서, 해럴드가 주역에 대해서 밝힌 것을 먼저 살펴 봅시다. 해럴드의 생각이 주역과 일치하는 것(coincidence)은 우연일까요? 아니면 해럴드가 책을 쓸 때 이미 주역을 알고 있었을까요? 그가 주역을 알고 있었다는 것을 추론할 수 있는 충분한 증거가 있고, 사실 주역을 언급하고 있습니다. 특별히 '셋과 넷'의 문제를 언급하면서, 주역은 '셋이나 삼위'(the Triad)를 선호한다고 지적했습니다.[3] 게다가 해럴드가 생각하는 중성자의 특성은 음양의 원리를 전제하고 있습니다.[4] 물론 그가 원하는 대로 다소 수정한다면 말입니다. 이것이 바로 위니프레드 밥콕이 "해럴드의 상징은 빛줄기가 교차하는 십자가 중앙에 음양 문양을 결합하고 있습니다. 이렇게 구성한 것은 해럴드가 '아시아의 빛'을 인정한 것입니다. 그는 예수께서 자신의 가르침 속에 아시아의 빛을 받아들였으며, 수세기 동안 울려 퍼질 시적인 표현을 통해 자신의 탄생 설화에서도 이를 인정했다고 믿었습니다"[5] 라고 언급한 이유입니다. 다시 말해서 밥콕에 따르면, 해럴드는 예수님의 중심적인 가르침은 주역의 음양 사상에 근거하고 있다고 전제하고 있습니다. 따라서 밥콕은, "해럴드가 전제하는 대로, 예수님이 어렸을 때 동양을

---

3 Preston Harold, *The Shining Stranger*, 176.

4 Preston Harold & Winifred Babcock, *The Single Reality* (New York: A Harold Institute Book, distributed by Doff, Mead & Co., 1971), 278.

5 앞의 책, 241.

여행했다면, 아마도 주역에서 음양의 상징 속에 펼쳐지는 중국의 지혜를 접했을 것이다"6라고까지 말합니다.

무엇보다 먼저, 주역과 해럴드는 나눠지지 않는 전체로 표현되는 현실은 내면의 의미와 깊이에서 가장 잘 파악될 수 있다고 믿습니다. 달리 말하면, 외재적인 것은 현실의 현상적이거나 실존적인 드러남을 다루는 반면에, 내면적인 것은 전체로서의 현실의 물자체(the noumenal)나 본질적인 범주를 다룹니다. 그러므로 현실에 대한 외재적 접근은 하나와 타자의 절대적인 차이에 관심을 기울이는데, 그것은 차이를 함의하는 현상적인 표현을 다루기 때문입니다. 한편, 내면적 접근 혹 현실에 대한 물자체적인 접근은 존재와 전체성의 뿌리에 관심을 갖는데, 그것은 나눠지지 않는 연속성에 관심을 기울이기 때문입니다.

과거에 서구 문명의 주도적 추세는 현실을 외재적으로 표현하면서, 내면적 표현은 외재적 표현에 종속된다고 보았습니다. 그렇기 때문에 물질주의적이고 경험론적인 표현이 장려되었습니다. 의식은 가치 있는 것으로 자리매김을 했지만, 무의식은 최근 심층심리학이 발전하기 전에는 별로 주목받지 못했습니다. 한편, 일반적으로 말해서 동양인들은 인간 존재의 내적이고 무의식적인 차원에 깊이 빠져 있었습니다. 따라서 융은 『황금꽃의 비밀』(太乙金華宗旨)7의 논평에서, "서구 정신은 전체적으로 의식의 관점에 근거하

---

6 앞의 책.

7 한글 번역본으로는 이유경 역, 『황금꽃의 비밀』(문학동네, 2014)을 볼 수 있다. 이 책은 『태을금화종지』(太乙金華宗旨)를 독일어에서 옮긴 책이다. 스위스의 정신의학자 융(C. G. Jung)이 해설하고, 독일의 중국어학자 빌헬름(R. Wilhelm)이 번역해서 1929년에 간행되었다. 기독교 성직자로서 21년간 중국에 머물며 그곳의 사상과 문화에 심취했던 빌헬름은, 귀국한 다음에 그간 축적해 둔 중국 사상 고전에 대한 지식을 바탕으로 『태을금

고 있기 때문에 내가 정의했던 것처럼 아니마를 정의하지 않으면 안 됩니다. 그러나 동양 정신은 무의식의 관점에서 근거하고 있기 때문에 의식을 아니마의 효과로 볼 수 있습니다. 의심할 필요가 없이, 의식은 원래 무의식에서부터 나온 것입니다"[8]라고 말합니다.

주역은 동양의 많은 지혜서와 같이 무의식이나 내면의 현실의 지향성을 다루고 있습니다. 시초(蓍草)들을 나누거나 동전을 던져서 주역으로 점을 치는 과정에서,[9] 무의식의 힘은 작용합니다. 그러므로 리차드 빌헬름은 "무의식의 과정은 시초를 나눌 때 시작됩니다"[10]라고 말합니다. 주역 대전에서는, "주역은 의식의 질문에 메아리같이 대답하고, 미래가 오는 것을 아는데, 주역 안에서는 멀거나 가까운 것이 없고, 신비의 어둠도 깊이도 없기 때문입니다"[11]라고 밝힙니다.

이와 같이 해럴드는 무의식을 내면의 현실이나 하나님의 나라 영역으로 간주하는데, 이것은 인간 존재의 심연 속에 존재합니다.[12] 해럴드는 기독교

화종지』를 번역하고 주해(註解)한다. 그리고 융에게 이 텍스트에 대한 현대심리학적 해설을 부탁했다. 융은 서양인이 이 책을 접하기에 앞서 알아야 할 동양 정신문화의 고유한 특성과 그것에 접근하는 바른 자세 등을 소개한다. 이 책을 읽는 데 필요한 개념 설명을 곁들였으며 본 내용에 대한 심층심리학적 이해 방법을 제시하기도 했다." [역주]

8 리차드 빌헬름 번역, 융의 논평, 『황금꽃의 비밀』(New York: Harcourt, Brace & World, 1962), 119.

9 점을 치는 방식은 주(周)나라 때에 와서 이미 있던 거북점에서 시초(蓍草)로 바뀌었다. 시초의 숫자의 변화 과정에 근거해서 얻어진 괘상(卦象)으로 거북 등의 균열을 대체하여 길흉을 추측하는 방식이 더해졌다. 시초(蓍草)는 주역으로 점을 칠 때 사용했던 풀의 이름이다. 시(蓍)라는 말은 「계사전」 이외에도 『시경』(詩經)의 조풍(曹風) 등에서도 나타난다. 시초 줄기를 이용하여 점치는 방식을 시법(蓍法)이라고 한다. 나중에는 대나무 가지로 대체되어 사용되었고 이를 서죽(筮竹)이라고 부른다. 이런 식의 점치는 방법을 '서'(筮), 혹은 '점서'(占筮)라고 불렀다. [역주]

10 『주역』, 빌헬름본 영역 (프린스턴: 프린스턴대 출판부, 1967), 314.

11 「대전」 I:10.

의 본질을 외재화시켰던 전통적인 서구 정신과 결별합니다. 기독교 신앙은 전통적으로 사회 정의, 정치적 개혁, 도덕 철학과 같은 외부 규범의 관점에서 해석해 왔습니다. 해럴드는 기독교 신앙을 외재화했을 뿐만 아니라 합리화했던 전통적이거나 정통적인 관점은 실패했다고 봅니다. 해럴드는 기독교를 무의식의 심연 속에서 보려고 했는데, 그것은 사회정치적인 측면에서가 아니라 한 개인 자아의 내면 영역에서만 가능합니다. 그는 융과 같이 현실은 외부에서가 아니라 내면에서 이루어지고, 의식의 높이에서가 아니라 무의식의 깊이에서 표현된다고 봅니다.

두 번째로 태극은 내면의 현실 자체이고, 상반적인 것의 상호 작용으로 작동합니다. 전체의 어떤 행동도 상반적인 것의 상호 작용을 전제하고 있습니다. 사람은 왼손과 오른손을 갖는 것과 같이, 기능적 측면에서 내면의 현실은 두 상반된 손을 갖습니다. 그들 중의 하나는 음과 부정이고, 다른 것은 양과 긍정입니다. 그들은 서로 독립적이지 않습니다. 하나는 다른 것이 없이는 완성되지 않습니다. 따라서 밥콕이, "순수하게 긍정적이거나, 순수하게 부정적이기만 한 에너지는 없습니다"[13]라고 말했을 때, 그것은 정확한 지적입니다.

음양은 완전히 순수하기만 해서는 존재할 수 없습니다. 왜냐하면 그것들은 서로 상생적이기 때문입니다. 그러나 음양을 넘어서는 궁극자는 완전하고 순수합니다. 그것은 동시에 양면이기 때문에 완전하고 동시에 불완전합니다. 달리 말하면, 내면의 현실은 완전하지만, 또한 '와'(and)를 동반하게 됩니다. 양극성은 발전적 진화의 본질적 측면입니다. 따라서 역, 즉 내면의

---

12 Preston Harold, *The Shining Stranger*, 36.
13 Preston Harold, *The Single Reality*, 242.

현실은 상반된 상호 작용을 전제하는데, 왜냐하면 역은 진화의 과정이기 때문입니다. 하나는 또한 둘인데, 하나는 역 자체이기 때문입니다.

자아의 양극화(self-polarization)는 전체의 진화적인 과정이기 때문에 해럴드는 예수님의 삶에서 가룟 유다의 피할 수 없는 역할을 깨닫습니다. 어둠으로서의 유다가 없이는 빛이신 예수에 관해 이야기할 수 없습니다. 현대 과학자들은 전체에서 상반된 것들의 필요성을 인식합니다. "물리학자의 개념 가운데 닐스 보아의 상보성의 개념(Niels Bohr's idea of complementarity)이 가장 중요합니다. 현대 미시물리학은 빛을 두 가지의 논리적으로 상반되지만, 상생적인 개념으로 묘사할 수 있습니다. 즉, 입자와 파동의 두 개념입니다."14 여기에서 음양의 고대적 상징을 관찰한다면, 왜 하나, 즉 역이 본질적으로 두 상반된 힘으로 인식되는지 알 수 있습니다. 음양은 결국 태극으로 드러납니다. 전체, 즉 하나의 상징은 전체 원이고, 그것이 역입니다. 이것은 또한 둘인데, 음양으로 내면의 과정의 패턴으로 발전해 나갑니다. 그것들이 마침내 주역에서 괘들로 발전합니다.

역의 상징, 즉 태극은 역의 완전성, 즉 본질적 조건을 나타내는데, 완벽한 대칭을 이룹니다. 이것은 원초적 양태, 현실을 뒷받침하는 조건입니다. 이런 원초적 조건에서, 음양은 조화와 대칭으로 완벽하게 드러납니다. 역, 하나 속에서의 음양은 조화의 완벽한 상징으로 모든 진화 과정의 본질적 조건입니다. 그러므로 대칭적 음양의 상징은 내면의 과정의 기본 패턴으로 나타나는데, 음양의 비대칭적 상징은 다양하게 나타나는 외부 세계의 기본 패턴을 보여줍니다. 해럴드의 비대칭적 음양의 상징이란 관념은 대칭적 상징을

---

14 Preston Harold, *The Shining Stranger*, 172. 이것은 재인용인데, M.-L. von Franz가 C. G. Jung, *Man and His Symbols* (New York: Doubleday, 1964), 307에서 인용했다.

대체하는 것은 아닙니다. 오히려 비대칭적 상징이 대칭적 상징을 드러내는 앞면(foreground)입니다. 다시 말해, 음양의 비대칭적 관계는 힘의 완벽한 균형의 본질적 조건을 전제하는 실존적 조건입니다. 본질적 조건은 내면의 과정 기본을 나타내고, 실존적 조건은 외부 과정을 나타냅니다. 결과적으로 해럴드는 주역에서 대칭적 상징을 거부하지는 않고, 그러나 상반된 것들의 비대칭적 관계에서 대칭적 상징을 전제하고 있습니다.

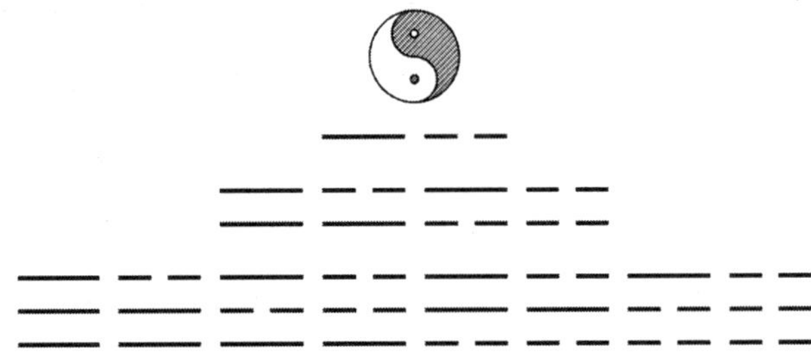

태극에서 음양과 팔괘로의 발전도

마지막으로 변화의 진화 과정에서 상반된 것들의 상호 작용은 소성괘, 삼위일체의 단위를 완성합니다. 삼위일체는 반대되는 것들이 전체에서 완전하게 전개되는 변화 과정의 완벽한 단위입니다. 단위는 전체를 나타내는 한에서 완벽하지만, 다른 단위들과 독립적으로 존재하지는 않습니다. 이것은 독립을 유지하는 전체지만, 서로를 또한 의지합니다. 독립적으로 스스로를 유지하는 비결은 타자를 의지하기 때문입니다. 이런 관계는 주역에서는 분명하고 자명하게 드러납니다. 소성괘는 전체의 완벽한 단위이고, 동시에 자립이 가능한 것은 서로 의존하기 때문입니다. 역에서 음양은 하나 속의 둘인데, 존재 과정의 원초적 표현이지만, 하나 속의 셋은 역 속의 소성괘로 기능적 과정의 원초적 단위입니다. 이런 존재 과정은 과정의 본질적 특성을 다루지만, 기능적 과정은 생성의 실제 표현을 다룹니다.

음을 양과 다르게 만드는 것은 일차적으로는 숫자입니다. 음은 둘이고, 양은 셋입니다. 따라서 "셋의 숫자는 하늘에 해당하고(양), 둘의 숫자는 땅(음)입니다. 이것들로부터 모든 숫자가 나옵니다."[15] 이런 존재적 차이의 결과로써, 기능도 달라집니다. 그러나 소성괘에서 기능적 차이는 먼저는 변화하는 단위를 이루는 것입니다. 내면의 과정의 기능적 단위는 하나가 타자와 맺는 상호 관계 때문에 가능합니다. 이런 단위에서 하나가 타자와 맺는 관계로도 충분합니다. 음은 양 때문에 음이 되고, 양은 음 때문에 양이 됩니다. 더욱이 역 때문에 음과 양이 됩니다. 그것들은 상호 관계를 맺을지라도, 스스로의 독특한 특징을 갖습니다. 음은 부정적이고, 양은 긍정적인데, 역은 음과 양의 합보다 더욱 큽니다. 창조성은 두 원리의 기능적 과정 가운데 내재되어 있기 때문에 기능적 소성괘는 진화적 과정의 완벽한 단위로 꼭 필요합니다.

주역의 소성괘를 예를 들어 설명하겠습니다. 소성괘는 우주에 있는 모든 것을 구성하는 기본 요소이기 때문에 주역의 토대입니다. 이것은 종종 동양적 삼위일체라고 부르는데, 하늘과 땅, 사람이 만물의 토대를 이룹니다. 그것들이 서로 어떤 관계를 맺는지를 살펴봅시다. 하늘은 양의 원초적 상징이고, 땅은 음의 원초적 상징이며, 사람은 하늘과 땅으로부터 나옵니다. 이것들이 소성괘를 이루기 위해서는, 맨 아래 효는 땅으로 음이고 맨 위의 효는 하늘로 양이고, 중간의 효는 사람으로 하늘과 땅의 자식입니다. 사람은 음과 양의 자식이긴 하지만, 또한 음과 양의 특징을 가집니다. 남성과 여성인

---

15 설괘: 參天兩地而倚數.

부모의 자식으로 사람이 태어나지만, 또한 남성이나 여성이 되는 것과 같이, 음양의 산물인 중간 효로 사람이 되고 또한 어떤 특징을 갖게 됩니다.

손(巽)괘를 통해서 그들의 관계를 살펴보도록 합시다. 이미 들은 예에서 본 대로, 소성괘는 내면의 현실의 존재론적 구성의 기본은 달라지지 않습니다.

━━━━━ 하늘 (양)
━━━━━ 사람 (양, 하늘을 좀 더 닮음)
━━ ━━ 땅 (음)

손괘(巽卦)

그러나 이미 말한 대로, 음양의 이원성은 세 번째에서 완성되는 것은 남녀의 연합이 자식임을 전제하는 것과 마찬가지입니다. 이런 의미에서 기능적 소성괘는 진화 과정의 완전한 단위입니다.

해럴드는 또한 이원성은 전체의 본질적 측면으로, 계속적인 변화와 진화 때문에 삼위일체성을 전제한다고 말합니다.

사람이 하나님의 두 가지 측면, 즉 자기실현과 자기초월의 힘을 얻으면, 이원성에 근거한 개념으로 충분합니다. 그러나 이원성은 존재의 제 삼 측면으로 발전하는데, 삼위일체의 원리를 파악해야 합니다. 인생에서 그것은 남자와 여자, 자식과 관련되는데, 물리적 영역에서는 양자, 전자, 중성자 에너지, 신학에서는 삼위일체의 무성한 논란이 일어납니다. 즉, 성부, 성자, 성령의 신비입니다.[16]

---

16 Preston Harold, *The Shining Stranger*, 158.

해럴드는 삼위일체를 진화의 완벽한 단위로 인식합니다. 남녀가 자식을 낳는 것과 같이 하늘과 땅은 사람, 즉 호모 사피엔스, 하늘과 땅의 실체를 낳습니다. 더욱이 호모 사피엔스는 진화 과정의 초점이기 때문에 가장 진화된 존재입니다.

삼위일체나 소성괘의 구조적 형태는 해럴드가 보기에는 변화하는 과정의 소우주적 단위입니다. 그는 우주론을 전자, 양성자, 중성자의 에너지의 작용 위에 놓습니다. 주역이 둘은 음인 부정으로, 셋은 양인 긍정으로 할당하였듯이, 해럴드도 그렇게 합니다. 상반되는 힘은 서로의 행동에서는 동등할지라도 같지는 않습니다.

주역의 기본을 구성하는 기초인 64괘는 소성괘가 겹쳐진 것입니다. 소성괘는 음양의 효가 세 선으로 연합하는 것과 마찬가지로, 해럴드가 제시하는 우주의 기본 구성 요소는 존재의 세 상태나 측면에 할당한 중성자입니다. 중성자는 같지만, 하나는 왼쪽으로 도는 전하이고, 하나는 오른쪽으로 도는 전하라는 것은 상반성, 긍정과 부정의 특징을 갖게 됩니다. 해럴드는 중성자의 어떤 유형이든 제 삼의 상태, 즉 '쉼'이나 '중성'의 상태로 가고, 따라서 기본 구성 요소는 삼위일체적 특징을 나타낸다고 봅니다. 해럴드의 이론에서 부정 에너지의 기본 단위는 두 중성자를 구성하는 음에 해당합니다. 전기의 음전하와 혼동해서는 안 됩니다. 여기에서 음, 부정은 셈 수 둘을 갖습니다. 양에 해당하는 긍정 에너지의 기본 단위는(전기의 양 전하가 아닌) 세 개의 중성자로 구성되고, 그중의 하나는 휴식의 상태에 있습니다. 따라서 양, 즉 긍정은 셋의 숫자입니다. 음과 양이 상호 작용을 하면, 해럴드는 '교차 행위'(cross-act)라고 부릅니다. 숫자적으로 2 대 3으로 이루어지는 밑바닥의 비대칭은 전체의 삼위일체로 해결이 되는데, 대칭성을 다시 얻게 됩니다. 해럴드는 이것을 단순한 방정식으로 $3/2 \times 2/3 = 6/6 = 1 = (-1\ 0\ +1)$ 나타냈습니다. 이 방정식에서 영(0)은 각 부분의 총합보다는 항상 큰 전체를 나타냅니다.

삼위일체적 세트(-1 0 +1)를 해럴드는 '알파 세트'라고 불렀는데, 그것은 셋이 모인 가장 간단한 첫 번째의 모임이기 때문입니다. 그것은 에너지 활동의 근본적인 단일 단위로 동일하게 역의 원리, 계속되는 작동에서 교차 작용(cross-action)을 나타냅니다. 물리적 우주에서 모든 것은 드러나기도 하고 숨기도 하는데, 음양 및 이들의 결합에서 발생하는 중립적 전체(0)가 만들어집니다. 따라서 밥콕은 이렇게 말합니다.

알파 세트(+1 대 -1)의 작동은 자연을 통해서 지침 원리를 제공한다면, 그 안에서 있는 우주와 모든 것은 긍정과 부정, 중성적 존재와 힘의 개념에서부터 먼저 이해해야 합니다. 에너지, 핵의 결합력, 중력, 자기장과 자기력, 전기적 충전, 빛, 어둠, 물질 대 에너지, 공간 자체와 같은 모든 현상이 됩니다. 이런 용어로 모든 현상이 설명됩니다. 이것은 해럴드가 현상들을 묘사하는 방식입니다.[17]

삼위일체는 세 부분의 결합이라기보다는 전체의 단위로 이해해야 합니다. 음양, 즉 긍정과 부정의 이원성은 전체의 표현인 것과 마찬가지입니다. 그러므로 내면의 현실, 즉 변화는 이원성과 삼위일체로 드러나게 됩니다. 이원성은 전체의 존재적 기초이고, 삼위일체는 전체의 기능적 단위입니다. 이런 의미에서, 둘과 셋은 하나(易)의 드러남입니다. 아마도 이것이 노자가 말하는 "하나는 둘을 낳고, 둘은 셋을, 셋은 만물을 낳는다"고 말한 이유입니다. 따라서 하나, 둘, 셋, 만물은 스스로 유지하는 단위입니다. 그러나 이들은

---

17 Preston Harold, *The Single Reality*, 1971, 164.

서로 의존해서 존재합니다. 주역과 해럴드 양쪽은 모두 하나나 역을 아는 것은 둘과 셋만이 아니라 만물을 아는 것임을 전제합니다. 여기에서, 하나, 즉 역이 왜 존재의 다른 패턴에서 드러나는 내면의 과정인 태극인지를 알 수 있습니다.

이제 예수님의 가르침 속에서 내면의 과정을 이해하기 위해서, 주역과 해럴드의 책이 어떻게 양립 가능한지를 알 수 있는 자리에 있습니다. 이제 하나에서 둘, 둘에서 셋, 셋에서 여섯(괘)이나 만물로 나가는 내면 과정의 기본 형이상학은 예수님의 가르침에 이미 포함되어 있다는 것을 보여주어야 합니다.[18]

---

18 여기에서 다음을 지적하는 것이 좋다. 해럴드는 예수님의 말씀을 우주 속에서 생명을 드러내는 긍정과 부정의 에너지란 개념으로 에너지의 변화와 교환으로 작동하는 둘 과 셋의 '셈 수'로 내면의 과정을 투사했다고 보았다. 이런 해럴드의 견해에서, 예수님 의 어떤 말씀을 수학적 공식과 그 의미를 확실하게 하기 위해서 숫자의 방정식으로 본 다. 그런 말씀으로 누가복음 12장 52절에서, "여기에서, 한 집안에서 다섯 식구가 서로 갈라져서, 셋이 둘에게 맞서고, 둘이 셋에게 맞설 것이다"라고 말씀하셨다. 해럴드는 이것을 '하나의 방정식'이라고 불렀는데, 이것은 $3/2 \times 2/3 = 6/6 = 1$로 표현된다. 나중에 살펴보겠지만, 해럴드는 이것을 예수님의 '하나의 방정식'이라고 부르는데, 주역에서 원용되는 것과 똑같은 숫자적 개념으로 내면의 과정을 묘사한다.

제 4 장
내면의 과정의 상징, '나'

'나'는 내면의 과정의 본질을 나타내는 가장 인기 있는 상징입니다. '나'는 많은 다른 의미를 갖고 있습니다. '나'라는 상징을 경험의 다른 차원에 적용할 때, 내면의 현실은 외부 현실과 일치하지 않는다는 것을 꼭 생각해야 합니다. 내면의 과정은 합리적이고 논리적인 틀의 기초가 되는 인과율을 초월합니다. 이것은 비인과적 연결 원리인 동시성(synchononicity)의 도움을 받아 묘사할 수 있는데, 결국 동시성은 인과적 관계가 없는 사건들의 우연의 일치입니다. 즉, 동시성은 외부 감각에서 본다면, 임의적이고 의미의 맥락이 없는 연결입니다. 그러나 외부 세계에서 우연의 일치라고 생각하는 것이 내면의 과정에서는 매우 의미 있는 사건입니다.

이런 종류의 인과적 연결이 없는 관계가 내면의 세계에서는 가능한데, 왜냐하면 외부 세계에서 분열되어 있는 모든 것이 내면의 과정에서는 분리되지 않는 전체로 함께 모이기 때문입니다. 내면의 과정에서는 아무것도 분열되거나 반대되는 것이 없습니다. 그러므로 '나'는 내면의 과정을 나타나게 될 때, 나의 상징적 기능은 제한되지 않습니다. 나는 모든 것이 나올 수 있는 내면의 과정의 상징이기 때문에 전체를 나타낼 수 있습니다. 그러나 '나'는 모든 것 자체는 아니지만, 생명의 다양한 차원의 궁극적인 현실의 원천(reality-source)입니다.

'나'는 가장 간단한 상징이지만 예수님에게서는 물론 주역에서 가장 중요한 것입니다. 나는 모든 것을 주재하는 최고의 현실을 나타냅니다. 주역에서 최고의 현실은 '역'(변화)으로 인식됩니다. 역은 우주적인 생성의 과정을 다스립니다. 예수님의 가르침에서는 '나'는 궁극적 현실을 나타냅니다. 예수님이 "나는 길이요, 진리요, 생명이다"라고 했을 때, 예수님이 말씀하신 나는 외부 존재를 가리키는 것이 아닙니다. 여기의 '나'는 예수님의 내적인 존재와 참된 자아와 동일한데, 그것만이 길이요 진리입니다. 내면의 자아는 어떤 범주적인 차원도 초월하는 궁극적 현실의 상징입니다. 예수님이 말씀하신 '나' 속에서 인격적이고 비인격적인 범주들이 극복될 수 있습니다. 이것은 모든 것을 보여주는 상징입니다. 모든 것이 '나' 속에서 만나고 또한 '나'로부터 모든 일이 벌어질 수 있습니다. 이것은 연속성의 상징이고, 즉 나누어지지 않은 전체입니다. 이것은 모든 것의 주체이고, 모든 것의 내면의 자아이며, 모든 만물의 드러남 가운데 있는 신적인 것입니다.

내면의 자아의 관념은 주역의 변화(역) 속에 함축되어 있습니다. 역은 현상 세계의 핵심이고 내면의 자아입니다. 세계의 끊임없는 변화와 변혁의 과정은 '변화', 즉 '역' 때문에 가능한 것이고, 그것은 모든 생성의 근원입니다. 자아가 개인적 자아의 상징인 것과 마찬가지로, 역은 우주적 자아의 상징입니다. 즉, 자연의 모든 것을 드러내 보여줍니다. '나'는 '역'이고, 우주 가운데 모든 것의 내면의 과정이고 근원입니다.

'나'는 또한 세계 가운데 존재하는 모든 가능한 단위의 내면의 자아와 개개의 존재들을 나타내는 '하나'(one)의 상징입니다. 즉, 셀 수 있는 모든 것을 보여주는 궁극적 상징으로, 모든 차이와 차별의 핵심이고 토대입니다. 그러나 전체의 상징으로서의 '나/역'은 차이와 차별을 넘어서 있습니다. 그것은 나누어지지 않는 현실을 나타냅니다. 개개인의 소우주적 세계의

'나'는 궁극적으로 에너지의 가장 요소적인 단위, 즉 생명의 기본 단위인 빛의 광자를 나타냅니다. 그러므로 이것은 세계 속에 존재하는 모든 것의 내면의 자아입니다.

예수님의 가르침의 중심이 '나'라면, 나는 내면 과정의 핵심입니다. 이것은 또한 주역에서 발견되고, 해럴드가 제안하는 대로, 예수님은 주역에서 나타난 '변화'와 '역'을 이미 알고 계셨다고 믿을 수 있습니다.[1] 물론 예수님이 중국의 주역 원문을 명확하고 의식적으로 알고 있었다는 것은 아닙니다. 그러나 예수님의 가르침은 모든 나뉘어지지 않은 존재와 그것이 겉으로 드러나는 과정들의 근원과 내면의 현실, 즉 궁극적으로 나눠질 수 없는 원리, 이와 같은 개념을 알고 있었다는 것은 명확합니다. 예수님의 가르침(그렇게 해석된)과 주역의 가르침은 아주 강력하게 구조적으로 조화되기 때문에 주역의 궁극자, 즉 태극을 발견하는 사람들은 자신도 모르게, "길이요 진리요 생명인 '나'"에 대한 예수님의 중심적 가르침에 익숙하게 됩니다.

내면의 현실의 상징인 '나' 속에서 동양과 서양이 만나게 됩니다. 비록 그들이 서로 다른 맥락 속에서 함께하는 것이긴 해도 말입니다. 신약성서는 모든 과정 중에 있는 존재의 근원, 그 자신 안에 있는 '나'의 모범, 예수 그리스도에 관한 책입니다. 주역은 변화로서의 역에 관한 책입니다. 주역의 중심적인 가르침을 알고 있는 중국인, 한국인, 일본인들은 그들이 태어나기도 전에 예수님의 가르침의 이런 측면들을 알고 있었습니다. 초월적 진리의 영역은 모든 이에게 열려 있을 뿐만 아니라 많은 사람이 공유하고 있습니다. 이런 세계를 느끼고 경험하는 이들에게는, 예수님과 주역이 같은 것을 말하고 있다는 것은 별로 놀랄 일이 아닙니다. 물론 '나'와 '역'은 그들 나름의 관점에

---

1 Preston Harold, *The Single Reality*, 241.

서는 다릅니다.

주역과 예수님만 '나/역'을 내면의 과정의 궁극적인 상징으로 알고 있는 것은 아닙니다. 모든 존재와 현존의 내면 자아로서의 '나'란 상징은 인도 문명 속에도 또한 깊이 스며들어 있습니다. 특별히 우파니샤드의 유명한 구절, "tat tvam asi", "that thou art", "오오, 하나님, 그대시여!"는 모든 존재의 자아로서의 '나'는 힌두교의 가르침의 중심입니다. 루돌프 오토는 이것을 우리가 더욱 잘 이해할 수 있도록, "하나님은 나와 같은 분이다"(God is the same one that I am)라고 말했습니다.[2] '나'는 모든 존재에 있어서 궁극적 본질이고 원초적 주체입니다. 즉, 모든 생성 과정의 핵심입니다. 맨 처음에, 궁극적 현실은 '나'라는 이름으로 인식됩니다. 따라서 한 사람이 자신을 말할 때, 처음에, "나입니다"(It is I)라고 말하게 됩니다. 다음에 어떤 것이든 자신이 가지고 있는 다른 이름을 말하게 됩니다.[3] 따라서 '나'는 궁극적 현실의 상징이고, 또한 사람의 내면 자아입니다. 여기에서 '나' 속에서 개개인의 자아와 우주적 자아가 만나고 연합하게 됩니다.

'나'를 예수님 이전에 이미 유대인들이 가르친 것도 사실입니다. 모세는 처음 불타는 가시덤불 속에서 하나님을 뵈었을 때, '나'의 개념을 만나게 됩니다. "나는 나다", "나는 스스로 있는 자다"라고 말씀하신 것은 하나님입니다(출 3:14). 여기서 나는 하나님 자신이고, 내면의 과정 본질입니다. 하나님이 스스로 '나'라고 가리키는 '나'는 나중에 예수님이 가르쳐 주신 바로 그분입니다. 이것이 예수님이 "나는 아브라함 전에 있었다"(요 8:58)라고 말씀하신 이유였습니다. '나'의 비밀을 모세가 확실하게 파악하는 데는 실패

---

2 Rudolf Otto, *Mysticism East and West* (New York: Macmillan, 1960), 28.

3 *Brihadaranyaka Upanishad*, I, IV, 1.

했지만, 예수님이 드러내셨습니다. 불행하게도, 예수님의 '나'는 외부로 나타나게 되었고, 겉으로 드러나는 상징이 되었습니다. '나'는 역사 속에서 예수님의 상징이 되었습니다. 그렇게 됨으로써 예수님은 시공간 속에 갇히게 되었습니다. 따라서 내면의 과정에서 현실을 발견하게 될 때까지, '나'의 진정한 의미는 땅속에 진주로 묻히게 됩니다.

우리 시대에 내면의 과정을 탐구하는 것은 다양한 형태로 나타납니다. 예를 들어, 물리학은 변화의 과정을 관찰한 결과를 조직화함으로써 양자역학을 발전시킵니다. 양자(quantum)란 무엇입니까? 에딩턴 경은 양자를 '행동의 한 원자'(an atom of action)라고 부릅니다. 양자는 물질적인 원자가 아닙니다. 양자는 다시 말해서 에너지의 요소적 단위입니다. 양자는 상호작용의 과정에서 나누어질 수 없는 단위로서 밀접하게 작용합니다. 예를 들어, 빛이 흡수되거나 방출하게 될 때, 각 단계를 통과하는 것은 양자 전체입니다. 빛은 단일 방식으로 전체적 양자들의 개념으로 계속해서 흡수되거나 방출되기 때문에 역의 작용이라고 말할 수 있습니다. 해럴드의 견해에 따르면, '하나의 현실'은 '하나의 원리'에 의해서 지배되는 변화입니다. 원리는 전체의 통일성을 유지하려고 작동하는데, 단일화된 하나인 '나/역' 속에서 이루어집니다. 해럴드는 사람의 아들의 드라마를 양자, 즉 특별히 빛의 광자의 드라마와 평행을 이룬다고 봅니다. 그러므로 물리적 과정과 비슷하게 영적인 과정을 찾습니다. '나'나 내면의 자아는 '내적인 빛'을 흡수하고 방출해서 작용하는 '에너지의 단위'로서 양자를 생각할 수 있습니다. 따라서 '나'는 만물의 소우주적 단위이고, 각 개개인의 참된 자아입니다.

이렇게 본다면, 예수님이 "나는 세상의 빛이다"(요 8:12, 9:5, 12:46)라고 말했을 때, 나는 영적인 '행동의 양자'(quantum of action)입니다. 게다가 '나'를 일인칭 대명사로 생각하는 이들은 '어둠의 자녀들'(요 1:12-13, 12:36)

과 직접적으로 반대가 되는 '빛의 자녀들'입니다. 빛인 '나'가 어둠의 세상에 왔고, 어둠은 그 빛을 이길 수 없었습니다. 전통 신학은 빛과 어둠을 서로 절대적인 대립 관계로 위치시켜서, 효과적으로 외재화시켰습니다. 결국 선과 악을 추상화하고, 완전히 순수하게 각각을 이상화하는 데, 서로 섞일 수 없습니다. 요한은 "하나님은 빛이고 그 안에서는 어둠이 전혀 없었다"(요일 1:5)라고 말합니다. 이런 이상화는 외재화인데, 이런 추상적 개념들이 구체적으로 실제로는 삶을 경험하는 내면화의 과정 밖에 놓이게 되기 때문입니다.

해럴드는 절대적인 것은 삶 속에서 표현될 수 없다는 입장을 취합니다. 그러므로 빛과 어둠(선과 악)은 절대적인 것이 아니고, 절대적인 것이 될 수도 없습니다. 해럴드는 '빛의 십자가'가 방출되는 것을 묘사하면서, 그의 상징 안에 음양의 상징을 포함시키는 이유입니다. 음양의 상징에서 빛의 원이 어둠의 영역에 스며들고, 어둠의 원이 빛의 영역으로 스며드는 것을 볼 수 있습니다. 해럴드에게, 우주 전체는 모든 것의 의미 안에서 빛과 어둠이 조화롭게 작용하기에 절대적입니다. 각각의 힘이 최소한 상대의 일부를 포함하고, 교차 행동이나 변화가 절대적이고 궁극적으로 표현되는 것을 금지하는 하나의 원리가 작동하기 때문입니다.

하나님의 내면의 현존으로서의 '나'는 그 안에 어둠이 전혀 없는 순수한 빛입니다. 어둠에 대항하는 빛을 절대화하기 때문에 기독교 신학은 빛과 어둠의 나 사이의 이원론으로 나갈 수밖에 없었습니다. 이런 이원론적 경향은 하나, 전체, '나'의 개념 속에 깊이 뿌리를 내린 일원론적인 현실의 개념을 파괴했습니다. 이런 부당한 이원성은 빛인 나를 외부적 의미로 이해했기 때문에 생깁니다. 빛의 외재화는 인간들이 보는 광학적 의미로 빛을 이해한 것입니다. 지금 그냥 눈으로 보는 빛과 현대에 발명된 정밀한 도구를 통해서 관찰되는 빛이 전혀 다릅니다. 감각으로 관찰할 수 있는 빛을 이해하는 것은 단지 현상적인 사진처럼 보는 것이고, 드러난 빛만을 볼 수 있습니다. 눈에 나타나는 것은 실제로 있는 것과는 전혀 다릅니다. 따라서 예수님이 나는 세상의 빛이라고 하셨을 때, 겉으로 드러나는 빛을 이야기한 것이 아니고, 본질적인 빛 자체를 말씀하신 것입니다.

이런 종류의 잘못은 중국 문명의 초기 단계에서 음양의 관념이 처음 생길 때도 있었습니다. 원래 양의 개념은 빛에서 왔는데, 산의 남쪽에 나타납니다. 산의 북쪽에 빛이 비추지 않는 것이 음입니다. 그러나 둘 사이의 이원성은 극복됩니다. 어둠, 음은 산록이 만드는 그림자로 이해됩니다. 그림자는 빛을 전제합니다. 따라서 빛과 어둠의 이원성은 없습니다. 게다가 빛의 외재화는 점차 극복됩니다.

주역이 완성될 때, 빛은 선으로 알려진 가장 간단한 상징으로 바꿔지는데, 선은 원의 자식입니다. 빛은 나로 상징화되는데, 수평적인 '하나'로 표현됩니다. 빛인 나는 '一', 즉 빛(양으로서의 선)과 같습니다. 아랍어에서 '나'(I)는 하나의 상징이지만 중국어에서 '一'은 하나를 의미합니다. 아랍어에서의 하나와 중국어에서의 하나가 일치하는 것은 단지 우연의 일치입니다. 물론 이것은 외재적 의미에서 아무 의미가 없이 일치한다고 해도, 생성의 내면 과정에서 의미가 있는데, 동시성의 원리 때문에 그렇습니다. 괘에서의 실선은 빛, 즉 양의 상징인데, 괘에서 끊어진 선은 어둠이고 음입니다. 여기에서 빛은 깊이에서 이해됩니다. 즉, 빛은 하나의 상징(一)으로 내면화됩니다.

해럴드는 주역과 비슷한 접근을 시도했습니다. 빛인 '나'는 외재화되고, 따라서 예수님의 계시는 참된 의미를 잃었습니다. 그는 예수님의 메시지를 다시 내면화를 시켜서, 하나의 단일성을 보게 됩니다. 그는 내면의 깊이에서 빛을 보았고, 그것은 주역과 같습니다. 해럴드는 빛 안에서 '하나'인 '나',

즉 행동하는 양자를 발견했습니다. 이것은 모든 것의 소우주 됨을 나타냅니다. 예수님이 가르친 '나'는 잘못 이해되었습니다. 예수님이 자신과 동일시한 진정한 '나'는 양자인 내면의 상징입니다. 따라서 밥콕은 "예수는 자신을 빛의 단일한 양자로 상징화했다"라고[4] 말했습니다.

해럴드는 빛을 양자역학과 상보성의 개념으로 이해할 때까지는 예수님이 자신을 빛으로 가르친 것의 깊이를 알 수 없었다고 고백합니다. 이렇게 유추해 볼 수 있습니다. 빛을 감각으로 나타나는 것으로만 본다면, 어둠과는 상반된 관계에 있습니다. 빛을 심리적 삶을 논의하는 상징으로 본다면, 그 이미지는 이것이냐 저것이냐, 빛이냐 어둠이냐의 둘 중 하나를 택해야 합니다. 한편으로 근대적 빛의 이론에 익숙한 우리는 빛을 입자냐 파동이냐로 택해야 했지만, 상징을 만드는 지성은 달리 행동합니다. 빛을 심리적 영역에서 상징으로 이야기하면, 지금은 서로 배타적인 상반성이 아니라 상보성을 떠올리게 됩니다.

처음에는 상반된 것으로 보이지만, 실제로는 상보적입니다. 서로는 상생하는 힘으로 존재합니다. 해럴드는 예수님과 유다의 관계에서 이것을 강조했습니다. 만약에 유다가 없었다면, 예수님은 자신의 사명을 완성할 수 없었습니다. 유다의 도움은 예수님에게 꼭 필요했고, 유다는 예수님이 가르쳐 준 대로 행동했습니다. 유다는 어둠으로서의 '나'였고, 빛으로서의 나의 존재에 본질적인 것입니다. 그러므로 "빛 가운데 어둠이 전혀 없었다"라고 말한 것은 실수였습니다.

물리학자들이 묘사하는 빛은 엄격한 의미에서 인간의 눈이 인지할 수 있는 복사선의 일종입니다. 그러나 이런 정의는 종종 전자기적인 복사선으

---

4 Preston Harold, *The Single Reality*, 167.

로 넓혀집니다. 광자는 전자기적인 에너지의 양자입니다(hv, h는 프랑크 상수이고, v는 광자와 연관된 진동수). 해럴드는 광자를 양적 에너지의 원초적 단위로 표현합니다(+). 음적 에너지의 원초적 단위는 음적 표지로(-) 나타냅니다. 그러나 에너지의 원초적 단위는 그것으로 모든 것을 만드는 기본 요소(building block)는 아닙니다. 해럴드는 창조의 '원재료'를 중성자로 보았고, 세 가지 상태로 표현됩니다. 즉, 좌 스핀, 우 스핀과 정지 상태인데, 스핀은 결국 무시해도 좋을 정도로 감소됩니다. 변화의 과정을 통해, 중성자는 행동하게 되고, 결국 정지 상태로 떨어집니다.

중성자는 중성적인 상태의 입자입니다. 해럴드에 따르면, 중성자는 음과 양의 에너지의 '비트'의 분리될 수 없는 통합된 것으로 자체로는 나눠지지 않는 연속체입니다. 중성자는 음과 양이 작용해서 조화를 이루는 '완전한 하나'입니다. 양과 음의 원초적 에너지의 단위들 사이의 차이는 양적인(quantative) 것입니다. 양적 단위는 세 중성자의 상호 작용으로 일어나고, 하나는 정지 상태고, 광자에게 어느 정도의 물질(mass)이나 '몸'(body)이 주어집니다. 중성자 안에서 질적인 차이는 없었습니다. 광자를 빛으로 어둠을 음적 단위로 본다면, 빛과 어둠, 양적, 음적 에너지 사이에는 어떤 차이도 없고 가치도 같은데, 다만, 하나가 많던가 적던가 할 뿐입니다.

빛으로서의 '나'는 양자나 광자로 비유되고, 예수님으로 상징화되는데, 양전하와 혼동해서는 안 됩니다. 해럴드의 이론에서, 양적이고 음적 에너지의 단위들이 복합적으로 배열되는데, 양전기를 띄게 됩니다. 광자는 전하와 관련해서는 침묵합니다. 즉, 전기적으로 말하면, 어떤 특징을 갖는 것이 아니지만, 약간 양적 경향만 갖습니다.

이제 주역에서 보는 빛을 생각해 봅시다. 주역에서 점칠 때 사용되는 상황을 가정해 봅시다. 시초를 나누거나 동전을 던질 때, 같은 시초들의 수나 동전이 괘 속의 효가 음인지 양인지를 결정합니다. 예를 들어, 같은 동전을 던져서 셋을 얻으면 양(동전의 뒷면)이 되고, 둘을 얻으면 음(동전의 앞면)이 됩니다. 여기서 분명하게 빛인 나나 어둠인 나의 차이는 동전의 양면과 비슷합니다. 결과적으로 예수님의 내면의 '나'는 명백한 적인 유다의 내면의 자아를 끌어안습니다. 하나인 '나'가 둘을 이룹니다. 하나는 둘을 전제하고, 둘은 하나를 전제합니다. 깊이에서 본다면, 빛과 어둠은 하나이고, 그것은 전체를 나타냅니다.

예수님이 가르친 '나'는 빛이요 생명입니다. 따라서 "나는 생명의 빵이다"(요 6:35, 48)라고 말씀했습니다. 빛과 생명인 '나'는 예수님의 가르침에서는 아주 가깝게 서로 연관되지만, 진정한 관계를 이해하지 못했습니다. 그것들을 외부적으로 봤기 때문입니다. 겉으로 드러난 것만을 볼 때, 생명과 빛은 꽤나 다릅니다. 그러나 생명과 빛은 내면의 관점에서 볼 때는 떼려야 뗄 수 없는 하나이고, 예수님이 말씀하신, "나는 세상의 빛이다"와 "나는 생명의 빵이다"는 같다고 논증할 수 있습니다. 예를 들어, 예수님은 다락방에서 제자들과 말씀하실 때 자신은 빵이라고 했습니다. 빵을 자신의 몸과 같다고 말씀하셨습니다(막 14:22).

과거에는 예수님을 생명의 떡(빵)이라고 한 진정한 의미를 파악할 수 없었는데, 깊이의 차원에서 해석하지 않았기 때문입니다. 그것은 눈에 보이는 빵이 아니라 눈으로 볼 수 없는 내적인 빵이었고, 그것은 생명을 주고 계속 유지시켜 주는 빛입니다. 생명의 빵을 내면의 과정의 의미로 보지 않으면, 내면의 의미를 이해할 수 없습니다. 광자로서의 빛은 생명의 빵이라는 에너지의 원초적 표현입니다. 빛으로서의 나와 생명의 빵으로서의 나는 같습니다.

해럴드는 "예수는 우주의 비밀이 원초적 에너지인 빛 가운데 쉬고 있고,

빛의 창조 안에 창조의 비밀이 있음을 알리기 위해 오셨다"[5]라고 말했습니다. 창조의 이야기는 빛으로 시작되고, 빛은 생명의 근원입니다. 밥콕은 이렇게 주석합니다. "예수는 우주의 생명이 빛을 의존하고 있음을 보았습니다. 빛은 자신을 이루는 에너지가 쉬게 될 때, 사라집니다. 그러나 빛은 중성 에너지의 원초적 단위들, '작은 것들', 중성자 두세 개만 '하나'의 이름으로, 빛의 양자로 모일 때마다 다시 살아 부활합니다."[6]

리(離)괘

세계 속 생명의 모든 형태는 빛을 의존한다는 것을 압니다. 주역은 빛을 리(離, Clinging), 즉 집착함으로 정의하는데, 그것이 바로 30번째 중화리(重 火離) 괘입니다.

리(離)괘의 판단은 암소가 통해 얻은 영양분, 즉 음식이 주는 생명과 연결됩니다. 특별히 리괘는 불의 빛이 만물의 생명과 어떻게 연결되는지 분명하게 밝힙니다. 리(離)는 모든 작물과 지상의 풀과 나무를 자라게 합니다. 리(離), 즉 빛은 중국의 전설적인 왕, 복희가 동쪽에 위치시킨 괘입니다. 계절로는 봄이고, 새로운 생명입니다. 예수님이 자신이 생명의 빵이고 빛(혹은 광자)이라고 하신 말씀을 이해하게 됩니다. 빛은 확실하게 생명의 빵이고,

---

5 Preston Harold, *The Shining Stranger*, 121.
6 Preston Harold, *The Single Reality*, 244.

모든 살아있는 존재의 음식입니다. 밥콕은 이렇게 요약했습니다. "중성자의 에너지는 물질의 영역을 유지하는 '양식'이고, 이런 음식을 먹고 빛을 섭취하고 흡수하는 것입니다. 빛이 중성적 평형으로 쇠잔해집니다. 그러므로 모든 살아있는 것은 빛의 몸을 먹고 빛의 피를 마십니다. 빛은 생명을 살게 하는 실제 물질이고, 빛의 상징인 예수님이 최후의 만찬의 드라마에서 전해준 것입니다. 오늘날 이것을 광합성이라고 부릅니다."7

빛으로서의 '나'는 생명으로서의 '나'입니다. 빛이 모든 것을 비추듯이, 생명은 모든 것 안에 있습니다. 돌들도 소리칠 수 있습니다. 예수님이 전해주신 우주는 죽지 않았고 살아있습니다. 빛으로 충만하기 때문입니다. 빛으로 충만하다는 것은 생명으로 충만하다는 것입니다. 예수님 내면의 상징인 '나'는 모든 것에 대한 생명이요 빛입니다. '나'는 전체와 통일성의 내적 핵심이기 때문입니다. 예수님이 상징하는 '나'의 우주적 의미와 역사적 현실의 소우주 됨을 파악하는 데 실패한 것은 전통적 신학이 예수님을 신인동형론적으로 외재적으로만 해석했기 때문입니다.

---

7 앞의 책, 264.

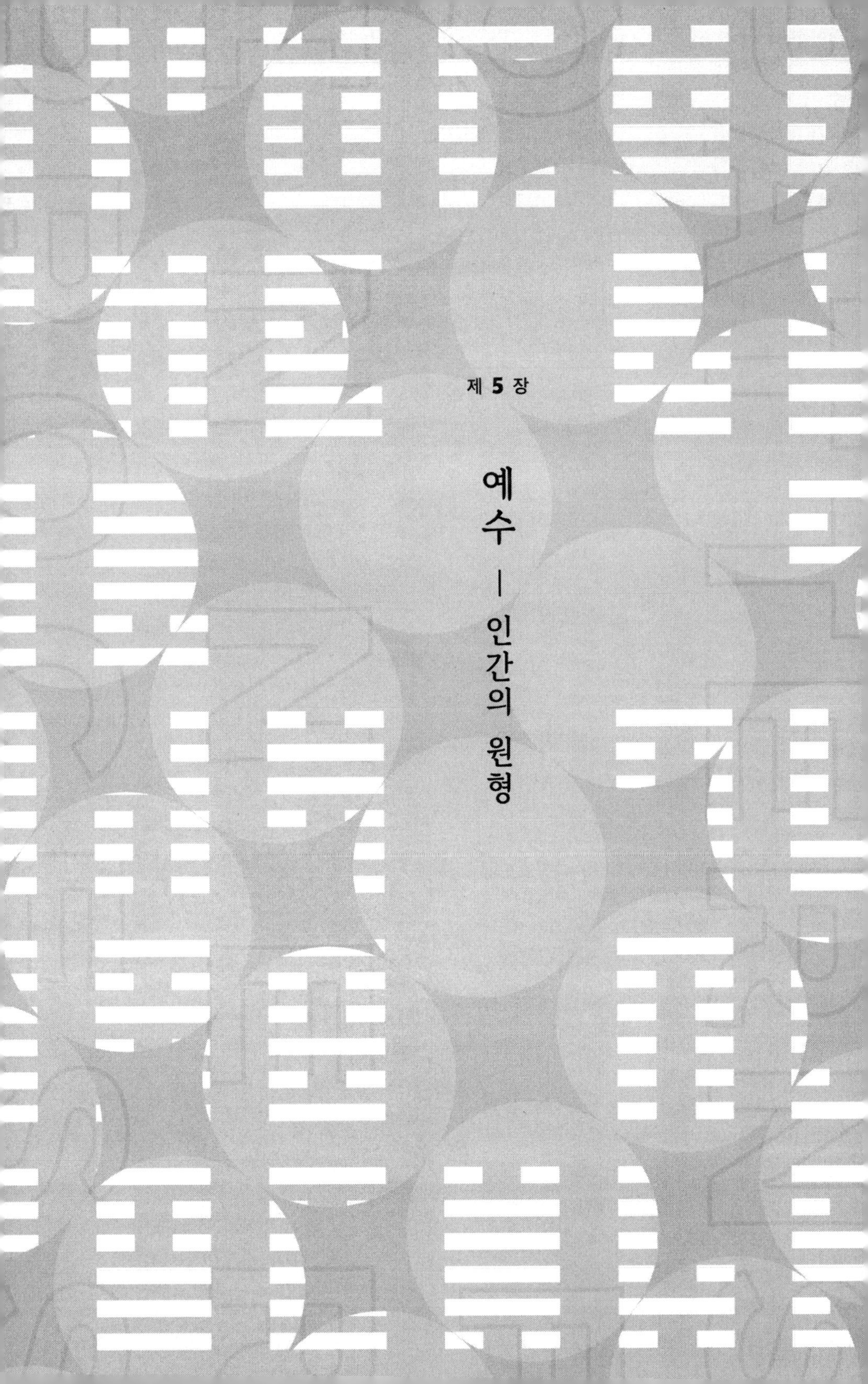

예수 — 인간의 원형

이미 지적한 바와 같이, 전통적인 신학의 실패는 외재화의 경향과 관계가 있고, 하나님과 인간을 절대적으로 분리했기 때문입니다. 예수님은 외재화되어 왔고, 절대적으로 일반적인 인간과는 다른 분으로 생각해 왔습니다. 예수님은 신적인 완전성의 외부 상징이 되었고, 그분은 예배의 대상이 된 것입니다. 예수님은 기름부음을 받은 자, 즉 메시아로 오시기로 예언된 분으로 만들기 위해서 그분은 외재화되었습니다. 즉, 그분은 이스라엘 백성들의 희망이 되었습니다. 이렇게 기다리던 그분은 예수님으로 나타나셨고, 그분은 구약의 외재화된 메시아였습니다. 그럼에도 불구하고, 예수님은 인간의 외재적 측면보다는 인간의 내면의 현실에 더욱 관심을 기울였습니다. 예수님은 자신이 종교적인 지도자라기보다는 정치적 인물로 외재화된 대상으로, 기다리던 메시아로 왔다는 것을 실제로 부인했습니다. 다른 사람들은 억지로라도 이런 관념을 그에게 부여하려고 노력했지만 말입니다. 예수님은 십자가에서 죽어야만 했습니다. 왜냐하면 그는 외재화된 메시아의 상징이었기 때문입니다. 그것은 비극이었습니다.

외재화된 메시아는 예수의 적이었습니다. 그것이 바로 예수님이 그 상징을 파괴하기로 작정했던 까닭입니다. 외재화된 상징을 파괴하는 것은 메시아적 소망을 내면화하기 위해서 꼭 필요했습니다. 따라서 예수님은 외재화된 메시아적 소망의 상징인 '자신의 몸'을 파괴하는 것을 허락했습니다. 예수님이 십자가에 못 박혔을 때, 성전의 휘장이 찢어져 내렸습니다. 주후 70년에 일어난 성전 건물의 파괴는 예수님으로 나타난 외재화된 인물의 죽음을 최종적으로 상징적으로 표현한 것입니다. 따라서 십자가의 예수의 죽음과 성전 파괴 사이에는 상호 관계가 있었습니다.

외재화된 상징을 파괴하는 상징적 행위는 성전 정화로 묘사됩니다(요 2:13-). 외부 권력에 관심을 가지는 어떤 성전이든지 정화되어야만 합니다. 따라서 밥콕은 예수는 외재화된 메시아의 개념을 거부했고, "유대교는 전통적인 메시아적 기대를 초월해서 그 개념을 내면화해야 한다"라고 덧붙였습니다.[1]

외재화된 메시아의 소망인 옛 형태를 부정하는 것은 내면화된 메시아의 소망이란 새로운 형태를 긍정하는 것이 본질입니다. 예수님이 이런 필연성을 받아들인 것은 반대들의 상호 작용을 다루는 역의 기본적인 원리를 알고 있었다는 것을 보여줍니다.[2] 역의 원리에 따르면, 하나의 부정은 다른 것을 긍정하게 됩니다. 즉, 외재화된 메시아와 그와 관련된 상징을 부정함으로써, 예수님은 내면화된 메시아를 긍정했습니다. 예수님 시대의 사람들은 외재적으로 드러나는 증거와 표시를 찾았는데, 예수님은 그것을 부정하면서 이렇게 말했습니다. "악하고 음란한 세대가 표적을 구한다"(마 12:39, 16:4; 막 8:12; 눅 11:29). 예수님은 그들이 밖에서가 아니라 자신의 내면에서 표적을 찾기를 원했습니다.

이런 측면에서, 예수님의 가르침의 기본 방향은 인간 내면의 성향과

---

1 Preston Harold, *The Single Reality*, 58.
2 『역의 원리』, 2장.

관계가 있습니다. 예수님의 선교는 메시아적 소망을 완전히 없애는 것이 아니라 내면화하는 것이었습니다. 예수님에게 있어서, '옛' 사람은 외향적인 사람이었으나, 그리스도 안에서 '새' 사람은 내향적인 사람입니다. 예수님의 가르침의 중심 주제는 옛 사람이 새 사람으로 변화하는 것입니다. 즉, 외재적 자아에서 내면의 자아로 인간의 성향을 재정립하는 것입니다. 외향적인 사람은 맘몬, 물질적 대상들을 추구하게 되는데, 자신의 자아(ego)를 만족시키기 위해서입니다. 그러나 내향적인 사람은 자신의 참된 자아를 찾기 위해서 영혼을 추구합니다. 이것이 바로 예수님이 전통적인 메시아의 개념을 부인한 까닭입니다. 왜냐하면 메시아의 개념은 물질적으로 외향적인 방향으로 형성되었기 때문입니다. 그러나 메시아가 외부의 물질적인 존재가 아니라면, 메시아는 내면의 비물질적인 존재입니다. 메시아가 모두를 위해 그들을 구원하기 위해서 오셨다면, 메시아는 각자와 내면의 관계를 맺어야 합니다. 내면의 메시아는 모든 사람의 자아, 모든 것의 자아가 되어야 합니다.[3]

예수님은 자신의 제자들의 도전을 받아들였습니다. 베드로는 "선생님은 그리스도이십니다"라고 말했습니다. 예수님이 그런 도전을 받아들였을 때, 그는 외재화된 메시아, 정치적 구원자(마 16:23)가 아니라 모든 인간의 진정한 자아, 원형을 생각한 것입니다. 따라서 해럴드는 "예수님의 선교는 자신을 각자 속에 있는 자아의 상징, 자아(ego)에 대한 신체적 대체물, 자신의 본성과 재결합을 약속하는 통일성의 원리가 되게 하는 것입니다"[4]라고 말했습니다. 예수님이 내면의 그리스도나 내면의 메시아 됨을 받아들일

---

3 해럴드에 따르면, 내적인 메시아는 개개인의 삶을 다스리는 내적인 심리적 권위이다. 이것은 예수님이 상징화하는 사람의 아들이라고 말하는 권위적인 에고이다.

4 Preston Harold, *The Shining Stranger*, 44.

때, 예수님은 내면에서의 자아를 찾으라고 도전한 것입니다. 자아는 모든 사람, 모든 만물 가운데서 발견됩니다.

그러나 주역의 상보성의 원리에 따르면, 내면의 자아를 찾는 것은 또한 외부의 동일성을 추구하는 것입니다. 내면의 메시아를 찾는 것은 사실상 외부의 메시아를 찾는 것입니다. 따라서 구약의 외재화된 메시아적 소망을 완성하는 것은 내면화된 메시아적 소망이 완성될 때 가능합니다.

그러나 내면화된 메시아적 소망을 완성하기 위해서는 외재화된 메시아적 소망을 부인하지 않으면 안 됩니다. 여기에서 외부의 메시아를 부정하고 파괴하는 것은 절대적인 것은 아니고 상대적인 것입니다. 이것은 내면의 현실의 문제가 우위성을 갖게 합니다. 이렇게 한 결과, 외부 현실의 완성이 확증됩니다. 영적인 필요가 물질에 앞서는 것과 마찬가지로, 예수님은 외부로 드러남보다는 내면의 현실에 우위성을 부여합니다. 예수님은 둘 가운데서 하나에 우위성을 둠으로써 둘 모두를 긍정했습니다.[5]

내면에서 자아를 보도록 가르치기 위해서, 예수님은 자신이 모범이 되셨고, 우리 내면의 자아의 상징이 되셨습니다. 예수님은 우리 밖에 존재하는 누군가가 아닙니다. 그분을 진정으로 이해한다면 말입니다. 그분은 우리 속에 존재하는 참된 자아의 완전한 상징입니다. 이런 의미에서 예수님이 "나는 길이다"라고 말씀하셨을 때, 자신이 다른 사람들과 다르다고 주장하신 것이 아닙니다. 오히려 예수님은 우리 속에 있는 '나'의 상징과 자신을

---

5 이 지점에서 다른 견해들과는 차이가 있는 해럴드의 '예수님의 메시아적 사명'에 대한 견해를 밝히는 것이 좋겠다. 해럴드는 예수님은 자신이 오랫동안 기다리던 유대적 메시아 임을 믿지 않았다고 결론지었다. 예수님의 사명은 메시아적 꿈을 내면으로 재정향하고 재정립하는 것이었다. 예수님은 메시아에 대한 예언을 성취하는 동시에, 메시아가 누구이 고 언제 와야 하는지와 같은 통용되는 개념을 부정함으로써만 이것을 이룰 수가 있다.

동일시한 것입니다. 따라서 "나는 길이다"라는 언명은 "나는 내 속의 길이다"라고 주장한 것입니다. 우리 안의 '나'는 '길'이거나 도(道)입니다. 예수 안의 '나'와 우리 안의 '나'는 같습니다. 예수님 내면의 존재는 모든 인간의 원형입니다.

지금 자아로서의 '나'와 주역에서의 '변화'(역)가 어떻게 같은 지를 생각해 봅시다. '나'인 자아 때문에 우리 자신이 될 수 있는데, '나'는 모든 창조와 생성의 매트릭스입니다.[6] 우리 각자 속에는 변화하는 과정의 중심, 즉 내면적 자아인 '나'의 내면의 원리가 있습니다. 변화하는 과정의 내면 중심은 모든 존재 속에 내면적으로 존재합니다. 이것이야말로 예수님의 '나'가 내면의 과정의 핵심 정점으로서 우리 모두 속에서 발견되는 이유입니다. 예수님은 우리 존재의 원형입니다.

이 주장을 입증하기 위해, 20세기 초의 가장 위대한 신학자 중의 하나였던 칼 바르트가 '예수는 우리의 존재의 참된 원형'이라고 말한 것을 인용할 수밖에 없습니다.[7] 어떤 존재가 될지 알기 위해서 그분을 쳐다보지 않으면 안 됩니다. 바르트에 따르면, 사람은 그리스도 안에서만 참된 자기를 발견할 수 있습니다. 왜냐하면 예수님은 참된 인간의 원형을 대표하기 때문입니다. 그러나 바르트가 예수는 오직 우리와의 관계 속에서만 알려진다고 했을 때 그것을 받아들이기가 어려웠습니다.[8] 예수님은 관계를 맺기 위해서 우리

---

6 「대전」 I:11, *The Principle of Changes*, 78.

7 칼 바르트는 예수를 '모든 인간학의 표준', '모든 인간의 대변자'라고 불렀다. 그의 책, *Christ and Adam* (NY: Macmillan, 1968) 36-, 43-을 보라. '조형'(prototype), '신의 형상'(imago Dei), '참인간됨'(true humanitas)은 *Church Dogmatics* IV/2 (Edinburg: T. & T. Clark, 1958) 25-, 32-, 40-을 보라.

8 바르트에 따르면, '참된 인간'인 예수는 우리 속에서 발견되지 않는다. 예수는 단지 그분의 우리와의 관계에서 발견된다. 따라서 관계의 유비는 바르트의 인식론의 기초가 되었다.

옆에 서 계시는 분이 아니고, 그분은 우리 속에 계십니다. 예수님은 진정한 자아이고 우리 존재의 근거입니다. 바르트는 우리의 존재 속에 예수님을 내면화하는 데 실패했습니다. 바르트가 그분을 우리 자신의 원형으로 올바르게 보기는 했지만 말입니다. 본회퍼 또한 예수님을 인간의 원형으로 묘사하고자 했습니다. 따라서 본회퍼는 예수님을 '다른 사람들을 위한 사람'으로 생각했습니다.9 본회퍼에 따르면, 예수님은 우리가 스스로의 힘으로 설 수 없을 때, 우리 자리에 대신 서 주십니다. 본회퍼에게 있어서, 예수님은 내 속에 계신다기보다는 나를 위해 일하시고, 혹은 나를 좋아하십니다. 다시 말해서, 본회퍼도 예수님을 우리 존재의 진정한 자아로서 내면화하지는 못했습니다. 예수님은 우리의 자리를 차지하는 것이 아니라 우리의 진정한 자아요, 존재의 중심입니다. 존재의 진정한 자아로서 예수님은 우리 속에 계십니다. 따라서 전통적인 신학의 실패가 예수님을 외재화해서 일어난 것을 분명하게 알아야 합니다.10

필자의 "바르트의 교의학에서 유추론의 사용"이라는 논문 *Scottish Journal of Theology* (June 1969) (Vol. XXII, No. 2), 129-51을 참조하라.

9 D. Bonhoeffer, *Prisoner for God*, tr. By R. H. Fuller (NY: Macmillan, 1954), 187.

10 이정용은 바르트와 본회퍼는 진정한 내면화에 실패했다고 보았고, 동양 신학의 가능성, 진정한 신의 성육화는 동양 철학에 와서 완성될 수 있다고 보았다. 칼 바르트는 이정용에게 『주역』을 가지고 자신 있게 신학화 작업을 할 수 있는 방법론을 열어주었다. 이 책의 뒤에 붙인 에세이에서 이정용은 "칼 바르트에게 인가를 받았다"는 표현을 써 봤다. 그는 칼 바르트에서 출발하면서 동양 신학적 방법론을 발전시켰다. '동양적 유추론'이라고 이름 붙여 본다. 그것이야말로 동양적 에큐메니즘의 길을 연다고 볼 수 있다. 그렇지만 이정용의 신학은 칼 바르트와 본 회퍼를 넘어서게 되는데, 예수님이 우리의 존재의 원형으로 우리 속에서 실현된다고 본다. 이것은 미래의 일이기도 하고 우리가 진정한 하나님의 아들의 길을 가야 하는 것이고, 웨슬리가 말한 기독교적 완전을 이 땅에서 이루는 길이다. 이런 길들은 감히 칼빈적 전통에서는 논의될 여지가 없다. 유교는 성인의 길이 구체적으로 이루어질 수 있다는 이상을 놓지 않는다. 이런 의미에서 이정용의 신학의 길은 선구적인 길이었고, 엄청난 잠재성을 갖고 있다. 그것은

예수님을 우리의 원형으로 내면화하는 것은 영성가(mystics)와 심리학자들이 보다 성공적으로 수행해 왔습니다. 그러나 이런 종류의 가장 흥미로운 개념을 해럴드의 책에서 발견할 수 있습니다. 그는 예수님은 자신을 우리의 존재의 소우주적 단위의 상징으로, 인간 속에 있는 하나님 세포(God-cell)로 만들었다고 믿었습니다. 해럴드는 모든 인간 속에 있는 하나님 세포의 상징이 되기 위해서는, "예수님은 자신을 임의적으로 선택할 수 있는 기준틀(a frame of reference)로 만들었으며, 그 속에서 인간은 자신의 생명을 의식적으로 파악할 수 있다"라고 말했습니다. 알프레드 아들러(Alfred Adler)가 본 대로, 그런 기준틀은 인간에게 필수적입니다. 그것은 인간에게 꼭 필요한 권위의 원천입니다.[11]

나는 해럴드의 제안을 더욱 밀고 나가서, 예수님은 기준틀과 소우주적 단위(the microcosmic unit)의 상징일 뿐만 아니라 바로 인간성의 원초적 세포(the primordial cell of humanity, 바울은 그분의 '몸'이라고 부름)라고 말하고 싶습니다. 더 나가서 예수님을 전체 유기적 과정의 원초적 세포로 시작점(알파 포인트)과 종착점(오메가 포인트)이고 우주적 그리스도라고 주장할 것입니다. 이런 연장선상에서, 우주적 그리스도는 만물의 원초 세포와 시작점인 그리스도의 본성 때문에 가능하다고 생각하는 것이 중요합니다. 따라서 만물의 원초적 단위인 예수님은 빛의 양자, 만물의 제일 단위로 비유될 수 있습니다. 예수님은 만물의 알파와 오메가, 시작과 끝입니다. 예수님

기독교적 사유의 깊이를 동양적 사상과 가치, 문화 속에서 실제적으로 적용할 때 이루어질 수 있다. 성령의 인도하심을 따라서 살아갈 때 가능할 것이다. 이런 세계는 예수님이 미리 예언하고 말씀하신 길이기도 하다. 너희들은 내가 한 것보다 더 큰 일을 할 것이라고 하셨다. 새 패러다임으로 새 시대를 열어서 새로운 역사의 길을 가야 한다. [역주]

11 Preston Harold, *The Shining Stranger*, 14.

은 음양이 나뉘어질 수 없게 얽힌 태극, 즉 우주 속에서 만물의 원형인 제일
세포로 나타납니다.

예수님은 우리에게 원형적 상징을 준 것이 아니라 우리 속에서 오셔서
그 상징이 되셨습니다. 예수님은 우리에게 하나님의 은혜를 내린 것이 아니
라 우리 속에 오셔서 직접 은혜가 되셨습니다. 하나님과 인간 사이에 분열은
존재할 수 없습니다. 모든 것은 하나님 안에서 연합됩니다. 하나님 안에서
모든 것은 서로에게 있어서 상호 연결되고 상호 의존하게 됩니다. 따라서
하나님과 인간은 떼려야 뗄 수 없습니다. 예수님은 통상적인 의미에서 중개
인이나 매개자가 될 수 없습니다. 그는 기본적 기준틀입니다. 제일 세포로서
의 '나'는 우리 밖에 있는 어떤 것이 아니라 우리 속에 있는 어떤 것입니다.
그것은 하나님 세포이고, 우리의 존재를 그 안에서 발견할 수 있는 기본적
기준틀입니다. 지시의 기본적 구조나 원형은 그것이 우리 속에서 드러날
때만 발견됩니다. 이것은 바깥에서 오는 어떤 것이 아닙니다. 그것은 내
속에 있기 때문에 발견되지 않으면 안 됩니다. 이것은 우리 속에 있는 하나님
의 나라와 같습니다. 이것은 이미 우리 속에 있습니다. 우리는 그것을 쫓아갈
필요가 없습니다.

예수님을 인간 속에 존재하는 원형이나 제일 세포로 생각하는 것은 전적
으로 새로운 개념은 아닙니다. 수 세기 동안 예수님은 모든 인간 속에 있는
선재적이고 영원한 로고스로 이해되었습니다. 인간 속에 있는 신성한 불꽃
이라고 생각하는 스토아 철학적 관념과 꽤나 비슷합니다. 이런 것과 평행이
되는 견해는 남악회양(南岳懷讓)[12]과 마조도일(馬祖道一)의 대화 속에서

---

12 남악회양은 중국 당나라의 선불교의 대가로, 제6조 혜능의 제자인 회양 선사를 부르
   는 말이다. 남악은 지명이다. 남악의 회양 선사이다. 무념을 강조했는데, 마조도일의
   스승으로, 수행 자체가 목적이 아니라 형식에 집착하지 말고 진여자성(眞如自性)의

잘 나타나고 있습니다. "남악회양은 결론적으로 이렇게 말했습니다. '당신이 처음부터 부처가 아니었다면, 어떻게 앉아서 참선을 한다고 해서 부처가 될 수 있습니까? 기와를 갈아서 거울을 만들려고 하는 것 같이 불가능합니다.' 달리 말하면, 참선이 불성을 부여하는 것이 아닙니다. 그것은 언제나 존재하고 있던 불성을 드러내는 것뿐입니다."[13] 도가는 궁극적 실재나 원형을 동일한 방식으로 접근합니다. 도가 인간이나 우주 속에 이미 있는 것이 아니라면, 도를 인식할 수 있는 방법이 없습니다. 도는 '밖'에서 발견할 수 없는 것이지만, 언제나 '내면'에서 발견할 수 있습니다. 그러나 '내면에서의 도'는 '외부에 있는 도'를 함의하는 것입니다. 외부의 도는 내면의 도의 존재를 전제합니다. 그러나 먼로(Munro)는 "오직 내면의 도만 영원한 것이고, 따라서 이것은 인간의 성품의 본질적 측면입니다"라고 설명합니다.[14]

해럴드는 인간의 제일 세포인 '나'는 힌두교의 성경, 바가바드 기타에서 또한 발견된다고 알고 있었습니다. "크리슈나가 말합니다. '내가 없고, 너도 없고, 모든 것이 없었던 과거는 없었다. 우리는 결코 오랫동안 사는 것을 멈추지 않을 것이다.'"[15] 티베트의 불교인들은 내적인 핵심을 기술적인 개념으로 만다라(Mandala)로 알고 있었습니다.[16] 내면의 중심은 융의 책들에서

본래의 마음을 보라고 강조했다. 마조도일 선사는 회양 선사의 제자로, 중국 선종의 역사에서 실질적인 중흥조로 평가받는 인물이다. 불즉심을 강조했고, 좌선 중심에서 벗어나 생활 속에서 깨달음을 얻는 수행으로 전환하게 되었다. 즉, 걸음, 말, 행동 모두를 수행의 장으로 삼게 되었다. [역주]

13 Philip Kapleau, ed., *The Three Pillars of Zen* (Boston: Beacon, 1967), 22.

14 Donald J. Munro, *The Concept of Man in Early China* (Stanford: Stanford University Press, 1969), 17.

15 Arthur W. Ryder 역, 『바가바드 기타』, 34.

16 Herbert V. Guenther, *Treasures on the Tibetan Middle Way* (Leiden: Brill, 1969), 34.

는 '대인'(the Great Man)으로 잘 알려져 있습니다. '대인'이나 원형적 자아는 그리스도 안에서 새로운 인간의 기초입니다. 이것은 인간 안에서 내면의 자아이고 참된 사람입니다. 많은 다른 예들은 예수님이 자신과 일치시킨 '나'는 인간의 다양한 집단에서는 많은 다른 방식들로 인식됩니다.

'나' 혹은 원형이 과거에 많은 학문에서 이미 인식되어 왔다면, 이것이 예수님에게만 고유한 것이라고 주장하기는 어렵습니다. 본질적으로 예수님의 고유성은 없다고도 할 수 있습니다. 예수님은 세계 속에 존재하는 모든 것의 진정한 자아인 '나'라는 이름과 다른 어떤 것이 아닙니다. 예수님의 고유한 특성은 그분의 본질이 아니라 실존적 모습입니다. 예수님은 기독교인들이 내면의 현실을 보여주는 아주 독특한 상징으로, 기독교적 상징의 초점입니다. 부처님이 불교적 상징들의 중심인 것과 마찬가지입니다. 예수님을 우리 안의 나로 상징적으로 표현한 것은 기독교가 세계에 크게 공헌한 것입니다. 이런 개념에 관해서 이와 비슷하거나 더 심오한 공헌은 힌두교의 베단타 학파가 했습니다. 궁극적 실재로서의 아트만이나 진정한 자아의 개념은 각자 속에서 '나로 대변되는 예수님의 상징과 아주 놀랍게 비슷합니다.

초대 교회는 예수님의 상징적인 표현을 이해하지 못했기 때문에 인간의 본질과 하나님 사이의 질적인 차이를 만들어 냈습니다. 예수님 속에서, 우리 내면의 자아의 상징적 현존 속에서 궁극적인 것과 준궁극적인 것 사이와 인간과 하나님 사이의 차이는 존재할 수 없습니다. 예수님 속에서, 그것들은 미분화된 연속체의 개념이기 때문에 거기에서는 인간은 하나님 속에 있고, 하나님은 인간 속에 있습니다. 그들은 나뉘어질 수 없기 때문입니다. '나와 원형인 하나님은 인간 속에, 신적 현존의 드러남 속에 존재합니다. 사람은 또한 하나님 속에 있습니다. 이런 상호 포함적인 관계 속에서, 예수님은 하나님과 인간의 완벽한 상징이 되었습니다. 그분 속에서, 신적인 것과 인간적인 것이 연합됩니다. 예수님은 인간이기 때문에 또한 신입니다. 그는 또한 신적 특성을 가지기 때문에 인간입니다. 그러므로 초대 교회가 예수님은 참 하나님이고 참된 인간이라고 동시에 긍정한 것은 올바른 것입니다. 그러나 초대 교회는 그것들 사이의 상생적 관계를 이해하는 데는 실패했습니다. 초대 교회는 상대가 없이는 스스로가 존재할 수 없다는 최고의 원리를 알지 못했기 때문입니다. 신성과 인성은 본질적으로 나누어질 수가 없는데, 왜냐하면 그것들은 연속성 속에 있기 때문입니다. 인간의 실존의 깊이에서 신적인 것, 모든 존재의 뿌리가 놓이는데, 그것이 바로 참된 자아입니다.

인간의 원형인 예수는 만물의 원초적 세포에 비유될 수 있습니다. 인간은 세계와 분리되지 않기 때문에 인간의 원형은 다른 피조물들과 별개로 나누어질 수는 없습니다. 생물학적으로 예수님은 모든 살아있는 사물의 하나의 단위나 아메바 세포로 나타납니다. 따라서 해럴드는 이렇게 요약합니다. "그것은 창조주의 자기 의식, 존재의 '자기 감각', 사람이 된 한 세포 피조물 속에 있는 '하나님의 존재', 아메바와 비슷한 세포입니다. 물론 이것은 오늘날 사람들이 알고 있는 아메바와는 다릅니다…"[17] 원초적 세포나 유기적

---

17 Preston Harold, *The Shining Stranger*, 75. "예수-인간의 원형"이란 장을 논평하면서, 위니프레드 밥콕은 저자에 대해 다음과 같이 쓴다. "나는 해럴드가 여기에서 진술하는 심원한 통찰을 하나만을 제외하고는 동의했다고 믿는다. 해럴드가 예수님을 인격으로나, 예수님의 '나'를 제일 혹은 최초의 존재로, 혹은 미리 선재한 로고스로 생각했다고 보지는 않는다. 해럴드의 견해에서, 예수는 이런 점에서 다른 어떤 사람들과 다르지는 않다. 거기에 최초의, 최후의 존재는 없다. 그러나 모든 '나'와 인격은 제일의 하나님 세포이고, 하나님의 의식이 개별화되어 나타나는 동일한 행동 속에서 존재한다. 따라서 해럴드는 예수님이 알파와 오메가요, 만물의 처음과 끝이라는 것과 그분이 우주적 그리스도라는 것에 동의할 수 없었다. 오히려 우주적 그리스도는 모든 인간과 동등하게 주어지는 개별화된 하나님의 능력이었다. 예수님은 이것을 깨달으셨고, 그

세계의 원형은 모든 다른 살아있는 피조물에게 공통됩니다. 사람은 세계와의 본질적인 통일성 때문에 다른 존재들과 실제로 다르지는 않습니다. 사람은 아마도 다른 피조물들보다 더욱 진화되었을 뿐입니다. 이런 의미에서 만물은 '나' 속에, 혹은 만물의 근거인 하나님 세포에 뿌리를 내리고 있습니다. 그 속에서 만물은 함께 존재합니다. 이것은 변화하는 과정의 보이지 않는 중심이고, 그것은 바로 '나'요 변화, 즉 역 자체입니다.

보이지 않는 중심은 예수님의 인격 속에서 상징화됩니다. 그래서 바울은 이렇게 말합니다. "그 아들은 보이지 않는 하나님의 형상이시요, 모든 피조물보다 먼저 나신 분이십니다. 만물이 그분 안에서 창조되었습니다. 하늘에 있는 것들과 땅에 있는 것들, 보이는 것들과 보이지 않는 것들, 왕권이나 주권이나 권력이나 권세나 할 것 없이, 모든 것이 그분으로 말미암아 창조되었고, 그분을 위해서 창조되었습니다. 그분은 만물보다 먼저 계시고, 만물은

자신 속에 있는 하나님 의식이 그 시대의 사람의 인격으로 완전하게 표현될 수 있게 하셨다. 따라서 우리는 그분을 거울로 볼 수 있고, 그분 안에서 우리 자신의 그리스도적 능력을 성찰하고, 우리 자신의 심리적 역량을 볼 수 있다. 나는 예수님이 항상 인자라는 이름 속에서 '나'를 말씀하셨다는 것을 환기시키고 싶다. 해럴드는 호모 사피엔스는 생명의 두 번째 출산이고, 성을 통한 생식이고, 그 안에서 남성적 원리가 나타나서 모든 인간 속에서, '아들 의식'이 성별과 관계가 없이 나타나게 되었다고 말한다. 여기에서, 융의 '위대한 인간'이나, 예수님이 '나'로 이름한 '인자'는 남자나 여자의 모든 심리적 자아이다. 그것들은 동일한 잠재성의 단순히 대립적 배치이다. 각자는 동일하게 부여된 남성적 원리나 여성적 원리로, 생명의 제일 세대 속에서 표현한 것이다. 그러므로 음양의 상징은 어떤 한 심리의 상징이다. 해럴드는 남자와 여자를 중성자의 짝으로 좋아했고, 단지 그것들의 상반된 스핀으로 구별된다고 보았다. 남성이나 아들의 의식은 호모 사피엔스, 제이세대에서 지배적이기 때문에 해럴드는 이점을 강조하기 위해서, 인간을 휴먼카인드(humankind)가 아닌 맨카인드(mankind)로 불렀다. 내가 생각하기에, 해럴드는 예수님이 하나님-아들 의식을 실현했고, 그것을 우리 모두가 입었고, 그것을 예수님이 계시했기에, 예수님은 인간의 원형이요 또한 우주의 원형이 되었다고 말했다. 그래서 여러분이 이제까지 아름답게 표현해 온 모든 것은 어떤 조화가 뒷받침되고 있다.

그분 안에서 존속합니다"(골 1:15-17). 여기에서 인간의 원형인 예수는 또한 우주의 원형입니다. 소우주적 자아는 대우주적 자아입니다. 예수 안에서, 우파니샤드적 명제, "그대는 바로 나입니다"(tat tvam asi)는 예수님이 인간의 참된 원형으로 인간의 참된 자아 외에 다른 것일 수 없다는 확증이요 완성입니다.

제 6 장

내면의 십자가

십자가는 기독교 메시지의 중심 상징으로 그리스도의 삶과 구원 사역에 있어서 깊은 의미를 갖고 있습니다. 십자가의 역사적 의미를 부정할 수는 없습니다. 그러나 이 장에서 진행하는 연구의 목적은 십자가의 역사적 의미를 묻는 것이 아닙니다. 십자가의 역사적 의미는 외재적 의미와 밀접하게 연관되어 있습니다. 여기서는 상징으로서의 십자가의 내면의 의미에 집중할 것입니다. 이미 밝혀온 대로, 내면의 과정은 시간과 공간을 초월하게 됩니다. 왜냐하면 내면의 과정은 축과 중심을 차지하고 있기 때문이고, 또한 거기에서는 시간과 공간의 차이가 사라져 버리기 때문입니다. 내면의 과정은 역사와 지리를 넘어서게 됩니다. 따라서 십자가의 내면의 의미는 직접적이며 역사와 지리적 중요성을 다루는 외재적 요인들과 연관되지는 않습니다. 이런 점에서 십자가와 역사적 배경과의 관계를 다루지 않고, 상징 자체로서의 십자가만을 탐구하는 의도는 정당화될 수 있습니다.

십자가의 내적인 의미를 다루면서, 내면의 과정이 함의하고 있는 동시성의 비인과적 연결 원리를 다시 생각하게 됩니다. 내면의 과정은 감각적으로는 인식할 수 없고 합리적일 수 없는 관계입니다. 왜냐하면 그것들은 인과적 관계로 설명할 수 없기 때문입니다. 그렇게 될 때 오히려 내면의 과정은 의미가 있고 중요합니다. 예를 들어서, 십자가(+)를 덧셈의 상징과 연결하는 것은 외부 감각으로 볼 때는 별 의미가 없고 우연일 뿐입니다. 그러나 이것은 내면의 현실에서는 매우 의미가 있습니다. 이것이 상식적으로는 의미가 없는데, 외부 요인의 맥락에서 특히 역사적 사건과 시간으로 생각하기 때문입니다. 내면의 현실은 외부 요인들을 초월하기 때문에 십자가의 내면의 의미는 십자가가 놓여 있었던 역사적 맥락과는 거리가 있습니다. 그러므로 십자가의 내면의 의미는 십자가의 상징을 다루지, 외재적 함의를 고려하지 않습니다. 비록 외재적 함의는 십자가의 내면의 중요성을 결정할 수도 있지만 말입니다. 내면의 현실은 외부 현실의 선험적 범주이기 때문에 내면의 의미를 이해함으로써 십자가의 외부 의미가 가진 깊이를 발견하게 됩니다.

십자가 내면의 의미를 알 필요가 있는데, 그것은 영원한 것입니다. 왜냐하면 십자가의 상징적 의미는 현재 20세기에서는 경험할 수 없습니다. 십자가를 외재적으로만 생각했기에, 그 의미를 잃어버렸습니다. 십자가는 과거의 범죄자를 처형하던 상징으로 외재적으로 생각했습니다. 예수님의 죽음의 이야기에서, 예수님 옆에 두 강도가 있었는데, 이들은 같은 십자가의 상징을 품고 있었습니다. 그러나 처형과 죽음의 상징으로서의 십자가는 더 이상 경험하기에는 적합하지 않습니다. 십자가는 더 이상 처형의 도구가 아닙니다. 따라서 종종 나치의 가스실(gas chamber)이 십자가를 위한 의미 있는 대체물이 될 수 있을지도 모릅니다. 사람들의 살아있는 경험을 대변해 줄 수 없는 상징은 결국은 사라지게 됩니다.

아마도 우리 시대에 기독교의 메시지가 적합하지 않은 것은 십자가의 상징적 의미를 잃어버린 것과 관련이 있습니다. 교회는 여전히 예수님의 십자가를 시대에 뒤떨어진 상징적 의미로 설교합니다. 이것이야말로 기독교가 역동성을 잃게 되는 이유의 하나입니다. 교회가 새로운 생명을 얻기 위해서는 '내면의 십자가'로 대변될 수 있는 새로운 역동적 의미를 갖고 시작해야 합니다. 그것은 예수님을 위한 새로운 상징을 찾는 것이 아닙니다. 표식, 즉 사인(sign)과는 다르게, 상징은 임의로 만들고 심는 것이 아닙니다. 상징은 살아있는 실재처럼 자라고 쇠퇴합니다. 이것이 옛 상징의 새로운 의미를 추구하지 않으면 안 되는 이유입니다. 새로운 의미는 실제로 새로운 것은 아닙니다. 이것은 단지 옛 것에 대한 갱신이고, 옛 것 속에서 감추어진 진정한 의미를 회복하는 것입니다. 십자가의 진정한 의미는 영원한 가치이고 이것이야말로 십자가의 내면적 성향입니다.

상징의 내면의 의미는 영원하지만 외부 의미는 시간적으로 일시적인 특징을 가집니다. 상징의 의미가 현실적일 때, 외부 의미는 더욱 현실적이 됩니다. 그것들은 어느 정도 상호 의존적이지만, 내면의 의미는 외부 표현보다 우위성과 지배성을 갖게 됩니다. 내면의 의미를 알게 됨으로써, 십자가의 외부 의미도 알게 되는데, 외부 조건들을 통해서 생각하기 때문입니다.

십자가 내면의 의미는 틀림없이 우주 안에 있는 생명과 모든 다른 존재의 원천입니다. 이것은 본질적으로 사망의 상징이 아닙니다. 그러나 생명의 본질적 상징인 십자가는 죽음의 상징적 의미를 배제하지는 않습니다. 죽음은 생명으로부터 나눠지지 않고, 십자가는 주요하게 오직 생명의 상징이기 때문에 죽음의 상징두 됩니다. 여기에서 의미의 정확한 서열이 있는데, 첫째는 생명이고, 둘째는 파생적으로 죽음입니다. 이것이야말로 십자가를 죽음의 상징만으로 생각하는 것은 충분하지도 정확하지도 않습니다. 십자가의 상징의 내면의 의미만이 참된 외재적 의미를 줄 수 있습니다. 따라서 생명의 원초적 형태로 십자가의 내면의 의미를 주목해야 합니다.

십자가(+)는 생명과 능력의 기본적 상징인데, 모든 생명의 원천인 빛의 상징입니다. 예수님은 십자가(+)를 상징적으로 가장 잘 표현했는데, 이는 예수님의 생명이 십자가로 빼앗겼기 때문이 아니고, 예수님의 새 생명이 십자가와 함께 시작되었기 때문입니다. 이미 본 바와 같이, 빛은 '나'의 제일 상징이고 생명의 궁극적인 원천인데, 어둠의 세상으로 왔습니다. 십자가(+)는 두 상반되는 것, 즉 음과 양, 수직과 수평이 교차로 만나는 지점인데, 모든 존재의 원초적 형태입니다. 이것은 또한 긍정(+)의 표식이고 부정의 표식(-)의 짝입니다. 그러므로 십자가의 내면의 의미는 서로 다른 두 관계를 다루는데, 상반된 것들의 교차 지점과 에너지의 긍정적 표식입니다. 왜 두 다른 의미들이 십자가로 연관되는지를 살펴봅시다.

십자가는 긍정적 상징이고 만물 속에서 덧셈 요인의 상징입니다. 이것은 양의 원리에서 알려진 확증의 상징이고, 모든 생명의 창조적이고 활동적인 측면입니다. 양의 원리는 하나님의 아들이신 예수님의 기본적 속성입니다. 십자가는 남성적이고 긍정적이며 빛과 같은 존재로 이루어집니다. 남성은 여성과 세계의 수동적이며 어두운 요인을 나타내는 부정과 음의 상징이 언제나 따라붙게 됩니다. 어머님 마리아 속에서 예수님의 생명의 시작과 탄생을 분명하게 볼 수 있습니다. 왜냐하면 양의 상징인 예수님은 음의 원초적 상징인 마리아가 따라붙게 되기 때문입니다. 그러므로 예수님이 마리아 속에서 스스로 잉태하는 것이 가능합니다.

처녀 잉태라는 관념은 매우 상징적인 의미가 있습니다. 처녀 탄생의 내면의 의미는 원초적인 양(예수님)과 원초적 음(어머니 마리아, 하늘의 아버님 상대역인 땅 어머님)의 연합을 다룹니다. 여기에서 마리아는 예수님의 어머니인데, 양의 원리가 음이나 어머님의 원리에서 나오게 됩니다. 예수님에게 활동의 지평을 열어주는 것은 어머님입니다. 긍정의 표식(+)이나 양은 자체적으로 활동적일 수는 없지만, 음이나 부정의 표식(-)이 제공될 때, 활동적이게 됩니다.[1]

원초적 양과 긍정의 표식(+)인 예수님은 본질적으로 하늘 아버지와 동일합니다. 아들을 아버지와 다르게 만드는 것은 어머니의 상징을 통해서 드러나는 과정입니다. 여기에서 아들과 아버지의 차이는 단지 실존적인 것이지 본질적인 것이 아닙니다. 그러므로 초대 교회가 하나님 아버지(성부 하나님)와 아들이신 하나님이 하나라고 확증한 속에는 심원한 진리가 있습니다. 성자는 드러났지만, 성부는 드러나지 않습니다. 성부와 성자는 하나이고, 성부는 드러나지 않은 분이고, 성자는 드러난 성부입니다. 이런 관념은 신적인 것이 다른 존재의 양태로 서열적으로 드러나는 것을 전제하는 양태론(the Modalistic view)과는 전혀 다릅니다. 성부 하나님과 성자 하나님은 같은 본질로 혹은 내면의 특징 속에서는 공존합니다. 그러나 그들의 존재나 외부 속성에서는 구별이 됩니다.

그들은 공존하기 때문에 예수님의 어머니의 상징인 마리아는 하늘에 계신 아버지 하나님의 배우자의 상징입니다. 이런 측면에서, 동양적 삼위일체, 성부, 성자, 성령의 연합(하늘과 땅과 사람)은 기독교적인 삼위일체를 이해할 수 있는 깊은 의미를 갖고 있습니다. 초대 교회는 삼위일체의 정의에서 성모 하나님, 마리아(원초적 음)의 본질적 역할을 이해하는 데 실패했습니다. 교회는 음과 양, 긍정과 부정의 요인들의 상호 작용을 통해서 늘 활동하는 변화(易)의 원리를 이해하지 못했습니다. 그러므로 양의 상징이나 십자가 표식(+)이 기능하는 것은 부정적 상징(-)을 나타내는 어머니의 상징, 마리아 때문에 가능했습니다.

요한복음에서 예수님의 탄생 이야기는 음과 양의 관계로 드러납니다. 여기에서 예수님은 빛이나 양의 상징과 동일시되고, 어둠, 즉 음의 세상에

---

1 해럴드의 처녀 탄생의 과학적인 해석은 처녀생식인데, 정자가 들어가서 난자를 활성화시키는 것이 없이 이루어지는 생식이다. Preston Harold, *The Shining Stranger*, 82-85.

빛과 양의 상징으로 오십니다. 양이나 긍정은 활동하는 역할인 반면에, 음의 기능은 받아들이는 것입니다. 양으로서의 예수님은 세상에 와야 했고, 음인 세상은 그분을 받아들여야 했습니다. 여기에서 성육신의 기본적 관념은 부정(-)의 세상에서 십자가(+)나 긍정의 상징이 드러남에 기초했음을 알 수 있습니다.

이런 방식으로, 예수님의 성육신과 십자가의 못박힘은 상징적으로 묶여 있습니다. 성육신은 십자가(+)의 드러남을 다루고, 반면에 십자가의 못박힘은 십자가의 드러남의 종국을 다룹니다. 따라서 갈보리 산 위에 서 있는 십자가는 신의 가슴에 뿌리를 내리고 있습니다. 예수님은 죽기 위해서 오셨다고도 할 수 있습니다. 예수님은 처음부터 자신의 십자가를 품고 계셨습니다. 따라서 우리는 자신의 십자가를 지고 살아야 합니다. 모든 사람은 태어날 때, 십자가나 긍정의 상징을 갖고 있고, 자신에게 생명을 주는 십자가를 지고 살아야 합니다. 예수님을 따르는 자들은 부정의 세상에서 긍정의 표식, 십자가를 지고 살아야 합니다.

요한복음은 긍정의 표식만을 다루지는 않습니다. 요한은 긍정과 부정의 불가피한 연합을 묘사합니다. 우리는 타자가 없이는 존재할 수 없습니다. 그들은 나누일 수가 없기 때문에 하나로 다루지 않으면 안 됩니다. 달리 말하면, 긍정과 부정 사이의 내면의 중요성을 생각하는 한에 있어서 공간적 시간적인 차이가 존재하지 않습니다. 부정 속에 긍정이 나타나는 내면의 의미는 공간적 차이를 인정하지 않습니다. 따라서 요한은 이렇게 말합니다, "그가 자기 땅에 오셨으나, 그의 백성은 그를 맞아들이지 않았다"(요 1:11). 여기서 긍정인(+) 예수님은 자신의 세계 밖의 누군가가 아니었고 자신의 일부였지만, 또한 부정을 포함하고 있습니다. 긍정이었던 예수님은 또한 부정이었고, 그것들은 나눠질 수 없습니다. 따라서 십자가(+)의 상징은 긍정보다는 크고, 부정을 또한 포함합니다. 그것은 생명의 모든 것의 상징입니다. 이런 점에서 긍정의 상징(+)은 음과 양, 긍정과 부정의 완전한 단위를 전제하고 있습니다.

생명의 원초적 단위로서의 십자가의 상징은 원초적 양이나 긍정을 나타냅니다. 긍정은 전체가 되기 위해서 성육신의 과정에서 부정과 연합한다고 해도, 긍정의 특징을 유지하게 되는데, 그것은 긍정이 부정을 지배하기 때문입니다. 긍정이 부정보다는 보다 큰 숫자에 속합니다. 이미 지적한 바와 같이, 긍정이나 양은 셋으로 계산되고, 음이나 부정은 둘로 계산됩니다. 긍정과 부정의 요인들의 본질적인 차이는 계산되는 숫자일 뿐입니다.

주역에서 점을 치기 위해 동전을 던져서 결정하게 될 때, 앞면의 음은 둘을 대변하고 뒷면의 양은 셋을 의미합니다. 같은 동전이 양쪽 숫자를 대변하는데, 그것을 결정하는 것은 동전을 던졌을 때 앞면으로 떨어졌느냐, 뒷면으로 떨어졌느냐의 차이입니다. 숫자의 차이는 떨어진 방향에 따라서 상대적입니다. 이와 비슷한 관계를 리처드 필립스 파인만(Richard Phillips Feynman)이 제시했는데, 반입자는 시간 속으로 뒤로 움직이는 입자입니다.[2] 음과 양과 같이 입자와 반입자는 하나지만, 방향성에 있어서 두 다른 방향을 갖습니다.

양이나 긍정은 음이나 부정보다는 운동에 있어서 방향성만 다를 뿐이고 숫자로만 큰 것뿐입니다. 그러므로 긍정이나 양의 요소가 늘 전체를 지배하게 됩니다. 십자가의 상징(+)은 그 방향성에서 긍정일 뿐만 아니라 전체의 본질적 단위입니다. 그것은 음과 양, 긍정과 부정, 전체 숫자를 대변하는 둘과 셋의 교차 지점입니다. 그러므로 십자가는 전체, 즉 다섯의 원초적

---

2 Arthur Koestler, *The Root of Coincidence* (NY: Random House, 1972), 68.

단위로 나타납니다. 이것을 밥콕은 다음과 같이 상징화해서 나타냈습니다.[3]

$$(\bullet \ \circ \ \bullet) \qquad (- \ + \ -)$$

관찰한 바와 같이, 부정(검은 점)과 긍정(밝은 점)은 생명의 기본적 단위로 십자가를 이루게 됩니다. 단위는 부정과 음(둘)인 수평선을 이루는데, 긍정인 양(셋)으로 나뉘어집니다. 수평선은 나뉘어진 선(--)으로 단순하게 다시 상징화되고, 이것은 주역에서 음을 나타냅니다. 한편 긍정, 즉 수직선은 나눠지지 않은 실선(—)으로 다시 상징화되는데, 이것은 주역에서 양을 대변합니다. 음과 양의 연합이 십자가의 상징을 만듭니다. 양은 하늘의 특징을 나타내는데, 이것은 수직적인 차원에서 가장 잘 드러납니다. 한편, 음은 땅의 특징을 나타내는데, 수평선으로 가장 잘 드러냅니다. 이런 수직, 수평의 두 선의 연합은 십자가의 상징으로, 한문에서 열 십 자(+)와 일치하고, 두 차원의 선의 완전한 단위입니다.

십자가의 중요성은 '하나와 하나'라는 의미로 볼 수 있는데, 이것은 존재의 두 다른 차원의 결합이기 때문에 둘과는 꽤나 다릅니다. '하나와 하나'라는 개념은 하나가 다른 하나와 연합한다는 것을 의미합니다. 십자가의 상징(+)은 수직선(I)와 수평선(—)의 결합입니다. 이것은 한문에서 하나를 의미

---

3 Preston Harold, *The Single Reality*, 211.

합니다. 여기에서 그것들의 연결은 임의적인 것으로 보입니다. 그러나 이미 밝혀온 바와 같이, 내면의 현실은 인과적이지 않은 원리를 다루기 때문에 '임의적인 연결'도 의미가 있습니다. 내면의 과정에서 의미 있는 연결은 종종 알고 있는 외재적 지식을 의미가 없게 만듭니다. 이런 점에서 볼 때, 아랍어에서 '일'(1)과 한문에서 '하나'(一)는 동일한 것으로 일치합니다. 달리 말하면, 십자가의 상징은 '하나(1)와 하나(1)'의 개념으로 알려진 것이 아니라, 하나(1)와 하나(一)의 개념으로 인식됩니다. 앞의 것은 둘이 동일하지만 뒤의 것은 둘과는 다릅니다. 뒤의 것에 따르면, 하나나 '1'은 완전한 숫자인데, 한문에서 하나나 '일'(一)이 완전한 숫자이듯이 말입니다. 따라서 십자가의 상징은 둘이란 완전한 하나의 결합이고, 하나 속에서 두 원초적 힘의 결합입니다. 여기서 수직선과 수평선의 연합인 십자가가 태극도와 비슷하다는 것을 알게 됩니다. 태극에서는 음과 양의 두 에너지의 힘은 상호 독립적입니다. 태극은 음양의 결합보다는 큰 것인데, 십자가의 상징은 두 다른 것들의 결합보다 더욱 중요한 의미를 갖습니다. 따라서 십자가와 태극은 서로 상응합니다. 그러나 이것들 사이의 차이를 발견하는 것도 중요합니다. 십자가의 상징은 태극의 상징의 앞면을 나타냅니다. 달리 말하면, 십자가는 태극이 드러난 것입니다.

십자가의 상징과 태극의 상징의 관계는 해럴드가 잘 예증했는데, 태극도에서 발견한 음양의 완벽한 대비를 십자가의 상징에서 음양의 숫자의 비율을 맞추기 위해서 바꿨습니다. 양은 셋이고 음은 둘이기 때문에 양은 음과의 관계에서 3/2를 차지하고, 음은 양과의 관계에서 2/3를 차지합니다. 이런 비율은 음과 양 사이에서 비대칭적인 관계를 이룹니다. 이런 관계는 십자가의 상징에서 늘 완벽한 대칭을 이루려는 경향 때문에 늘 능동적이고 역동적입니다. 이런 관계가 태극도에서는 3/3:3/3으로 나타납니다. 달리 말하면 십자가에서 3/2:2/3의 비대칭적인 관계는 태극도에서 3/3:3/3의 대칭적인 관계의 앞면입니다. 성자를 상징하는 십자가는 성부를 상징하는 태극에 관계됩니다.

이미 말한 대로, 십자가의 내면의 의미는 생명의 원초적 단위로 알려졌는데, 그것은 긍정(+)이 지배하는 것입니다. 따라서 해럴드는, "(+)는 긍정을 지시합니다. 예수는 십자가 위에 달리셨습니다. 예수님의 진리가 십자가 위에, 긍정 위에 달려야만 했습니다."[4] 십자가는 긍정이기에 늘 '그리고'와 '덧셈'으로 표현되는데, 예수님은 다른 사람에게 주고, 섬기고 사랑함으로써 드러납니다. 이것은 은총의 표식입니다. 신적인 호혜와 은총의 덧셈 요인은 늘 우리 속에 있는데, 십자가가 인간들의 내면의 현실이기 때문입니다.

그래서 예수님은 "누구든지 나를 따라 오려거든, 자기를 부인하고, 제 십자가를 지고, 나를 따라 오너라" 하고 말씀하셨습니다(마 16:24). 여기에서 예수님은 '내 십자가'를 지라고 하지 않았고, '제 십자가'를 지라고 했습니다. 각자는 자신의 십자가가 있는 것이고, 이것이 바로 음양의 교차 지점의 상징이고, 바로 내면의 십자가입니다. 이것이야말로 만물 속에 있는 기초입니다.[5] 내적인 십자가를 지기 위해서는 외부 자아(ego)를 포기하지 않으면

---

4 Preston Harold, *The Shining Stranger*, 192.

5 모든 사람은 태어날 때 십자가, 즉 긍정의 상징을 가지고 태어나기 때문에 양이나 긍정이 모든 사람이 가진 음이나 부정보다는 크고 지배적이기 때문에 해럴드는 남성의 원리나 아들 의식이 모든 인간을 지배하게 된다고 보았다. 이 세대가 완전하게 잠재성을 발휘하기 전에도, 남성과 여성을 완전하게 똑같이 드러내야 한다고 보았다. 각자는 자신의 존재의 일부로 동일한 음과 부정의 원리 아래서 표현하고 활동해야 한다. 그러나 이 세대에서 양, 긍정, 자아의 우위성 때문에 '나'는 남성적 개념과 동일시된다. 따라서 예수님이 인자라는 개념으로 '나'를 말하면서, 부모적 생명(하늘 아버지와 땅의 어머니)의 아들로서 모든 사람을 표현하는 것도 사실이다. 예수님은 결혼식 날에 오는 신랑으로 인자를 비유했다. 여기에서 신부는 변화의 법칙 아래 작동하는 의식의 진화를 통해서 이 세대에서 알려지고

안 됩니다. 즉, 십자가에 못을 박아야 합니다. 십자가 내면의 의미는 생명의 상징인데 그것이 완성되었을 때, 십자가의 외부 의미, 죽음의 상징이 실지로 존재합니다.

내면의 자아와 외부의 자아가 나눠질 수는 없는 것과 마찬가지로, 십자가의 외부 의미와 내면의 의미가 나눠질 수 없습니다. 십자가의 외부 의미는 생명을 잃는 것이지만, 십자가 내면의 의미는 생명을 얻는 것이고, 생명의 덧셈이고 생명으로 향하는 긍정적 방향성입니다. 그것들은 서로 상생하는 것입니다. 타자가 없이 우리의 현실을 유지할 수 없습니다. 외부인 것은 언제나 내면적인 것에 관계를 맺게 되며, 내적인 것은 언제나 외부인 현실에 의해서 보존될 수 있습니다. 따라서 십자가는 삶과 죽음, 잃음과 얻음, 덧셈과 뺄셈, 비극과 영광 모두의 상징입니다. 이것이 바로 예수님이 십자가의 상징으로 나타나야만 하는 까닭이고, 십자가 위에서 외부 자아는 죽고 내면의 자아는 새롭게 되어 생명과 부활을 얻게 됩니다.

발전되어야 한다. 이런 의식이 완성될 때, 남성과 여성 원리의 결합으로 새로운 생명의 세대가 나타나게 될 것이다. 그때까지는 음과 양, 긍정과 부정의 십자가-행동 속에서 남성의 지배가 남녀 속에서 어느 정도 지속될 것이다. Preston Harold, *The Shining Stranger*, 325-330.

제 7 장

내면의 왕국

예수님의 중심 메시지는 하나님 나라의 선포였습니다. 예수님의 사역은 하나님의 나라가 가까이 왔다고 선포하는 것으로 시작됩니다(막 1:14, 15). 그러나 기독교 역사의 비극은 하나님 나라의 진정한 의미를 잃어버린 것이며, 진정한 내면의 의미를 찾지 못하고 외재적 관점으로만 보기 때문에 그렇게 되었습니다. 하나님의 나라는 순수하게 외재적 왕국으로 해석되어 왔습니다. 즉, 정치, 사회, 교회의 왕국으로 본 것입니다. 그렇기 때문에 내면의 왕국은 실현될 가능성이 없습니다.

왕국이라는 말 자체가 오해를 일으키는데, 그것은 정치적인 영역을 가리키기 때문입니다. 하나님의 나라는 이스라엘 민족이 시작된 이래 지상의 정치적 왕국과 밀접하게 연관될 수밖에 없었습니다. 어쩌면 이런 이재적 영역의 의미에서, 즉 정치적이고 사회적이고 도덕적인 삶의 영역에서 생각하는 것이 자연스러웠습니다. 역사적 운동의 목표는 사회적 질서를 완벽하게 만드는 것입니다. 하나님의 나라는 역사를 완성하는 것으로 이해했고 역사적 관점에서 보았습니다.

그러나 역사 속에 하나님의 나라가 나타날 것을 믿는 것은 예수님의 가르침 속에 있는 유대인들이 가졌던 메시아의 소망을 아직도 계속 기다림을 전제합니다. 이미 살펴본 대로, 외재화된 메시아는 내면화된 메시아를 맞기 위해서는 부정되지 않으면 안 됩니다. 이와 마찬가지로, 내적인 하나님의 나라를 확증하기 위해서는 외부의 하나님 나라는 부정되어야 합니다. 예수님의 중심적 가르침은 외부인 나라를 다루는 것이 아니라 내면의 왕국을 다루고 있기 때문입니다. 그러나 내적인 하나님 나라의 확증이 오히려 외부의 하나님 나라를 가능하게 합니다. 그러기에 여기서 진정한 하나님의 나라 본질을 이해하기 위한 변증법적 과정을 필요로 합니다. 변증법적 접근은 팽창과 수축, 부정과 확증의 과정이라는 상생적 방식으로 작동하는 역(易), 즉 변화의 원리에 근거하고 있습니다. 먼저 예수님이 외부의 하나님 나라보다는 내면의 하나님 나라를 어떻게 강조했는지를 살펴봅시다.

예수님이 내면의 왕국을 가르쳤을 때, 바리새인들은 예수님을 이해할 수 없었는데, 그들은 보이는 형태인 외부의 왕국을 생각하고 있었기 때문입니다. 복음서에서 가장 분명하게 드러나는 예의 하나는 하나님 나라의 도래에 대해서 묻는 바리새인의 질문입니다.

바리새파 사람들이 하나님의 나라가 언제 오느냐고 물으니, 예수께서 그들에게 대답하셨습니다. "하나님의 나라는 눈으로 볼 수 있는 모습으로 오지 않는다. 또 보아라, '여기에 있다' 또는 '저기에 있다' 하고 말할 수도 없다. 보아라, 하나님의 나라는 너희 가운데에 있다"(눅 17:20, 21).

바리새파 사람들은 그 시대 대부분의 사람과 같이, 외부의 표식으로 하나님의 나라가 오고 있다고 믿었습니다. 그들은 외부의 왕국을 생각했기 때문에 하나님 내면의 영역에 대해서 말씀하시는 예수님의 가르침을 이해할 수 없었습니다. 그것은 오고 가는 것이 아닐 뿐만 아니라 사람 속에 현존하고 숨겨집니다. 비유를 하자면, 예수님은 하나님의 나라를 '밭에 감춰진 보화'(마 13:44)나 '좋은 진주를 찾는 상인'(마 13:45)으로 말씀하셨습니다. 보화와 진주는 하나님의 내면의 왕국을 상징합니다. 다른 이야기에서 예수님은 하나님의 나라를 '밭에 뿌려진 가장 작은 겨자씨'(마 13:31)로 비유했습니다. 다시, "하늘나라는 누룩과 같다. 어떤 여자가 그것을 가져다가, 가루서 말 속에 살짝 섞어 넣으니, 마침내 온통 부풀어 올랐다"(마 13:33)라고 말씀하셨습니다. 여기에서 겨자씨와 누룩은 내면의 현실과 깊이를 위한 은유(메타포)입니다. 그것들은 어떤 외부의 것이 아니라 밖에서가 아니라 내면에서 일어나는 성숙의 내면의 과정을 대변해 줍니다.

대다수는 이런 왕국의 내면의 의미를 이해하는 데 실패했는데, 바리새파 사람들이 했던 것과 마찬가지입니다. 예수님의 가르침의 내면의 왕국에 대한 진정한 메시지는 심층심리학이 서양에서 주도적이 될 때까지는 완전하게 이해할 수 없었습니다. 예수님이 하나님 나라의 상징을 감추어진 것이나 묻힌 것으로 지적했을 때, 예수님은 심리의 무의식 영역이나 영혼을 말씀하신 것입니다. 따라서 해럴드는 하나님의 나라를 감추어진 영역으로 생각했고, 그것은 무의식의 영역이고 우리 속에 있는 것이라 보았습니다. "하나님의 나라는 인식될 수 없는 영역으로, 각자 속에 있다고 말씀을 하시면서, 예수님은 심리적 현실의 존재를 선포하셨는데, 그것은 심리적 작용과 능력으로 드러나는 무의식이라고 부를 수 있습니다. 예수님은 자신을 이런 심리적 영역에서의 권위의 상징으로 만드셨습니다. 의식으로부터 추상화될 수 있는 자아들 가운데서의 역동적 자아인 그분에 대해, 각자가, '나의 주, 나의 하나님'이라고 부를 수 있습니다."[1]

예수님이 하나님 나라의 자리를 인간 내면의 영역으로 가리켰다면, 하늘의 영역은 무의식의 영역을 함의하는 은유(메타포)인 것은 확실하게 맞습니

---

[1] Preston Harold, *The Shining Stranger: An Unorthodox Interpretation of Jesus and His Mission* (The Wayfarer Press, 1967), 14.

다. 하늘의 관념은 눈으로 보이는 푸른 하늘의 물리적 차원 속에 고정될수 없습니다. 그러나 하늘의 속성은 땅 성향의 상대인 짝입니다. 예수님에게있어서 하늘의 영역이나 하늘나라는 하늘의 통치 영역으로 이해해야 합니다. 그것은 바로 양의 지배 영역입니다. 따라서 하늘의 영역은 종종 음, 즉땅의 영역과 대비됩니다. 하나님의 영역은 사람의 영역과 대비되는 것과마찬가지입니다. 하늘나라는 공간과 시간의 차원에서 이해될 수는 없습니다.

해럴드는, "예수님은 하늘을 사람들 속에 놓으셨고, 따라서 각자의 내면세계 속에서, 각자는 자신의 그리스도께서 영광의 구름을 타고 오시는 것을볼 수 있다"[2]라고 말했습니다. 그가 말한 대로, 예수님이 하늘의 영역이나하늘나라를 말했을 때, 푸른 하늘의 영역을 말한 것이 아니라 하늘의 마음,즉 심정을 말한 것인데, 그것은 밀의적인 불교인들이나 도교인들이 관심을갖는 것입니다. 하늘의 영역이나 하늘의 심정은 해와 달(즉, 두 눈) 사이에위치합니다.[3] 하늘의 영역(하늘의 심정)은 무의식이 중요한 영역을 차지하는 비밀의 자리입니다. 하나님 나라의 영역은 『황금 꽃의 비밀』에서 자세하게 묘사되었습니다.

황제내경은 말한다, "한 뼘이나 되는 작은 영역에서, 생명은 주재될 수 있다."한 뼘의 집은 바로 얼굴이다. 얼굴에서 한 뼘의 영역은 하늘의 심정이 아니고무엇이겠는가? 한 뼘의 가운데서 광휘의 빛이 거한다. 이 옥의 도시의 자주색방에, 태허와 생명의 하나님이 거하신다(옥황상제). 유교인들은 이것을 태허의

2 앞의 책, 20, 27.

3 『황금 꽃의 비밀: 중국의 생명의 서』, 리차드 빌헬름 역주, 융의 서문과 논평 (뉴욕:
  Harcourt, Brace and world, Inc. 1962), 22.

중심이라고 불렀고, 불교인들은 삶의 테라스라고 불렀고, 도교인들은 조상의 땅, 황토의 성, 신비의 길인 현도(玄道), 선천의 영역이라고 불렀다. 하늘의 심정은 살아가는 집인데, 빛이 주인이다.[4]

하늘의 심정이 하늘의 영역이나 하나님의 나라와 얼마나 비슷한지를 알 수 있습니다. 이런 영역들은 많은 다른 이름으로 불립니다. 그것이 태허의 중심이든, 삶의 테라스이든, 황금성이든, 하늘나라이든, 근본적인 것은 영적 능력과 무의식의 중심이고, 거기서는 자아가 권위를 행사합니다. 따라서 황제내경은 "하늘의 심정은 거하는 집과 같다. 거기선 빛이 주인이다"라고 말합니다. 하늘의 영역은 종종 그리스도께서 다른 이들의 영혼들 위에 주재하는 집으로 묘사됩니다. 확실히 빛, 즉 그리스도가 하늘의 영역에서는 주인입니다. 빛은 내면의 빛인데, 긍정적 특징이며, 십자가의 상징에서 양이며, 참된 자아로 무의식의 영역을 통제합니다. 빛(참된 자아)이 환하게 비취는 장소는 푸른 하늘이 아니라 하늘의 심정입니다. 따라서 "하늘은 넓고 넓은 푸른 하늘이 아니고, 창조의 집에서 신체성을 얻게 되는 장소입니다."[5] 하늘나라는 창조성의 집이고, 빛, 양의 원리의 영역입니다.

하늘의 영역, 하늘의 심정은 내면의 과정의 중심입니다. 중심은 밀의적 도가에서는 영혼의 원동굴이라고 불렀습니다. 원동굴은 두 눈 사이의 뒤쪽, 뇌의 중심 속에 있습니다. 이것은 제 삼의 눈으로, 초월적 직관, 반야바라밀(般若波羅蜜)의 눈입니다. 노자는 이것을 하늘과 땅을 통하는 문이라고 불렀습니다. 이것은 집중의 중심이고 모든 지혜의 못자리입니다. "중심에는

---

4 앞의 책.
5 앞의 책, 23.

쌀 한 알 정도 크기의 진주가 있는데, 이것은 인간의 몸에서 하늘과 땅 사이의 중심(소우주)입니다. 이것은 태어나기도 전의 원기를 갖고 있는 동굴입니다."[6] 여기에서 하늘나라인 내면 과정의 중심은 진주, 쌀알로 비유되는데, 예수님의 겨자씨를 생각나게 합니다. 확실하게 영혼의 원동굴은 예수님의 가르침에서 하늘나라의 내면의 의미를 비유하게 됩니다.

하늘의 영역이나 하나님의 나라는 명상을 위한 마술적 원, 즉 만다라에 비유됩니다. 융(C, G. Jung)은 만다라는 중세의 기독교적 전통에서 중요한 일부라고 생각했습니다. 야콥 뵈메는 (영혼에 관한 질문들을 위해서) 만다라를 '철학적 눈'이나 '지혜의 거울'로 묘사했습니다.[7] 만다라는 종종 어둠 속에서 환하게 빛나는 빛의 자리를 지시해 주는 꽃이나 십자의 형태로 나타납니다. 만다라의 상징은 티베트의 불교 전통에서 특별히 풍성하고 다양하게 나타납니다. 만다라 명상의 중요한 근거의 하나는 우주의 중심, 죽음의 극점에서 마음의 응축을 끌어냅니다. 하나님 영역의 중심은 변화와 변혁의 축으로 알려집니다. 이것은 성장과 쇠퇴의 중심일 뿐만 아니라 수축과 팽창의 중심입니다. 중심에서는 모든 생명의 단위, 십자가의 양면적 상징, 남녀 원리의 원초적 합일, 음양의 원들이 자리합니다. 따라서 하나님의 나라는 만다라나 십자가로 상징화되어서 나타나고, 거기에서 원초적 빛과 생명이 태양이나 하나님으로 알려집니다.

내면의 빛이란 관념은 유대 기독교 전통에서도 이질적인 것이 아닙니다. 예를 들어, 창조의 이야기는 원초적 빛으로 시작하고 그것은 무의식의 어둠의 바다에서 나온 것입니다. 창세기는 이렇게 이야기를 시작합니다.

---

6 Lu K'uan Yu, *Taoist Yoga: Alchemy and Immortality* (NY: Samuel Weiser, 1970), 4.
7 『황금꽃의 비밀』 100에서 인용. 여기에서 철학적 눈으로서의 만다라는 제 삼의 눈, 지혜의 눈, 집중의 센터와 동일한데, 두 눈 사이의 뒤쪽에 있는 뇌의 중심 속에 상징적으로 자리한다.

태초에 하나님이 천지를 창조하셨다. 땅이 혼돈하고 공허하며, 어둠이 깊음 위에 있고, 하나님의 영은 물 위에 움직이고 계셨다. 하나님이 말씀하시기를 "빛이 생겨라" 하시니, 빛이 생겼다(창 1:1-3).

융은 묘사하기를,

태초에, 모든 것은 여전히 하나였고, 그것은 최고의 목적으로 나타났는데, 무의식의 심연 속에서 바다의 밑바닥에 놓이게 되었다. 배아적 작은 포낭 속에, 의식과 생명("인간성"과 "생명", 성명)은 여전히 "하나됨", "정련하는 화덕 속에 나눠지지 않고 뭉쳐진 파편 같았다." "그 배아의 포낭 속에는 지배자의 불이 있었다."[8]

이런 상징주의는 무의식의 영역에서 의식의 실현 과정을 보여줍니다. 어둠과 무의식의 심연은 빛, 즉 신의 왕국의 지배자를 탄생시킵니다.

주역과 해럴드의 책에서 자아실현의 비슷한 과정을 보게 됩니다. 존재의 제일 상태는 미분화의 연속성, 하나됨, 변화 자체로 인식됩니다. 하나됨과 역은 음양 사이에서 진화하고 분화됩니다. 이런 전개 과정에서 둘이나 음이 탄생하고, 셋이나 양이 나타납니다. 이런 측면에서, 부정이나 무의식은 양을 낳게 됩니다. 음을 대변하는 어머님 마리아가 양인 예수님을 낳은 것과 마찬가지입니다. 부정과 긍정의 상호 작용은 우주에서 만물을 낳게 됩니다. 모든 것은 미분화의 연속성, '내면의 신의 왕국', 무의식의 심연에서 시작되고, 원초적 의식은 하나님을 나타냅니다.

하나님의 통치나 내면의 빛은 인간의 지배나 심리적 어둠이 줄어들 때,

---

8 앞의 책, 101. 혜명경(慧命經)의 본문은 같은 책의 68-에서 볼 수 있다.

증가합니다. 변화의 원리에 따르면, 인간 속에서 신의 의식이 성장하게 되면 자아의식이 쇠잔하게 됩니다. 따라서 예수님은 하나님의 나라를 겨자씨와 누룩으로 비유했는데, 이것들은 내면에서 성장합니다. 이것이 내면에서 자라면서, 껍데기를 갖고 있는 외부 능력이 쇠퇴하기 시작합니다. 사람 속에서 하나님의 능력이 증가하면, 신적이지 않은 능력은 쇠잔합니다. 따라서 의식의 진화는 성장과 쇠퇴의 동일한 패턴을 따릅니다. 의식이 성장하면 무의식은 쇠퇴합니다. 인간 속에서 하나님의 나라도 동일한 방식으로 전개 됩니다. 무의식의 어둠 속에서 빛의 왕국이 가장 완전하게 전개되는 것이 기독교적 소망의 목표입니다. 이런 면에서, 내면의 역사는 원초적 시작인 알파에서 움직여서 전개의 종말인 오메가 점을 향해서 나갑니다.

그러나 종말은 또한 시작입니다. 융은, "중국의 현인은 주역에서 말했습 니다. 양이 가장 최고로 강해지면, 음의 어둠의 힘이 그 심연 속에서 탄생합니 다. 양이 단절하고 음으로 변화하기 시작하는 정오에 밤은 시작되기 때문입 니다"9라고 말했습니다. 따라서 하나님의 나라는 태극의 근원, 즉 태허나 무극의 상징 속에서 전개됩니다. 태극은 십자가의 형태로 나타나게 됩니다. 내면의 왕국은 얻어지는 것도, 잃게 되는 것도 아닙니다. 이것은 모든 존재의 본질적 현실이기 때문입니다.

왕국은 내면에서 발견됩니다. 그것은 모든 것이 드러나는 내면적 특징입 니다. 따라서 부처님은 사랑하는 제자 아난다에게 말씀하셨습니다. "내면을 보아라, 그대가 부처니라." 이와 같이 예수님도 "너희는 세상의 빛이다"라고 말씀하셨습니다. 이런 말씀들은 "하나님의 나라가 네 속에 있다"라는 것을 재천명하는 것입니다. 따라서 빛은 사람 속에서 하나님의 나라가 실현되기

---

9 앞의 책, 88.

위해서 어둠의 깊이 속에서 발견됩니다.

내면의 왕국은 그것이 사람 속에 있기 때문에 드러날 수 있습니다. 그것은 오고 갈 수 있는 것이 아니고, 발견될 때 우리 속에서 실현되는 것입니다. 인간의 다양한 속성과 욕망 속에 감춰지거나 묻힌 내면의 왕국을 발견하기 위해서는 어린아이와 같이 되어야 합니다. 이것이 본질적인 것입니다. 따라서 예수님은 말씀하셨습니다. "내가 진정으로 너희에게 말한다. 너희가 돌이켜서 어린이들과 같이 되지 않으면, 절대로 하나님의 나라에 들어가지 못할 것이다"(마 18:3). 이 구절은 종종 도덕적인 훈계를 위해서 쓰여집니다. 그러나 이것은 도덕적 완벽을 의미하는 것이 아닙니다. 예수님이 말씀하신 의미에서, 도덕적 덕을 얻는 것이 비록 '어린아이와 같이 되는 것'의 결과이긴 해도 말입니다. 어린아이와 같이 된다는 것은 깎지 않은 통나무, 박(樸)이 되는 것입니다. 그것은 도교적 전통에서 완전함의 상징입니다. 통나무나 어린이가 된다는 것은 자연스럽게 된다는 의미입니다. 자연스러움은 변화의 과정을 따르는 것입니다. 이것은 자율성의 포기, 즉 자연적 과정에 반대해서 자기 자신이 되려는 오만한 노력을 내려놓는 것입니다. 박은 인위적인 노력을 버리고 자연의 흐름에 맡겨서 "흐름에 맡겨라"(let it be)라는 것으로 하나님께 맡기는 것입니다. 이런 종류의 자발성이 바로 하나님의 나라가 우리 속에서 존재하게 합니다.

기독교 신앙의 진정한 이상은 외부 자아로부터 생기는 자기 욕망의 집착으로부터 자유롭게 되는 자발성의 형태입니다.[10] 신앙은 의지에의 헌신이

---

10 한국 문화의 이상은 자연을 흐름을 따르는, 인위적인 노력이 아닌 자연스러움을 중시했다. 인공적이거나 인위적인 것을 전혀 이상으로 생각하지 않았다. 그런 의미에서 한국 문화는 성경과 예수님과 통하는 면이 있다. 이러한 자연스러움을 신앙으로 발전시키려는 노력이 필요하다. 그러나 그것은 인위적인 노력이 아니기에, 성령의 바람이 부

아니라 외재화의 거짓 능력으로부터 의지의 자유를 얻는 것입니다. 어린아이같이 된다는 것은 지각에 있어서 직관적이고 직접적이 되는 것입니다. 또한, 고민하고 여러 가지를 생각함이 없이 즉각적으로 행동하는 것입니다. 신앙은 순응이 아니라 무의식에 대한 의식의 즉각적 반응입니다. 이런 종류의 자발적 행동 속에서 하나님의 나라는 우리의 삶 속에서 이루어집니다. 외재적 욕망과 생각이 순수하고 때가 묻지 않았다면, 무의식의 영역은 거울과 같이 우리의 의식을 비춰줄 것입니다. 따라서 행동의 순수성 속에서, 무위, 행함이 없는 행동함을 통해서 내면에 있는 것들을 실현할 수 있습니다.

주역에서 괘를 얻기 위해서, 시초나 동전을 사용하는 것은 무의식의 영역을 발견하는 과정입니다. 따라서 점을 치는 과정의 행위는 무의식이 자발적으로 반응하게 하는 조건을 만듭니다. 내면의 왕국, 무의식의 영역을 드러내게 하는 수단은 어떤 것이든, 의식적 행동을 통해 무의식을 해방시키는 것입니다.

내면의 왕국을 실현하는 과정은 역사적 과정으로 규정될 수 없는 변화의 내면적 과정입니다. 따라서 이런 내면의 실현 과정은 역사적 차원을 넘어섭니다. 내면의 왕국은 영원한 현실이고, 시간의 전체입니다. 이런 전체성 때문에 내면의 왕국은 과거, 현재, 미래의 총합보다 더욱 큽니다.

내면의 왕국은 어떤 인격적인 실재가 아니라 범위에 있어서 우주적입니다. 이것은 모든 존재의 깊이를 상징화하는 것이기 때문에 인격적인 동시에

는 대로 움직이는 그런 길이 될 것이다. 『주역』을 한국적 신학의 어떤 전형으로 파악했던 이정용의 신학은 한국 기독교인들에게 의미하는 바가 상당히 크다. 하나님 나라에 대한 이상과 목표는 외재적 대상화를 통해서나 외부적인 실현을 위한 운동을 통해서가 아니라 내면에서 이루어지는 자연스러운 변화의 흐름 속에서 이루어져야 한다. 바로 성령의 바람을 통해서만 계절이 바뀌고 새로운 시대가 열리는 것과 마찬가지이다. [역주]

비인격적입니다. 따라서 내면의 왕국은 융이 말하는 모든 것의 자아가 되는 집단 무의식의 개념으로 유추할 수 있습니다. 그것은 정확하게 내면의 왕국 실현이 다양한 형태로 드러나게 되는 까닭입니다. 예수님은 내면의 왕국을 드러내기 위해 여러 은유를 사용했는데, 다른 방식으로 많이 드러나기 때문입니다.

내면의 왕국 실현은 정치적 과정보다는 심리적 과정과 더 밀접하게 연관됩니다. 그러므로 이것은 주어와 목적어의 나 사이, 정신과 사상 사이, 무의식과 의식 사이의 상호 관계를 다루는 심리적 상징과 밀접하게 연관됩니다. 의식 속에서 무의식의 실제적 실현은 종교적 탐구의 목표이고 하나님 나라의 완성입니다.

의식과 무의식, 내면의 자아와 외부의 자아 사이의 완전한 공감이 이루어질 때, 왕국의 외재적 상징, 즉 정치적이고 사회적인 정의가 실현될 수 있습니다. 따라서 내면의 왕국을 강조하는 것이 외부 왕국을 부정하는 것은 아닙니다. 내면의 왕국은 외부 왕국과 관계를 맺기 때문입니다. 한편, 하나님의 나라를 외부 왕국으로 전통적으로 강조하는 것은 에너지를 집중하지 못하게 하고, 자발적으로 흐르는 자연적 질서를 뒤집어 놓음으로써, 내면의 왕국을 얻지 못하게 합니다. 이것이 바로 예수님이 세계 속에서 정의와 평화의 기초로서 내면에 있는 하나님의 나라를 강조하신 이유입니다. 예수님은 무엇보다 먼저 내면에 있는 하나님을 찾으라고 가르쳤습니다. 그렇게 한다면 다른 모든 좋은 것은 나중에 자연스럽게 더해질 것이라고 약속하셨습니다. 이것은 내면의 왕국을 먼저 확증하는 동안, 잠시라도 외부 왕국을 부인함으로써, 결국에는 외부 왕국을 확증하는 역설을 해결한 것입니다. 이것이 바로 길이고 변화의 도인데, 잃음을 통해서 얻고 쇠퇴함으로써 자랄 수 있습니다. 상반된 것(음과 양)은 서로 내면적으로 연관되기 때문입니다. 음이 자랄 때, 양은 쇠퇴하고 음은 잃게 될 때 양은 얻습니다. 따라서 예수님은 말씀하셨습니다. "그러므로 너희는 그의 나라를 구하라. 그리하면 이런 것들을 너희에게 더하여 주실 것이다"(눅 12:31). 내면의 왕국이 실현될 때, 외부의 왕국 또한 확실하게 서게 됩니다.

제 8 장

물질과 영의
내면의 과정

지금까지 살펴온 대로, 창조의 이야기는 하나님 나라의 도래와 밀접한 관계가 있습니다. 창조의 과정은 하늘의 마음속에서 드러나는데, 즉 하늘나라는 인간과 다른 존재들 속에서 있습니다. 심리학적으로 말하면, 내면의 왕국은 빛이 발견되는 무의식의 영역입니다. 내면의 빛은 인간의 마음에 불을 밝히는 생명의 근원입니다. 이미 밝혀온 대로, 내면의 빛, 즉 하늘의 마음속에 있는 황금 꽃은 밀의적 도교에서는 생명의 본질입니다. 죽지 않는 영원한 생명은 빛의 순환을 통해 가능해지는데, 그것은 생명의 원천이기 때문입니다.

다메섹으로 가는 길 위에서 사도 바울이 경험했던 신비 체험에는 내면의 빛이 나타나서, 그를 일깨워서 새로운 신앙의 길을 걷게 합니다. 이렇게 기록되고 있습니다. "사울이 길을 가다가, 다마스쿠스 가까이에 이르렀을 때, 갑자기 하늘에서 환한 빛이 그를 둘러 비추었다"(행 9:3). 여기에서 하늘에서 내려온 빛은 하늘의 마음, 즉 무의식의 영역에서 나오는 내면의 빛입니다. 내면의 빛은 요한복음 1장에서 시적으로 묘사됩니다. 어둠은 무의식의 심연과 같습니다. 무의식의 심연에서 나오는 내면의 빛은 생명과 새로운 생명을 줍니다.

내면의 빛은 궁극적 자아인 '나'의 상징적 표현인데, 세계가 끊임없이 변화하는 현상 속에서 일어나는 모든 성장과 쇠퇴의 원천입니다. 내면의 빛은 생명의 원천으로, 무의식의 심연에서 나오는 원초적 의식의 씨앗이기 때문입니다. 원초적 빛의 단위는 살아있는 우주를 유지합니다. '빛은 출산하게 되는데'(*jyotir prajnaman*),[1] 빛은 창조와 출산의 과정을 가능하게 하는 생명 원리의 본질로 요소적 입자에서 시작되기 때문입니다.

최근 발견된 요소적 입자의 당황스러운 배열 가운데, 가장 '요소적인 것'(the most elementary)은 중성자입니다. 볼프강 파울리(Wolfgang Pauli)는 1930년에 순수하게 이론적 근거에서 중성자의 존재를 예상했습니다. 그러나 사바나 강가의 원자에너지 협회의 거대한 핵 집적층에서 방출되는 실제의 중성자가 라인즈(F. Reines)와 코완(C. Cowan)이 실험실에서 걸려든 것을 발견한 1956년까지는 실제로 중성자가 존재하는지도 알 수 없었습니다.[2] 입자의 귀신 같은 특징은 존 업다이크의 '우주적 담즙'(*Cosmic Gall*)이란 시에서 잘 표현되어 있습니다.

작고 작은 중성자,

전기도 안 띠고 질량도 없어.

어떤 작용도 없는 걸.

땅은 어쭙잖은 공,

중성자는 단지 거쳐서 지나칠 뿐이네.

찬 방에 내려앉는 먼지들 같이.

유리창에 비춰는 빛 입자같이.

---

1 *Satapathy Brahmana*, VIII, 7, 2, 16-17.
2 Koestler, *The Roots of Coincidence*, 61-62.

가장 예민한 가스를 꾸짖지.

가장 꽉 찬 벽, 찬 쇠몽둥이, 소리치는 악기를 무시하지.

마구간의 암말을 경멸하고,

계층의 장벽을 비웃지.

자네와 나에게 스며들게나.

높고 고통이 없는 교수대와 같이,

그들은 머리를 잔디 속으로 처박고 떨어지네.[3]

해럴드는 중성자는 자연의 '기본 구성 요소'(basic building blocks)라고 제안합니다. 그는 '나'나 하나는 모든 창조적인 생산적 과정이 작용하는 원초적 원리라는 수학적 전제를 발전시키면서, 하나는 단지 숫자가 아니라는 것을 알게 됩니다. 그것은 오히려 상반된 것들 사이의 역동적 상호 작용(-1 대 +1)입니다. 하나는 조직과 창조적 활동의 과정에서 '하나와 하나'를 전제합니다. 자연의 가장 요소적인 입자인 중성자는 단일한 하나로 생기는 것이 아니라 짝으로 생기고, 반대편으로 회전하면서 분화되기 때문에 이런 결론을 내립니다. 이런 종류의 양극성은 물질과 함께 항상 동행하는 반물질이 존재하기 때문에 과학적으로 분명합니다. 달리 말하면, 물질이 있다면, 반물질도 있습니다. 남성이 있을 때, 여성도 있습니다. 성장이 있을 때, 쇠퇴도 있습니다. 운동이 있을 때, 쉼도 있습니다. 음이 있을 때, 양도 있습니다. 따라서 실제로 하나는 언제나 '하나와 하나'입니다.

이런 개념은 주역이란 책에서 전개되는 역의 원리에 근거합니다. 이 원리에 따르면, 창조적 과정에서 에너지 하나의 단위는 없습니다. 하나의

---

3 *Telephone Poles and Other Poems* (New York: 1963), Koestler에서 인용, 62-63.

단위만 생각한다면, 그것은 과정에서 실제적인 변화가 없는 어떤 관념적인 조건입니다. 이런 이상적 의미에서, 상대가 없는 하나는 단지 살아있고 진화하는 과정의 배경일 뿐입니다. 원초적 에너지의 단위는 상반된 것의 분열이 없이는 그냥 본질적인 조건일 뿐이고, 모든 것의 존재의 배경이 되는 매트릭스지만 아무것도 없습니다. 왜냐하면 그것은 만물의 궁극적인 시작점이기 때문입니다. 미분화의 연속성은 절대적으로 하나지만, 없는 것인데, 일자로 타자와 분화되거나 나누어질 수 없습니다. 이런 종류의 나누어지지 않는 조건은 원초적 조건인데, 아무것도 나뉘어서 나타나지 않는 자리입니다.

여기에 워너 앨런(Warner Allen)이 묘사하는 원초적 조건인 연속성 속에서 존재를 살펴봅시다.

눈을 감고 은색 빛을 본다. 그 빛은 쉼보다는 밝게 빛나는 중심의 초점을 가진 원을 이룬다. 원은 자아의 마음속 먼 거리의 태양으로부터 나오는 빛의 터널이 된다. 가볍고 쉽게 그 빛은 터널에서 생겨서 은색에서 황금빛으로 변해간다. 그것은 힘의 무한의 바다로부터 당겨지는 강력함과 깊어지는 평화의 의미라는 인상을 받았다. 빛은 점점 밝아졌지만 황홀하지도 놀랍지도 않았다. 시간과 운동이 멈춘 지점에 왔다. … 우주의 빛 속으로 스며들었다. 자신을 아는 불과 같이 타오르는 현실 속으로 말이다. 하나와 나 자신으로 존재하기를 끝내는 것이 아니라 전체 속에서 은빛 물방울과 같이 없어졌으나, 여전히 사막 속 하나의 모래알로 나뉘어져 있다. 모든 지식과 창조의 헐떡이는 에너지를 넘어서는 평화는 중심에서 하나인데… 거기서 모든 반대되는 것은 화해하게 된다.[4]

---

4 Warner Allen, *The Timeless Moment* (London, 1968), 30-33, 다음에서 재인용, Mircea Eliade, *The Two and the One* (New York: Harper, 1962), 72.

알렌의 경험은 실제적 차이 이전에 하나로 인식되는 모든 변화 과정의 중심을 표현하려는 시도입니다. 중심은 부정과 긍정의 에너지가 실제로 분열되기 이전에 존재합니다.

심리적이고 영과 같은 실체의 일차적 하나를 리(理), 즉 원리나 하늘적 특성으로 불러봅시다. 그것은 성리학자들이 물질적 에너지의 원초적 단위로 땅의 특징을 가지는 기(氣)의 상대로 말하는 것입니다. 밥콕이 심리자(the 'psychon')라고 말할 때, 그것은 성리학의 리(理)의 개념, 하늘의 원리와 비슷합니다. 해럴드가 중성자를 말할 때, 그것은 동양 철학의 기의 개념, 즉 물질적 원리와 비슷합니다. 기가 물질적 세계의 기본 단위인 반면, 리는 만물을 관통하는 신과 같은 특징이 있습니다. 리는 자체로 완벽하지만, 기가 없이는 존재할 수 없습니다. 리는 상반된 것 사이에 실제적 양극성이 존재하지 않는 영의 제일 범주입니다.

영 안에 있다는 것은 물질적 세계를 초월하는 것입니다. 무의식의 심연에서 내면의 빛의 경험을 묘사할 때, 영적이고 심리적 세계, 즉 리의 세계의 일차적 단위를 다루게 됩니다. 사람이 심리적 에너지의 원초적 조건을 경험할 때, 월너 알렌이 말했듯이, 시간과 공간의 차이를 넘어서게 됩니다. 심리적 세계가 영적 세계와 같은 것으로 생각해서, 리(理)와의 연합을 경험한다면, 그것은 드러남의 원초적 원천으로 도나 하나님과의 합일에 비유할 수 있습니다. 영성가들이 이런 종류의 경험을 했는데, 일상인들의 비전을 넘어서는 것입니다.

이제 물질 세계와 영적 세계 사이의 차이를 검토해 봅시다. 이제까지 살펴본 대로, 이런 차이는 본질적이 아닌 실존적입니다. 영은 물질의 어떤 상태인데, 그 속에서 음과 양의 실제적 분리는 가능하지 않습니다. 이것은 존재하는 짝들의 완벽한 균형이 이루어지기 때문입니다. 영 속에서는 음양의 둘이 완벽한 균형을 이루기 때문에 그것들은 구분되지만 나뉘어지지는 않습니다. 다시 말해, 음양은 같은 숫자를 갖고, 완벽한 조화를 대칭적 관계로 유지합니다. 이런 완벽한 조화 때문에 영이나 심리적 요소는 중성적입니다. 즉, 당김이나 밀림에서 자유롭습니다. 완벽한 대칭 때문에 음양은 힘의 독특한 중성적 형태 속에서 공존하고, 물질적 에너지보다는 미묘하게 됩니다. 따라서 심리적 에너지의 원초적 단위는 물질적 에너지의 드러남인 외부 빛보다 더욱 빨리 여행할 수 있습니다.

한편, 중성자를 나타내는 물질적 에너지의 원초적 단위는 심리적 단위와 같지는 않고, 반대되는 것들 사이의 비대칭적 관계입니다. 상반되는 것들 사이의 관계는 창조와 생식의 과정에서 활동적인 물질의 본질에 필수적입니다. 해럴드는 이것을 이런 방식으로 표현했습니다.

비대칭적 관계의 개념은 단순한 수학적 원리에 근거한 것인데, 음수를 음수로 나누거나 양수를 양수로 나누면, 양수가 나오게 됩니다. 홀수와 짝수는 반대의 수를 발생시키지만, 모든 숫자는 1로 나눠지는 데는 공통되지만, 홀짝의 반대 숫자들은 1의 동일한 숫자로 구성될 수는 없습니다. 개념적으로 설명하면, 에너지를 표현하기 위해 이런 원리를 적용하면 분명해집니다. 여기에서 중성자의 에너지는 긍정이든 부정이든 상반된 에너지의 종류로 구성됩니다. 에너지의 상반된 종류는 하나의 에너지의 동일한 양(an equal amount of the one energy)을 구성할 수는 없습니다.[5]

해럴드는 상반되는 것들이 생식의 과정에서 활동적이게 된다면, 같아질

---

5 Preston Harold, *The Single Reality*, 278-79.

수 없다고 믿습니다. 이것은 정확하게 생산과 재생산은 물리적 에너지의 영역 속에서 이루어지는 이유입니다. 심리적 에너지나 영적인 능력은 독특하게 같거나 중성적인데, 물질의 영역에도 스며들게 됩니다. 이제까지 말한 대로 영 안에서 상반된 것들은 동등한데, 이것은 완벽한 균형의 상태입니다. 한편, 물질에서는 상반된 것들은 셈 수에서는 동일하지 않고, 양수가 다소 지배적이게 됩니다. 따라서 영적인 것과 물질적 세계의 진정한 차이는 음수와 양수의 셈 수의 차이로, 그것이 활동의 차이를 만듭니다. 그러나 심리적 에너지의 단위(완전한 중성 에너지)와 물리적 에너지의 단위(긍정적으로 반복되는 중성 에너지)는 상생적입니다. 아마도 이것이 마음과 뇌가 함께 일하고, 감정과 몸의 협력이 가능한 이유입니다.

심리적이고 물리적인 것들의 관계를 음양의 도표를 사용해서 설명해 보겠습니다. 해럴드는 "중성자나 반중성자(anti-neutrino)에서 긍정과 부정의 에너지의 연합은 음양의 상징과 같다"[6]고 말했습니다. 음양이나 태극도를 관찰한다면, 이것은 완벽한 대칭인데, 영성의 구조적인 상징입니다. 물리성의 상징으로 해럴드는 물질적 에너지의 원초적 단위인 비대칭적 상징을 도입했습니다. 이것은 양적인 셋과 음적인 둘로 구성됩니다. 따라서 물질적 에너지는 다소 긍정적(positive)입니다. 살펴본 바와 같이, 원의 오른쪽은 음이거나 부정적 에너지이고, 원의 왼쪽은 양이거나 긍정적 에너지입니다.

영성, 즉 대칭적 원의 구조적 상징을 살펴본다면, 음양이 완벽한 조화 속에서 동등하게 대응합니다. 따라서 거기에는 당김이나 밀어냄의 경향이 없습니다. 이런 완벽한 구조적 대칭 속에서, 음과 양의 비율은 3/3 대 3/3=1

---

6 앞의 책, 278.

인데, 이것은 영적이거나 심리적인 에너지의 일차적 단위입니다.

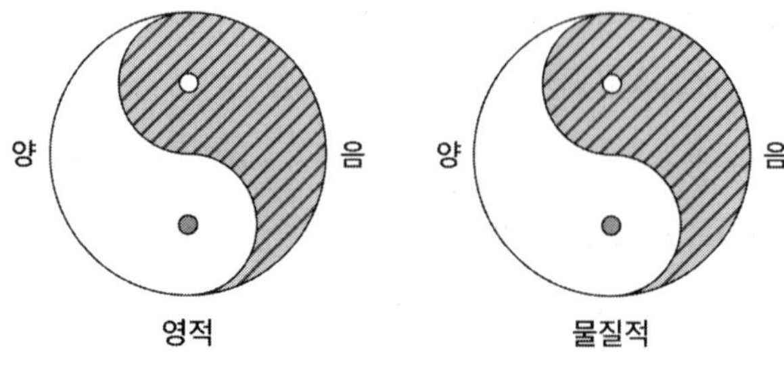

주역에서 대칭적 관계는 괘에서 나타납니다. 괘는 두 소성괘가 합해진 것입니다. 완벽한 대칭의 배열은 잠재 괘에 해당하는데, 주역에서 실제 괘의 배열의 배경이 됩니다. 각각 드러난 괘는 숨겨진 괘를 짝으로 전제하고 있습니다.7 잠재 괘는 영적 특징을 대변하는데, 태극의 상징에서 음양의 완벽한 조화를 보여줍니다. 반면에 실제 괘는 물질적 에너지의 원초적 단위의 어떤 형태를 대변합니다. 대칭이 심리적이고 영적인 세계의 소우주적 단위를 대변하는 것과 같이, 잠재 괘는 심리적이고 영적인 세계의 초기 상황을 나타냅니다.

물질적이고 물리적 에너지의 단위 구조를 본다면, 대칭이 파괴되고, 비대칭이 형성되는데, 그렇게 해서 상반된 것들의 상호 작용이 창조와 생식의 과정을 가능케 합니다. 비대칭적 상징에서 음의 셈 수가 양의 셈 수보다 1/3이 적습니다. 여기에서 음은 양의 2/3이고, 양은 음의 셈 수의 3/2입니다. 원초적 물질의 형성에서 음은 원초적 영의 완벽한 대칭에서 하나를 잃게

---

7 실제 괘와 잠재 괘에 대한 설명은 『주역의 원리』, 141-42를 참조.

됩니다. 두 상징을 함께 볼 때, 영은 물질의 배경이고, 물질은 영의 앞면입니다. 그러므로 영적 영역은 물리적 영역의 배경이고, 물리적 영역은 영적 영역의 드러남입니다. 대칭적 관계는 본질적 조건에 속하지만, 비대칭적 관계는 우주의 실존적 조건에 속합니다.

해럴드는 음양의 상징을 변경해서 강조하는데, 음수는 둘이고 양수는 셋입니다. 이것은 물질, 장, 힘으로 드러남 속에 있는 모든 것이 만들어지는 긍정과 부정의 에너지 사이의 차이를 알려줍니다. 그러나 그는 영적이고 심리적 에너지는 이런 분열 속에서 설명되지 않기에, 음양의 비대칭적 구조보다 앞서고 토대가 되는 것은 고전적 대칭관계인데, 거기에서는 3:3의 비율이 존재하고 음양의 교차 행위의 완벽한 원 속에서 반복됩니다. 이것은 그의 방정식으로 $3/2 \times 2/3 = 6/6$(회복된 대칭)인데, 이것은 3:3으로 환원되고, 완벽한 대칭이 존재하는 하나의 전체로 돌아갑니다. 비대칭을 드러내는 음양의 상징을 '물질적' 에너지의 작용으로 바꿈으로써, 해럴드는 물리적 영역에서 긍정과 부정의 입자가 작동해서 이루어지는 전기적 중성을 보았습니다. 그러나 정신과 영적 에너지 속에서는 실제로 상반된 것들이 작동하지 않는 완벽한 중성과 물질적 에너지에서는 상반된 것이 작동하는 전기적 중성 사이의 차이를 강조했습니다. 밥콕은 이렇게 쓰고 있습니다.

정신적 에너지의 특성을 결정하기 위해서, 그것이 시작되기 전의 시간으로 돌아가 봐야 합니다. 존재했고 활동했던 절대적 하나의 셈 수(the measure number of the Absolute One)를 결정해야 합니다. 그렇게 해서, '이렇게 한 다음에' 하나의 셈 수(the measure number of One)는 다섯이 되고, 나뉘어져서, 긍정의 하나의 셈 수(3)와 부정의 하나의 셈 수(2)를 나타내는 데, 서로 대항하면서 작동해서 전체, 단위, 하나를 낳게 됩니다. 분열에 앞서서, 절대성(혹은 대칭)이 다스리게 되고, 절대성은 동일성을 함의합니다. 동일성은 다음 방정식(3/3 × 3/3 = 1)으로 나타냅니다. 방정식은 원래의 하나에 여섯 셈 수를 주게 되는데, 나뉘어져서 동일성이나 대칭을 반영합니다.[8]

해럴드는 고전적 음양의 상징을 정신 에너지의 상징으로 보았는데, 이것은 인생에서 모든 과정의 일부인 물리적 에너지의 표현을 뒷받침하고 다스리게 됩니다. 해럴드의 음양의 상징에 대한 인식은 절대가 움직여서 생명과 창조를 낳고, 우주를 통틀어 끊임없이 일어나는 '변화의 법칙'을 확립하는 역을 강조합니다. 전체나 우주 자체는 실제로 행동하거나 움직일 수 없습니다. 왜냐하면 전체나 우주는 움직일 수 있는 어떤 것이 없기 때문입니다. 행동이나 변화는 전체 안에서, 혹은 전체의 존재를 통해서만 내면의 과정의 패턴들 안에서 일어날 뿐입니다. 그러므로 고전적 음양의 상징을 태극의 대변자로 볼 수 있습니다. 해럴드의 음양의 상징은 물리적 에너지가 가능해지고, 정신적이거나 영적인 에너지와 함께 행동해서 생명을 낳게 되는 변화나 드러남의 과정의 대변자로 볼 수 있습니다. 음양의 상징들은 상생적인데, 리와 기가 상호 독립적인 것처럼 말입니다.

심리적 혹은 영적 에너지가 물리적 혹은 물질적 에너지로 바꿔지는 것이 가능할까요? 이것들 사이의 관계의 역학은 무엇입니까? 관찰해 온 대로, 심리적이고 물질적 에너지의 원초적 단위들 사이에 질적인 차이는 없습니다. 그것들의 차이는 양적입니다. 대칭적 패턴이 부정적 에너지의 1/3을 잃게 되면 비대칭적 패턴이 됩니다. 비대칭적 패턴이 같은 양의 음의 에너지를 얻게 되면 다시 대칭적 패턴이 됩니다. 따라서 하나에서 타자로의 전이는

---

8 Preston Harold, *The Single Reality*, 215.

그들의 구조에서 1/6의 에너지를 잃거나 얻게 되는 조건으로 이루어집니다. 괘의 구조에서, 한 효의 변화는 1/6인데, 초기 상황의 변화를 가져옵니다.

양자 에너지가 한 원자구조에서 다른 것으로 이행함으로 방출되어 쇠퇴의 과정을 겪게 되는 것처럼, 영적 영역에서 물질적 영역으로의 전이는 원초적 에너지의 셈 수가 음수에서 양수로 '전이됨'(transferring)으로써 가능해집니다.

주역에서 음양을 선의 상징을 사용해 설명할 수 있습니다. 음인 나뉘어진 선(--)이 양, 즉 실선(—)으로 변화할 때, 하나의 수를 얻게 됩니다. 따라서 음, 즉 둘은 하나를 더함으로써 셋, 즉 양이 됩니다. 그러나 양(—)이 음(--)으로 변할 때, 양은 하나를 잃고 셋에서 둘로 변합니다. 따라서 영의 단위가 물질의 단위로 변할 때, 그것은 하나를 잃고 부정의 둘이 됩니다. 그러나 물질이 영으로 변할 때는 하나를 얻어서 부정의 수 둘이 셋이 되며 긍정의 수가 됩니다. 하나의 방출이나 더함은 영적(심리적)이고 물질적 세계를 이해하는 열쇠가 됩니다. 하나에서 타자로의 이행은 주역에서 변화의 원리에 근거한 하나의 방출과 더함으로 이루어집니다.

영의 단위가 물질의 단위보다 부정 에너지 하나를 더 가진다면, 영적인 것은 물질적인 것보다 가치가 큽니다. 이것은 늘 그분의 가르침에서 예수님이 영적인 것을 물질적 소유보다 위에 놓는 까닭입니다. 예수님은 물질보다 영을 위에 놓으셨지만, 물질의 가치를 부정하지는 않습니다. 예수님은 영이 물질보다 더한 가치를 지니지만, 물질과 질적 차이를 갖는다고 보지 않습니다. 예수님은 영과 물질이 만물의 궁극적 원천인 하나, '나' 전체의 다른 표현이라는 것을 아셨습니다. 영적이거나 심리적인 에너지의 원초 단위는 하나의 대칭이고, 물질적인 에너지의 원초적 단위는 하나의 비대칭입니다. 따라서 그것들 둘은 하나의 구조적 표현이고, 모든 창조의 원천입니다. 영적이고 물질적인 세계, 즉 둘은 하나님의 상징인 하나가 창조한 것입니다. 하나님 속에서, 영적인 것과 물질적인 것의 차이는 없습니다. 따라서 그것들은 상극하는 것이 아니라 상생하는 것입니다.

부정적 에너지 하나가 이동한다고 해서 어떻게 심리적 에너지가 물리적 에너지로 이행할 수 있을까요? 이렇게 생각해 볼 수 있습니다. 물질을 영의 실존적 조건으로 보고, 영을 물질의 본질적 조건으로 보는 관계 속에서 이 문제를 살펴봅시다. '실존'(Ex-istence)은 '밖으로 나와서 서는 것'(standing out from)을 의미합니다. 본질로부터의 분리나 어떤 종류의 차별화로 해석해 볼 수 있습니다. 물질은 밖으로 나와 서거나, 영과 다르게 존재하거나, 혹은 영으로부터 분리된다고 말할 수 있습니다.

이렇게 되는 것은 부정 에너지 하나가 이동해서 일어나는 것이고, 그렇게 해서 양이 음을 누르고 지배하게 됩니다. 이런 맥락에서 양은 무엇입니까? 양의 특징은 빛으로 강조됩니다. 빛 속에서 형태를 분간하고, 분리된 존재를 구분하고, 다른 것보다 하나에 집중하고, 차이를 지각하고, 분석하게 됩니다. 한편 음은 어둠인데, 어둠 속에서는 분별되지 않고 오히려 모든 것은 연합하고 지속됩니다. 분별되고 연속을 유지하는 특징들이 평등하게 조화된다면, 본질은 원래 조화의 상태에 있습니다. 그러나 음의 특징이 약해지고 양의 특징이 지배하게 되면, 차이가 연속성보다 커져서, 물질은 영으로부터 분리되고, 혹은 본질로부터 나와 실존하게(ex-ist) 됩니다.

때때로 분열은 그렇게 가치가 없는 것으로, 영으로부터 신적인 것으로부터 떨어져 나와 타락한 것으로 이야기됩니다. 이런 견해를 받아들이면, 대칭적 영으로부터 비대칭적 물질로의 이행은 타락이나 '죄'입니다. 이런 방식으로 연결됩니다. '선과 악과 같이 짝이 되는 상반된 것으로 경험이나 지식이 나눠지는 것은 선보다는 악을 택하는 도덕적인 잘못과 같은 죄를 짓는 조건이 됩니다. 그러므로 분리, 즉 선과 악의 지식은 죄의 원천, 즉 원죄입니다. '죄'의 의미가 원래적인 분열 혹 비대칭적 차이를 의미하는 말이라면, 죄는 음양의 완벽한 통일과 조화를 깨뜨려서 불균형을 이루게 됩니다. 죄는 조화에서 벗어나는 상반된 것들을 만들어 냅니다. 그렇지 않다면, 죄는 원래 상태의 본질적 조건을 실존화하는 것, 즉 떨어져 나와 홀로 서는 것입니다.

그러나 본질의 실존화, 즉 원래의 조화에서 떨어져 나와 상반된 것들을 낳게 되는 것은 꼭 나쁜 것만은 아닙니다. 도덕적으로 가치 없는 것이 나타나는 것은 원래적 분열이 일으키는 하나의 결과일 뿐입니다. 도덕적 폄하가 분열을 가져오지는 않습니다. 다만 그것 자체가 분열로 인해서 가능해집니다. 그러나 같은 분열이나 혹은 비대칭적 에너지의 차이는 물질, 시공간, 진화하는 세계에서 모든 것을 가능하게 합니다. 선과 고상함, 영웅적인 것, 아름다운 것을 포함해서 말입니다. 죄가 잘못, 균열과 분열이라면, 그것은 '행복한 잘못'(felix culpa, happy faut)일 수 있습니다. 왜냐하면 다양한 존재의 전체 세계를 가능하게 했고, 위대한 조화 속에서 모든 것을 다시 연합하는 그리스도의 원리 속에서 '위대한 구속자'를 얻게 하기 때문입니다. 위대한 조화는 부활인데, 그 속에서 물질과 영이 하나로 상생적인 관계 속에서 참으로 연합하게 됩니다.

우주는 영과 물질의 원초적 단위들 때문에 흘러 변화하고(flux) 스스로를 유지합니다. 영은 물질이 수행하는 창조적 과정의 배경입니다. 영과 물질 양자는 서로 떼려야 뗄 수 없는 관계를 맺습니다. 그것들은 서로 상생적입니다. 물질과 영의 내면의 과정을 알게 된다면, 우주의 질서에 통달하게 됩니다.

제 9 장

내면의 정신

이미 논의한 대로, 심리적 에너지의 원초적 단위는 모든 물질 세계 속에서 활동합니다. 심리적 에너지는 물질적 에너지에 비해서 더욱 미묘한데, 음양이 완전한 균형을 이루고 있기 때문입니다. 심리적 에너지는 내면의 빛과 연합하고, 물질 에너지는 보이는 외부 빛과도 연합합니다. 영적 삶을 다루는 내면의 빛은 모든 생명체나 무생물과도 나누게 됩니다. 영과 혼(psyche), 정신적인 것과 감정적인 생명 사이의 차이는 분명히 있지만 본질적인 차이는 없습니다. 그것들의 차이는 현상적이고 상황적이지 본질적인 것은 아닙니다. 영혼(psyche)이란 단어는 자아의 심리적 차원만을 가리키지 않습니다. 오히려 생성의 전체나 에너지의 완전한 단위를 의미합니다. 이런 점에서, 영(spirit)과 영혼(psyche)은 어떤 상황에서 바꿔 사용해도 문제가 생기지 않습니다.

심리적 에너지의 원초적 단위가 세계의 모든 감정과 영적 생활의 기초라면, 정신의 내면 활동을 탐구하는 기초가 됩니다. 뇌와 정신의 관계를 이해하기 위해서는 심리적이고 물질적 에너지의 단위 사이의 관계를 꼭 살펴야 합니다. 이미 밝혀온 대로, 심리적이거나 영적인 본질은 물질적 본질과 정확하게 나누어지지 않습니다. 영적인 것은 대칭적 구조를 다루고, 물질적인 것은 비대칭적 구조를 다루는 차이만 있습니다. 본질적으로 같지만, 실존적으로는 다릅니다. 비대칭적인 것과 대칭적인 것 사이의 상호 작용은 변화 (change)와 변혁(transformation)의 과정을 가능케 합니다. 상호 작용은 직접적으로 물질과 영, 뇌와 정신이 협력하고 관계를 맺게 합니다.

물질과 영이 서로 나눠질 수 없는 관계에 있다는 것은 영이신 하나님의 개념에서 잘 드러납니다. '하나님은 영'이라는 것은 기독교 신앙의 가장 중요한 확증입니다. 영이신 하나님은 상반되는 것들의 완전한 조화를 상징합니다. 완벽한 조화는 지리적이고 시간적인 제한이 없이 존재하는데, 영은 모든 시간과 공간의 이원성과 차이를 초월하기 때문입니다. 영이신 하나님은 물질의 본질적 조건으로, 만물과 관계하기 때문에 완전히 나눠지지 않습니다. 다시 말해, 하나님은 사람의 하나님만이 아니고 만물의 하나님입니다. 왜냐하면 영은 만물 안에 존재하기 때문입니다.

오늘날은 식물도 인간의 의도에 민감하다는 개념이 실험을 통해 입증되고 있습니다. 예를 들어, 클리브 백스터(Clive Backster)는 실험을 통해 집에서 키우는 식물들은 조난 신호에 반응한다는 것을 입증했습니다.[1] 게다가 소련의 키를리안즈(Kirlians)는 심리적 에너지가 인간, 식물, 동물만이 아니라 생명이 없는 물체 속에서도 나타난다는 것을 보여주는 유출(emanations)을 사진으로 찍었습니다.[2] 키를리안즈의 사진에 따르면, 심리적 에너지는 신체적 몸에 따라 달라지는데, 그 차이는 신체적 패턴에 따라 이루어집니다.

영(spirit)이 모든 곳에 있다면, 정신(mind)은 잠재적으로 만물 속에 있는데, 정신은 심리적 에너지의 구조적 활동이기 때문입니다. 사람만이 하나님

---

1 F. L. Kunz, "Feeling in Plants" in *Main Currents in Modern Thoughts*, May-June 1969 (Vol. 25, No. 5), 143. Preston Harold, *The Single Reality*, 214에서 재인용.
2 Sheila Ostrander and Lynn Schroeder, *Psychic Discoveries Behind Iron Curtain* (Englewood Cliffs, N.J: Prentice-Hall, Inc., 1970), 200.

의 형상이나 영이고, 다른 모든 살아있는 존재는 영이 없고, 영혼이 없다는 기독교의 전통적인 관념은 이제 재평가되어야 합니다. 심리적 에너지는 물질적 에너지의 짝이라는 관념은 영, 즉 만물과 모든 시간 속에서 영혼 (psyche)의 가장 고도의 형태를 하나님의 현존으로 볼 수 있습니다. 영은 생물이든 무생물이든 관계없이 모든 만물 속에 있다는 원시 신앙의 타당함 이 밝혀지기 시작했습니다. 모든 것은 하나님의 영을 가지고 있습니다. 하나 님의 영만이 모든 것을 의미 있게 살게 하고 마음을 쓰게 만듭니다.

하나님을 영으로 생각하는 것은 범재신론(panentheism)의 관념과 관계 가 밀접한데, 그것은 힌두교의 가장 큰 특징입니다. 하나님은 모든 것 속에 계시지만, 모든 것이 하나님은 아닙니다. 영은 모든 것 속에 있지만, 모든 것이 영은 아닙니다. 만물의 심연에 신적인 것이 있고, 그것이 모든 것의 본질입니다. 그러나 신적인 것은 모든 것을 초월하는데, 모든 유한한 것과 함께 있다고 해도 신적 존재가 소진되지는 않습니다. 다시 말해, 폴 틸리히가 정의하는 하나님은 모든 존재의 근원(the ground of all things)이라고 받아 들이는 것은 어렵지 않습니다. 아놀드 토인비는 만물 속에 심리적 에너지가 현존한다는 관념에 대해 가장 도움이 되는 조언을 합니다.

아직도 현실의 심리적이고 물리적인 측면 사이의 관계를 잘 이해하지 못합니다. 두 측면이 인간만이 아니라 지상의 다른 모든 살아있는 존재, 우주의 모든 것 안에서도 공존함을 알게 되었습니다. 지상의 모든 생명의 형태에서, 심리적이고 물리적인 요소들의 공존은 생명 자체를 유지하기 위한 진화의 필연 조건입니다.3

---

3 Arnold Toynbee, *Man's Concern with Death* (New York: McGraw-Hill, 1968), 180.

생명은 영혼이나 영 때문에 가능하고, 영인 하나님은 생명의 보존자입니다. 게다가 영인 하나님은 만물 속에 계십니다. 그러므로 하나님은 무소부재하며 어디나 계십니다.

하나님이 모든 것을 안다는 전지성(omniscience)은 영의 또 다른 특징인데, 하나님이 어디나 계신다는 편재성과 마찬가지입니다. 하나님의 전지성은 물질과 영의 구조적 활동(structural activity)을 다룹니다. 반면에 하나님의 편재성은 물질과 영을 보존하는 활동을 다룹니다. 영이 하는 구조적 활동은 정신적인 성향의 내면의 과정입니다. 영은 만물 속에 있고 자신의 패턴 속에서 활동하기 때문에 영인 하나님은 모든 것을 아십니다. 다시 말해, 하나님의 전지성은 우주적 정신, 심리적 에너지의 우주적 구조에 관해 말하는 것입니다.

우주적 정신은 원심(元心), 즉 원초적 정신 때문에 가능한데, 이것은 예수님과 같은 로고스(말씀)의 내면의 의미입니다. 원심은 영의 '프로그래머'(programmer)이며 '메신저'(messenger)입니다. 원심은 "자신 안에 창조의 전체 계획을 가지고 있으며, 이것은 몸의 각 세포가 전체 코드를 기록하는 것과 같습니다."[4] 세포가 전체 몸의 소우주를 갖고 있는 것 같이, 원심은 또한 전체 우주의 심리적 구조의 소우주를 전달합니다.

리(理)의 에이전트이고 영혼의 본질인 원심은 DNA와 메신저 RNA의 관계에서 잘 드러납니다. DNA를 리, 즉 영의 하늘의 원칙으로 RNA를 원심으로 비유해서 말할 수 있습니다. 해럴드가 발표한 패턴에 따른다면, DNA는 하나님, 즉 아버지 의식(Father consciousness)으로 비유할 수 있고, 메신

---

4 Preston Harold, *The Single Reality*, 221. 밥콕은 말로 소통하는 정신적 에너지를 묘사하는 로곤(logon)이란 단어를 사용했다. 이것이 바로 심리자(the psychons)를 프로그래밍하는 것이다. 말로 소통하는 에너지는 인간만이 갖는 것이다.

저 RNA는 소통자 예수님에 비유됩니다.[5] 예수님이 세상에 오신 목적은 아버지의 뜻을 전하려는 것입니다. 따라서 예수님의 사명은 메신저 RNA의 기능에 비유할 수 있는데, DNA를 소통하는 것입니다. 다시 말해, 메신저 RNA를 통해서 DNA의 양태, 즉 아버지의 뜻이 리보소멀 RNA(riboso-mal-RNA) 위에 기록되어 전달됩니다. 이런 의미에서, 정신의 본질, 원심인 메신저는 모든 만물 속에 기록됩니다. 정신은 원심 자체 외에 다른 것이 아니고, 그것은 신적인 정신, 우주적 정신의 형상을 재생할 수 있습니다. 원심은 모든 것 속에 존재하는데, 그것은 그리스도 안에서 상징화되는 말씀입니다. 그 말씀에 의해서 모든 것이 창조되었습니다. 따라서 "태초에 원심(말씀의 내면의 의미)이 있었다. 원심은 하나님과 함께 있었고, 원심은 바로 하나님이었다"(요한 1:1)라고 기록된 것입니다.

이런 점에서 원심은 힌두교의 아트만, 즉 자아의 개념과 비슷한데, 이것이 바로 모든 사람과 만물 안에 있는 것이고, 또한 브라만, 우주적 근원과 같은 것입니다. 원심이 모든 실체에서 작용한다면, 모든 것은 우주적 마음, 하나님 정신의 반영입니다. 이것이야말로 하나님이 모든 것을 알고, 모든 것이 하나님의 반영이며, 하나님의 정신의 일부인 까닭입니다. 사람 속에서 원심을 발견하는 것은 바로 우주적 정신을 발견하는 것입니다. 내면적 자아의 심연 속에서 우리는 우주와 하나가 됩니다. 원심이 우리 속에 있기 때문에 우리는 전체가 됩니다. 원심 안에서, 즉 그리스도 안에서 존재한다는 것은 전체가 되는 것입니다. 원심 안에서 우리는 신적인 것과 연합됩니다. 정신이 원심과 연합하게 될 때, 우리는 하나님의 정신인 소우주가 됩니다.

---

5 Preston Harold, *The Shining Stranger: An Unorthodox Interpretation of Jesus and His Mission* (The Wayfarer Press, 1967), 1096-1097.

이것이야말로 인간의 뇌가 우주의 구조와 상응하게 되는 바로 그 이유입니다. 원심이나 원초적 정신은 사람 속에서 우주의 정신과 상응하게 됩니다. 토인비는 이렇게 말했습니다.

> 사람의 뇌는 인간 영혼의 심리적 도구, 차량, 설치나 기구인데…심리적 구조로서 인간의 뇌는 구성 인자의 수에서, 운동의 속도에서, 이런 운동과 상호 관련의 복잡성에서 전체 물리적 우주에 상응하는 것을 알게 됩니다. 또한 뇌와 영혼 사이의 구조와 능력에서, 각각 자체의 매개체 속에서 그것들이 상호 관련된다는 것을 또한 알게 됩니다.[6]

소우주와 대우주의 정신의 상응은 신적인 전지성과 인간이 하나님을 탐구하는 것을 위한 기초가 됩니다.

64괘가 일정한 원형의 패턴을 이뤄가는 주역을 보면 이것은 원심, 즉 근원적 정신에 비유된다는 것을 알 수 있습니다. 이것은 우주의 구조를 반영하기 때문입니다. 그러므로 주역은 우주의 소우주됨으로 이해해야 합니다. 따라서 "주역은 우주의 모든 가능한 현상을 갖고 있습니다."[7] 이런 점에서, 주역에서의 64괘는 우주적 정신에 상응합니다.

주역의 기능은 심리적 에너지의 작동과 비슷합니다. 둘은 음양, 즉 긍정과 부정의 이진법에 근거하고 있습니다. 주역은 두 상반된 것 사이, 실선과 나눠진 선 사이의 대칭적 관계에 근거합니다. 심리적 에너지의 작동은 이진법 체계에 근거하는데, 긍정과 부정, 현존과 부재, 덧셈과 뺄셈의 상생적

---

6 토인비, 앞의 책, 180-181.
7 『주역의 원리』, 2.

관계가 적용됩니다. "그러므로 단순하거나 복잡한 메시지를 '부정이나 긍정', '예나 아니오'로 인도하는 것을 프로그램하는 그 속에 이진법 체계를 볼 수 있습니다."[8] 주역의 이진법 체계가 정신의 진화 과정 속에서 활동하는 기본 법칙임을 살펴봅시다. 괘들은 소성괘의 결합이고, 결국 소성괘는 음양의 효로 이루어지기 때문에 음양의 효로부터 시작됩니다. 음은 나눠진 선으로 상징화되고, 양은 실선으로 상징화됩니다. 이진법의 원칙은 음에서 양으로 또한 양에서 음으로 변화하는 한계 속에서 나타납니다. 폐쇄된 회로는 항상 개방적 회로로 변화하고, 개방적 회로는 폐쇄적 회로로 변하는 것과 마찬가지입니다. 개방회로는 음에 상응하는데, 음효는 나뉘어 열려져 있기 때문입니다. 폐쇄회로는 양에 상응하는데, 양은 실선으로 닫혀 있기 때문입니다. 양에서 음으로 변화할 때 회로는 다시 개방됩니다.

양효는 1을 대변하고, 음효는 0을 대변한다면, 주역의 이진법 체계가 어떻게 작동하는지 분명히 알 수 있습니다. 이진법 수의 체계는 우리에게 익숙한 10진법과 같이, 장소 표기법을 사용함으로써 작동합니다. 숫자가 표시되는 장소는 가치를 나타냅니다. 십진법에서 숫자의 맨 오른쪽에 5를 갖고 있습니다. 두 번째 칸은 6을 갖고 있다면, 숫자는 65가 됩니다. 이런 경우에 위치에 따라 10을 곱해 주어야 합니다. 즉, 65는 '6×10, +5'를 의미합니다. 세 번째 칸의 숫자가 그 자리에서 곱해진다면 10을 두 번 곱해야 합니다. 즉, '365'는 '3×10×10, + 6×10, + 5'입니다. '7365'는 '7×10×10×10, +3×10×10, +6×10, +5'입니다.

---

8 Preston Harold, *The Shining Stranger: An Unorthodox Interpretation of Jesus and His Mission* (The Wayfarer Press, 1967), 217. 이진법 체계는 사람이 만드는 컴퓨터에 사용되는데, 컴퓨터는 뇌와 형태론적으로 비슷하다. 뇌를 우주적 정신의 도구로 생각할 수 있다.

이진법에서는 단지 두 숫자만 사용하는데, '0'과 '1'입니다. 그러나 모든 가치는 자리 표식을 사용해서 나타납니다. 이진법은 십진법보다 쉽게 다음 칸으로 이동하는 것이 필요합니다. 왜냐하면 이진법에서는 단지 두 숫자만 가능하기 때문에 '10'과 '11'뿐입니다. 십진법에서는 숫자가 9개가 있는데, 이진법에서는 단지 하나의 숫자가 있습니다. 그래서 이진법은 '1', '10', '11'… 이렇게 시작되는데, 뜻은 '1', '1×2'와 '1×2, + 1'… 입니다. 이진법에서 2×의 힘을 갖게 됩니다. 십진법에서는 10×의 힘을 갖지만 말입니다. '11'의 다음의 숫자는 '100'이 되는데, 뜻은 '1×2×2, + 0, + 0'인데, 십진법으로 하면 '4'입니다. '101'은 '1×2×2, + 0, + 1'은 십진법으로 하면 '5'입니다.

지금, 괘들을 이진법으로 어떻게 표현하는지 알기 위해서는 괘에서 가장 위에 놓이는 완전한 음인 곤괘에서 시작해서 시계 반대 방향으로 원을 만들며 진행하게 됩니다. 괘들을 이렇게 놓게 되면, 쉽게 이진법 체계에 맞게 전개됩니다. 따라서 이런 방식으로 이진법은 64괘로 전개됩니다.[9]

주역에 따르면, 정신의 패턴, 즉 우주적 정신의 소우주는 64괘의 도형으로 상징화되어 나타납니다. 이것은 우주 속에서 알 수 있는 모든 것을 포함하게 됩니다. 이런 점에서 주역은 원심, 정신의 원초적 구조를 낳는 것입니다.[10]

---

9 『주역의 원리』, 289.
10 영어 원서에는 조웅의 <복희 64괘 방원도>를 180도 회전한 그림이 실려있다. 이정용

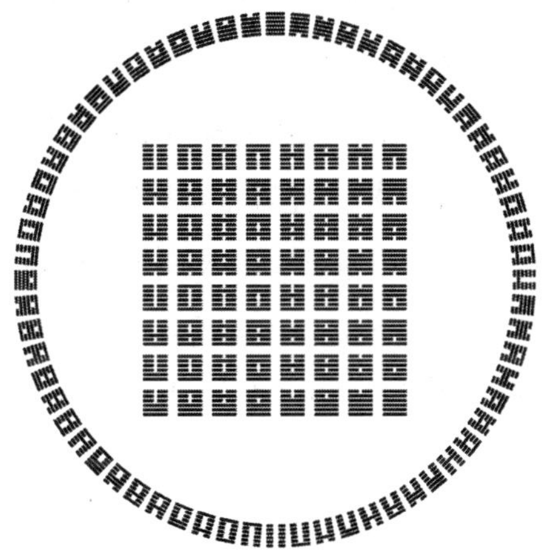

소옹의 〈복희 64괘 방원도〉[10]

따라서 육상산[11]은 말했습니다. "우주는 내 마음이고, 내 마음은 우주입니다. 내 마음을 완전하게 발전시킨다면, 나는 하늘과 일치할 수 있습니다."[12] 육상산의 말은 인간의 마음은 우주의 거울이라는 아서 에딩턴 경의 견해의

박사는 이진법적 전개를 강조하기 위해, 또한 서양인들에게 익숙한 시계 반대 방향으로 돌아가다는 표식을 넣었다. 또한 소옹의 <복희 64괘 방원도>에 건괘가 위쪽 중앙에 위치한 것과 다르게 곤괘가 위쪽 중앙에 있고 시계 반대 방향으로 위로부터 양효가 내려오는 순서로 되어 있다. 원 안에 있는 64괘 위치도 왼쪽 상단에 건괘가 있다. 소옹의 <64괘 방원도>를 완전하게 뒤집어 64괘의 전개가 2진법적 발전으로 설명될 수 있다는 것을 보여준다. 역학적으로는 소옹의 <복희 64괘 방원도>가 자연스럽다. [역주]

11 육상산(1139~1192)은 심즉리(心卽理)를 주장했는데, 세상의 이치가 모두 내 마음속에 갖추어져 있다고 주장했다. 즉, 마음이 유일한 실재이다. 우주가 곧 내 마음이고, 내 마음이 곧 우주이다. 그러므로 본심을 깨닫기만 하면 독서를 지루하게 많이 할 필요가 없다고 보았기에 심학파라고도 부른다. 육상산의 이 학설은 왕양명에 의해 계승되어 '육왕(陸王)의 학'으로 불리게 된다. [역주]

12 Arthur Wright, ed., *Studies in Chinese Thought* (Chicago: University of Chicago Press, 1953), 56-57.

심오한 의미를 표현합니다. 물론 이런 견해는 대부분의 동양 종교에서 나타 났으며, 특히 선불교에서는 수백 년 동안 이런 견해를 유지해 왔습니다. 원심, 우리 속의 말씀, 즉 그리스도 때문에 우리의 정신은 하나님의 마음, 신적 지혜를 반영하고 있습니다. 마음과 신적 정신 사이의 상관관계는 직접 적인 것이고, 물질적 에너지나 물질의 자기력의 장에 의해서 제한되지 않습 니다. 왜냐하면 그것들은 우주 속에서 심리적 에너지, 완벽한 중성적 에너지 의 표현이기 때문입니다. 우리 속에 있는 원심은 우주적 정신, 즉 하나님의 지혜를 반영하고 있습니다.

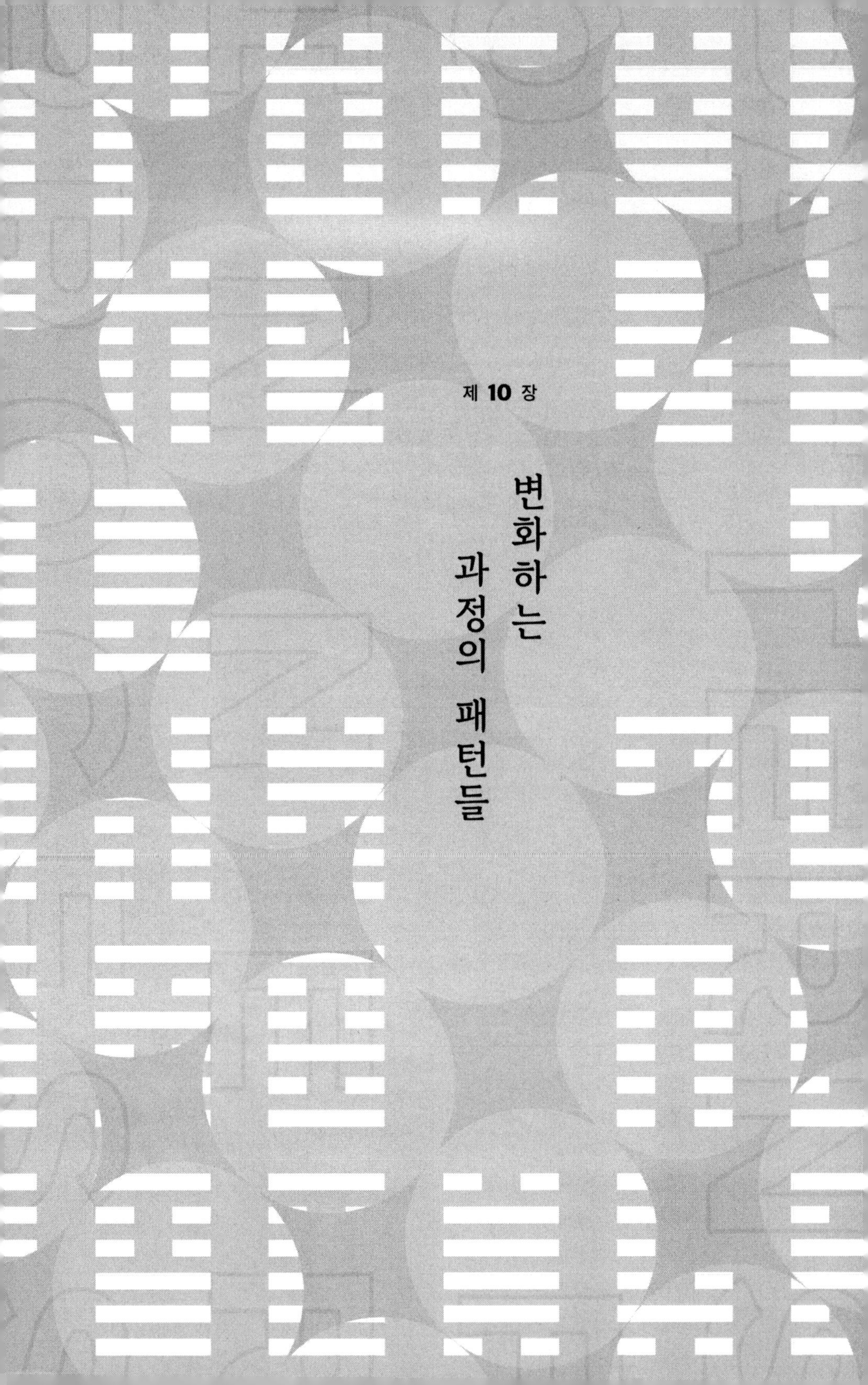

제 **10** 장

변화하는 과정의 패턴들

변화와 변혁의 원리는 가장 작은 것부터 가장 큰 것까지 우주 안에서 있는 모든 만물 위에 작용합니다. 그것은 모든 것에 영향을 미치고, 그것 자체가 영원히 지속합니다. 그것은 하나이고, 역이고, 수학의 원리이고, 우주 가운데 모든 것을 다스립니다. 예수님이 하나님의 나라를 자라는 씨앗과 누룩에 비유했을 때, 이 원리를 사용하셨습니다. 모든 것은 변화를 따를 수밖에 없습니다. 성장과 쇠퇴의 개념은 살아있는 유기체의 메타포에서 온 것인데, 도덕적이고 윤리적인 가르침에도 적용됩니다. 예수님은 말씀하셨습니다. "누구든지 첫째가 되고자 하면, 그는 모든 사람의 꼴찌가 되어서 모든 사람을 섬겨야 한다"(막 9:35). "너희 가운데서 으뜸가는 사람은 너희를 섬기는 사람이 되어야 한다. 자기를 높이는 사람은 낮아지고, 자기를 낮추는 사람은 높아질 것이다"(마 23:11-12).

이런 역설적 언명들은 변화와 변혁의 원리와 조화할 수 있는데, 그것들은 뒤집힘(reversal)의 자연의 법칙에 근거하고 있기 때문입니다. 끊임없이 변화하는 세계에서, 행동의 가치와 규범은 지속되는(steady) 것이 아닙니다. 예수님은 외부의 도덕적 법칙, 십계명을 내면의 도덕률로 확장해서 심화시켰는데, 그것은 하나님을 사랑하고 네 이웃을 네 몸과 같이 사랑하라는 계명으로 요약됩니다. 사랑은 역, 즉 하나의 원리가 되어서, 생명의 모든 적이고 윤리적인 측면을 다스리게 됩니다. 역 자체는 변화 속에 있으면서도 변하지 않는 것과 같이, 사랑은 기본적인 도덕률을 내면화하는 변화의 양태들 가운데서도 변하지 않습니다.

예수님은 세계관이 정태적이고 절대적인 시대에 사셨지만, 상대성과 변화의 세계를 틀림없이 인식하고 계셨습니다. 예수님은 세계에 대한 전환기적 관점을 받아들였기 때문에 제자들에게 매일을 만족하면서 살고 내일 일을 염려하지 말라고 합니다. 내일 일은 그날 다루면 됩니다. 예수님은 더욱이 제자들에게 세상에 휩쓸리지 말라고 했는데, 왜냐하면 세상은 계속해서 변하기 때문입니다. 예수님의 중심 메시지는 하나님, 신적 활동을 믿고 살라는 것인데, 그것은 변화 자체의 일이라고 부를 수 있습니다. 따라서 자신의 안전을 변하지 않는 것에 놓으려는 이들은 변화하는 세상에서 진정한 안전을 찾을 수 없습니다.

그러나 교회는 예수님 자신이 변하지 않는 실재로 인정했던 제일 원리인 변화를 인식하는 데 실패했습니다. 예수님은 자신이 절대자란 주장을 부정했지만, 교회는 그분을 절대적이게 만들었습니다. 4, 5세기에 교리가 만들어지는 과정을 보게 되면, 예수님의 본질적인 메시지를 오해해서 이런 문제가 생긴 것을 알 수 있습니다. 변화는 세계에 존재하는 만물들의 규범입니다. 변화하는 세계에서 절대적인 것은 있을 수가 없고, 절대적 교리는 만들어서는 안 됩니다. 모든 것은 역 때문에 변화하지만, 역 자체는 변하는 세계에서 변하지 않습니다.

변화하는 과정의 비밀을 이해하기 위해서는 변화의 내면적 의미 속으로 들어가야 합니다. 소우주적 차원, 원초적 현실의 차원에서 발견되는 성장과 쇠퇴를 통해서 역의 비밀을 찾아봅시다. 에너지의 변화를 다루는 입자들의 세계로 가 봅시다. 입자들은 드러남의 세계의 소우주적 단위들이기 때문입니다. 이런 점에서 현대 과학은 예수님의 가르침을 오랜 세월 오해했던 것을 새로운 해석으로 교정하게 해 주는 예언자입니다. 예수님의 가르침을 조명할 수 있는 하나의 원리는 물질적 에너지를 해체하는 '엔트로피'(entrophy)와 초물리적 에너지를 조직화하는 '네겐트로피'(negentrophy)와 연관됩니다. 엔트로피는 폐쇄적 시스템 안에서 늘 증가하는데, 유기체적인 실체(the organic entities)는 해체되는 성향이 있기 때문입니다. 보다 단순한 차원으로 떨어져서 마침내 가장 낮은 차원의 물리적 에너지(열)에 도달하는데, 요소적 입자로 퍼져서 어떤 질서도 없이 나뉘어 온도도 같아집니다. 엔트로피가 최대에 도달한 상태에서는 어떤 변화도 일어나지 않습니다. 변화는 다른 종류의 에너지가 있을 때만 일어납니다.

그러나 우주 안에서 상반된 경향이 있는데, 이것을 '네겐트로피'라고 부릅니다. 네겐트로피는 더욱더 통일성의 강력한 표현을 유지하는 복합적이고 불가능한 조직들을 만들어 가는 조직화의 경향입니다. 살아있는 조직과 살아있는 존재들의 초조직체들과 사회들은 네겐트로피 원리의 예들입니다. 해럴드는 '엔트로피'라는 개념이 그리스어의 '트로프'(trope)에서 왔는데, '방향을 전환하다'나 '변한다'의 의미를 가지고 있습니다.[1] '엔트로피'나 '네겐트로피'는 변화의 두 유형이고 방향 전환의 두 방식입니다. 우주는 양쪽을 다 갖고 있습니다. 이것을 주역적 관점과 연결시킨다면, 엔트로피는 대칭을 향한 운동이고, 네겐트로피는 비대칭적 운동입니다. 음과 양이 완벽한 균형의 상태에 있을 때는 변화는 일어나지 않습니다. 변화가 생기는 것은 음양의 불균형에서 오지만, 균형의 상태를 회복하려는 경향도 있습니다.

---

1 Preston *Harold, The Shining Stranger: An Unorthodox Interpretation of Jesus and His Mission* (The Wayfarer Press, 1967), 194.

그래서 양쪽의 힘은 변화의 세계에서 작용합니다.

예수님의 가르침에서도 동일한 두 원리가 작용합니다. 즉, 해체하는 엔트로피의 원리와 통합하는 네겐트로피의 원리입니다. 엔트로피의 원리는 예수님이 죽은 자로 죽은 자를 장사하게 하고, 너는 나를 따르라고 할 때 나타납니다. 예수님은 자신을 혈연관계와 일치시키지 않았습니다("누가 내 어미요 형제냐? 나에게 오는 자는 아비와 어미를 미워해야 한다"). … "세상 것들을 버려라"("네가 가진 것을 모두 팔아라"), "명예와 권력을 향한 야망을 버려라"("이방인들의 지도자와…너희들 가운데서는 그렇지 않다"). 일반적으로 신체적이고 자아중심적인 삶에 속한 모든 것을 버리라고 말씀했습니다.[2] 네겐트로피의 원리는 이웃을 네 몸과 같이 사랑하고, 그들을 사랑한 것 같이 각자를 사랑하라고 말할 때 적용됩니다. 그들이 그분 안에 거하고, 그가 그들 안에 살고, 그들이 모두 하나라는 것을 제자들이 깨달아야 한다고 말할 때입니다. 두 원리는 변화, 즉 역의 위대한 원리의 두 측면입니다. 네겐트로피가 일으키는 운동이 대변하는 자아의 통합은 초자아를 만들어 갑니다. 보다 고차원의 실체는 서로 안에서, 그리스도 안에 거하는 사랑하는 자아들로 이루어집니다. 그러나 해체의 원리가 작동할 때, 자아를 추구하는 구조가 부서지고 모든 것이 같은 원초적 대칭으로 물러갈 때만, 이런 일들이 일어납니다. 따라서 물리적 에너지는 동질적인 차원으로 해체되고 초물리적인 영적인 에너지가 다시 모아져서 통합됩니다. 여기서 우리가 찾는 변화의 과정의 비밀을 발견할 수 있습니다. 비밀은 자아가 해체되는 순간에 나타나는 역설 속에 있습니다. 진정한 통합을 찾아야 하는데, 자신을 잃게 될 때 진정한 자아를 발견하게 됩니다.

---

2 마 12:49, 눅 14:26, 마 19:21.

지금 해럴드로 돌아가면, 알파 세트에 있는 긍정과 부정 두 원리의 상보성을 발견합니다. 알파 세트는 상반된 것의 상보성을 통해 일어나는 역의 원리에 근거합니다. 에너지가 해체되는 변화는 다시 조직되는 변화를 전제합니다. 따라서 발전은 퇴보와 함께합니다. 해럴드는 에너지의 재조직화는 에너지의 해체와 균형을 이루기 위해서 발생한다고 생각합니다. 밥콕은 해럴드의 견해를 옳게 해석해서 이렇게 말합니다.

> 해럴드는 엔트로피(해체)의 측정이 어떻든 그것은 네겐트로피(조직)에 상응하는 것이라고 보았습니다. 엔트로피는 분명하고 그렇기 때문에 긍정적 측정입니다. 네겐트로피는 대부분 분명하지 않은 효과인데, 살아있는 유기체적 조직의 반 엔트로피적 특징이기 때문입니다. 이것은 씬트로피(syntropy)의 개념으로 측정되는 상보적 행동을 통해 이루어지는 하나 효과(One effect)의 특징을 드러냅니다.[3]

여기서 해럴드의 견해는 완전하게 역의 원리와 조화를 이루는데, 성장은 쇠퇴를 전제하고, 쇠퇴는 성장을 전제합니다. 어떤 것이고 일방적인 것은 아닙니다. 모든 것은 그것의 짝을 전제합니다. 따라서 에너지의 재조직은 해체의 본질적 부분입니다. 엔트로피를 양으로 네겐트로피를 음으로 생각한다면, 양의 성장은 음의 쇠퇴를 동반합니다. 밤은 정오에서 시작되고, 낮은 한밤중에서 시작됩니다. 에너지의 완전한 해체는 가능하지 않습니다. 그러므로 엔트로피의 최고치가 아니라 적정한 정도를 찾아야 합니다. 엔트로피의 적정치 속에서, 엔트로피와 네겐트로피 사이의 조화와 협력이 가능

---

3 Preston Harold, *The Single Reality*, 156-166.

합니다.

조화는 자기 사랑과 다른 방향의 사랑, 혹은 에로스와 아가페 사이의 평형 속에서 발견됩니다. 아가페의 사랑은 사랑을 받는 자를 위해서 자기를 내어주는 사랑입니다. 그러나 아가페의 순수한 사랑은 가능하지 않습니다. 게다가 그런 순수한 사랑의 유형은 그것이 자기 사랑으로 보완되지 않으면, 좋지 않습니다. 자기를 사랑하는 것은 자기를 내어주는 순수한 사랑이 배경이 되어야 합니다. 순수한 사랑의 동기에 대해서 앤더스 니그렌이 『아가페와 에로스』란 책에서 진술했지만,4 그것은 역의 원리로 본다면 불가능하고 비현실적입니다. 에로스의 사랑을 부정하는 것은 잘못인데, 에로스는 타자에게 대항함으로써 자신을 통합하려고 하기 때문입니다. 에로스 사랑은 아가페 사랑의 본질의 일부인데, 아가페는 에로스를 위해서 본질적인 것입니다. 아가페와 에로스는 서로 상생적입니다. 에너지의 해체는 에너지의 조직을 위해 필연적인데, 자신을 사랑하는 것은 남을 사랑하기 위해서 본질적입니다. 이런 종류의 관계는 삶의 모든 영역에 적용됩니다.

에너지의 재조직은 에너지 해체의 본질적인 일부이기 때문에 해럴드는 사랑의 세 번째 법칙에 해당하는 제삼의 원리를 제시했습니다. 밥콕은 이렇게 해석합니다.

해럴드는 제삼의 원리의 작동과 과정을 소개합니다. 에너지는 부정적이고 분명하지 않은 개념으로 해체되고, 쉬고, 재조직됩니다(나는 여기에서 부정적인 물리적 에너지를 말하는데, 해럴드의 견해에서는 그것이 긍정적 에너지를 조직

---

4 Anders Nigren, *Agape and Eros* (Philadelphia: Westminster Press, 1953), trans. by Philip S. Watson.

합니다). 이런 과정 전체를 통해서, 전체 속에서 우주적 표현에서 다르고 적정한 방식으로 표현되도록 재조직됩니다. 그래서 조직, 해체, 재조직이 일어납니다.[5]

이런 변화의 세 차원은 변화의 과정을 완성시킵니다. 이미 지적한 대로, 변화의 과정에서 기본적 양극화는 생식의 새로운 차원에서 변화 자체를 완성시킵니다. 다시 말해, 음양과 긍정과 부정의 상호 작용은 본질적 실체를 이루고 자식을 전제하게 되는데, 변화는 늘 창조와 생식의 과정을 동반하기 때문입니다. 따라서 삼위일체의 원리는 만물 가운데 변화의 패러다임입니다. 삼위일체는 기독교에서 신적 속성의 기본적 단위이고, 주역에서는 괘를 이루는 기본 요소인 소성괘이고, 해럴드에게는 에너지의 원초적 단위를 설명하는 긍정, 부정, 중성의 개념입니다.

사랑의 개념에서 삼위일체가 작동하는 것을 또한 보게 됩니다. 예수님의 가르침에는 사랑의 기본적 두 명령이 있지만, 그것들 속에는 그것들을 완성시켜 주는 다른 것이 있습니다. 사랑의 위대한 계명들을 분석해 봅시다. 예수께서 말씀하셨습니다. "'네 마음을 다하고, 네 목숨을 다하고, 네 뜻을 다하여, 주 너의 하나님을 사랑하여라' 하였으니, 이것이 가장 중요하고 으뜸가는 계명이다. 둘째 계명도 이것과 같은데, '네 이웃을 네 몸과 같이 사랑하여라' 한 것이다"(마 22:37-39). 사랑의 첫 계명은 원초적(위대한) 조직을 목적하는 가르침에 비유할 수 있습니다. 따라서 이것은 큰 계명입니다. 큰 자아를 향해서 자아를 조직하는 과정이고, 하나님을 향해 사람을 조직하는 것이고, 그것이 바로 인간의 본질입니다. 이것은 자아와 큰 자아의 원초적

---

5 Winifred Babcock and Gene Nameche, ed., "A Pitcher of Water" (Unpublished Manuscript based on Wainwright Center seminars in 1971). It is available from Harold Institute.

통일성이 틀림이 없는데, 내면의 자아와 외재적 자아의 통일입니다. 하나님을 사랑하는 것은 원초적 자아, 우주적 자아, 우리 존재의 근원을 사랑하는 것을 의미합니다. 따라서 사랑의 첫째 계명은 자아의 원초적 조직입니다. 사랑의 둘째 계명은 제삼의 계명을 포함합니다. 그것은 이웃을 사랑하는 것만이 아니라 자신을 또한 사랑하는 것입니다. 타자나 이웃을 사랑하는 것은 자신의 에너지를 해체하는 것이고, 그것은 다른 사람들을 위해서 펼치는 것입니다. 이것은 자기를 주는 사랑인데, 남을 위해서 그렇게 합니다. 이렇게 자신을 나눠주는 사랑에서는 자신을 해체하게 됩니다. 그러나 이런 해체는 자신을 통합함으로써 균형을 잡게 됩니다. 에너지의 해체, 엔트로피는 네겐트로피를 통해 다시 균형을 잡는 것과 같이, 자신을 내주는 사랑은 자신을 확증해 주는 사랑으로 다시 균형을 잡습니다. 따라서 예수님은 "이웃을 네 몸과 같이 사랑하라"고 말씀하셨습니다. 다른 이들과 함께 자신을 사랑하기 위해서는 첫 계명의 원초적 조직을 다시 조직해야 합니다. 자기사랑만이 내향적입니다. 자기사랑이 두 번째 계명으로 정정이 되는데, 이웃사랑은 외부 방향의 사랑이고, 자기사랑과 이웃사랑의 둘은 내면의 방향인 첫째 계명 안에서 완성이 됩니다. 그것은 상향의 사랑(*upward*-directed love)입니다. 셋 중의 하나인 역의 원리는 전진(*forward*)의 방향을 제시합니다. "씬트로피(syntropy, 재조직)는 그러므로 원초적 에너지 재조직의 방향에서 균형 잡힌 작동과 발전을 의미합니다."[6] 따라서 자신을 사랑하는 것, 즉 사랑의 세 번째 명령은 사랑의 씬트로피의 일부로서, 하나의 자아를 사랑받는 자들과 함께 재조직하는 것인데, 사랑의 원래적 형태를 회복하는 것이고 우주적 자아를 사랑하는 것입니다.

---

6 Preston Harold, *The Shining Stranger*, 166.

이런 빛에서 본다면, 해럴드가 해석하는 대로, 엔트로피의 법칙을 사랑의 법칙에 비유할 수 있습니다. 사랑은 사랑받는 자를 위해서 심리적 에너지를 소비하는 과정입니다. 서로 사랑하게 되면, 정태적 심리적 패턴은 해체됩니다. 그러나 동시에 진정한 인간됨의 패턴이 조직됩니다. 그러므로 자기를 사랑하기 때문에 다른 사람을 사랑해야 하고, 자신의 진정한 자아, '나'를 위대하게 표현해서 공명시켜야 합니다. '나'는 현실을 지탱하는 변화의 원리이고 변화의 법칙과 조화하면서 작동하기 시작합니다. 사랑의 패턴은 끊임없이 조직하고 해체하고 다시 조직하는 것입니다. 사랑의 관계가 지속된다면 말입니다. 사랑은 정체되어 있을 수 없습니다. 사랑이 표현되는 패턴이 어떻든지 간에, 사랑은 자라고 쇠퇴합니다. 삶을 가장 만족스럽고 가장 존귀한 상태로 유지하기 위해서 늘 변화하는 삶의 패턴에 따라서 삶을 다시 배열하여 표현합니다. 사랑의 관계가 변화의 원리에 따라 작동하게 될 때, 사랑은 변화하는 것들 가운데 변화하지 않는 변화 자체가 됩니다.

변화의 삼위일체적 원리는 시작부터 우리의 삶에 영향을 미칩니다. 태어나면서 조직화 됩니다. 이것이 생명의 에너지의 첫 번째 조직 원리입니다. 탄생할 때 자아는 원초적으로 조직되고, 외부 자아는 내면의 자아에 상응하게 됩니다. 이것이 바로 예수님이, "어린이들이 내게 오는 것을 허락하고, 막지 말아라. 하늘 나라는 이런 어린이들의 것이다"(마 19:14)라고 말한 이유입니다. 여기서 예수님이 어린이들을 불러서, 그들은 참된 자아의 영역인 내면의 왕국과 아주 가깝다고 말한 이유를 알 수 있습니다. 사람이 태어날 때는 의식과 무의식, 외부 자아와 내면의 자아 사이의 진정한 차이가 없습니다. 이것이 바로 삶에서 원래 에너지가 원초적으로 통합되는 순간입니다. 그러나 태어날 때 가졌던 원초적 조직이 자라면서 해체되기 시작합니다. 자람의 과정은 문명의 발전과 같이, 원초적 에너지를 외부 자아를 위해서 소비하는 과정입니다. 달리 말해, 사람은 자라면서, 자신의 에너지의 원초 조직을 해체합니다. 따라서 열역학의 두 번째 법칙, 즉 엔트로피가 살아가는 동안 작동합니다. 에너지의 해체는 죽음과 함께 정지하고, 환생 과정을 위해 재조직을 시작합니다. 이런 재조직의 과정은 제 삼의 원리인데, 죽음을 따라서 작동하게 됩니다. 죽음 이후에 생명에 접근하지 못하는 한, 죽음 이후에 작동하는 재조직의 과정을 증명하기는 어렵습니다. 그러나 재조직의 과정은 살아있는 동안에는 명확하게 드러나지는 않지만 계속 작동합니다. 이것은 초물리적 에너지와 연관되기 때문에 신체적 몸이 죽음으로써 중단된다고 생각할 이유는 없습니다. 자아가 다음에 다시 몸을 입고 태어나기 위해서, 외부적 형태로 내적인 것을 표현하기 위해서 이런 작동은 계속됩니다. 환생의 과정은 카르마의 힘을 통해서 흩어졌던 요소들을 다시 모으는 것입니다. 이런 방식으로 생명의 재조직은 가능합니다. 따라서 변화의 삼위일체의 원리는 탄생해서 죽을 때까지 작동하고 죽어서 환생할 때까지도 작동합니다.

변화하는 세계의 비밀이 조직, 해체와 재조직의 원리에 있다면, 이런 원리의 빛 속에서 역사를 볼 수 있습니다. 역사를 일직선의 방향 운동으로만 보는 것은 왜곡된 견해입니다. 역사는 삼위적 원리에 순종하는데, 역사 또한 자연적 과정의 일부이기 때문입니다. 역사는 에너지가 해체하는 것으로 시작해서 다시 조직되는 에너지가 변화하는 같은 패턴을 따르지 않으면 안 됩니다. 많은 서양의 역사가들이 인간의 의식이 역사 속에서 고도의 차원으로 무한정 진화를 주장하는 것은 비현실적입니다. 인간의 의식의 역사는 떼아르 데 샤르뎅이 묘사하는 대로, 계속 올라가는 화살로 상징화할 수 있지만, 역의 삼위일체적 관점에서 재검토해야 합니다. 역사는 시간의 종이고, 시간은 또한 변화의 종이기 때문에 역사는 변화의 패턴들과 함께 움직이지 않을 수 없습니다. 따라서 역사는 원의 형태로 움직이는 것이지, 직선으로 움직이는 것이 아닙니다.

태초에 역사의 원초적 조직이 있었습니다. 창세기의 시작에서 유대교와 기독교의 역사를 보게 되면, 아담과 이브의 타락 전에 묘사된 창조의 과정을 볼 수 있습니다. 그것은 역사의 원초적 기간에 대한 묘사입니다. 이 기간은 유대 기독교의 신앙이 조직되기 시작하는 시간입니다. 원초적 역사의 조직이 창조의 과정에서 이루어진다면, 피조물들의 해체가 아담의 타락과 함께 시작되고, 홍수의 시간이 올 때까지 계속됩니다. 노아와 함께 인류의 새로운 삶이 시작됩니다. 따라서 원역사의 재해석은 반복됩니다. 통합과 해체, 재통합의 같은 패턴이 기독교의 역사 속에서 다시 일어납니다. 기독교의 역사를 본다면, 기독교의 원초적 조직은 예수님의 가르침과 죽음을 통해서는 물론, 그분 제자들의 사역을 통해서 이루어졌습니다. 이 기간을 기독교의 형성시기라고 부릅니다. 그때 바로 해체의 시간이 시작되고 우리는 여전히 해체의 기간에 있습니다. 해체는 대항 운동을 전제하는 것이고, 그것은 재조직 운동입니다. 기독교의 재조직 과정은 원초적 조직을 회복하려는 시도입니다. 발전의 측정을 '씬트로피'(syntrophy)로 본다면, 원초적 기독교의 해체는 기독교 왕국의 발전에 비례합니다. 즉, 기독교 왕국이 강화되면 강화될수록, 원초적 기독교는 더욱더 해체되는 과정을 거치게 됩니다. 기독교란 종교가 성장하면 성장할수록, 기독교의 정신은 더욱더 해체됩니다. 그러나 변화의 원리는 기독교가 원초적, 원형적 형태를 회복하는 방향으로 나간다는 것을 확증해 줍니다.

분명하게 계시록에서 묘사된 역사의 끝은 옛것들이 새로워지는 것이고, 그것은 원초적 기독교의 재구성입니다. 역사의 끝은 끝이 아니고, 옛것들이 끝나고 일어나는 새로운 시작입니다. 계시록에서 새로운 시각으로 옛것들의 이미지들을 볼 수 있습니다. 그래서 이렇게 기록됩니다. "보아라, 내가 모든 것을 새롭게 한다"(계 21:5). 이것은 결국 옛 하늘과 옛 땅을 새롭게 하는 것입니다. "나는 새 하늘과 새 땅을 보았습니다. 이전의 하늘과 이전의 땅이 사라지고, 바다도 없어졌습니다. 나는 또 거룩한 도성 새 예루살렘이, 남편을 위하여 단장한 신부와 같이 차리고, 하나님께로부터 하늘에서 내려오는 것을 보았습니다…"(계 21:1-2). 여기서 말하는 것은 완전히 다른 새로운 세계를 말하는 것이 아닙니다. 옛것들이 새로워진 것입니다. 이것은 재창조의 이야기이고, 원래의 세계가 재조직된 것입니다. 이런 방식으로 세계의 역사는 원초적 조직, 해체, 재조직의 같은 패턴 속에서 움직입니다. 이런 변화의 패턴 속에서 역사는 새로운 세계를 창조하는 것이 아니라, 옛 세계를 새로운 차원에서 다시 파악하는 것입니다. 따라서 이런 과정은 갱신의 과정입니다.

외부 역사는 내면의 역사에 의해서 규정됩니다. 해럴드에 의하면, 변화의 '내면의' 작용은 중성적 에너지의 단위로 이루어집니다. 그것은 부정(-) 에너지 하나와 긍정(+) 에너지 하나로 이루어집니다. 이것들이 쉼의 상태에서는 다섯 개의 중성자로 해체됩니다. 그는 이것을 이렇게 쓰고 있습니다.

시간의 작동은 에너지의 모든 완벽한 표현의 십분의 일을 취하게 됩니다. 에너지는 긍정에서 부정으로 다시 중성적 표현으로 움직입니다. 그러나 시간의 반응에서, 긍정과 부정의 가치가 퍼져나가면서, 정지 상태에서는 다섯 개의 중성자가 됩니다. 그때 공간에서 창조적인 잠재성은 증가하게 됩니다. 우리의 견해로는 파괴될 수 없는 중성자가 에너지의 마지막 분열을 일으킵니다. 이것은 이루어지지 않을 수 없었던 과거입니다. 아직 이루어지지 않은 광자, 즉 빛은 미래에 속해서 "늘 이루어지는 것"이고, 아직은 늘 "이루어지지 않은" 것입니다. 왜냐하면 이루어지는 행위 속에서 미래는 과거로 흘러가 버립니다. 중성자, 즉 과거와 광자 즉 미래, 이 둘은 빛의 독특한 속도로 행동하는데, 다른 속도들과 겹쳐지지는 않습니다. 그것들은 속도를 정하게 되고 시간의 속도를 유지합니다. 광자는 잠재적인 중성자로 "녹아 들어가게 될" 때, 미래는 과거로 "녹아 들어가게" 되며, 에너지는 해체되고, 그때는 더 이상 작동하지 않습니다. 그러나 중성자 세 개가 광자를 이루게 될 때, 에너지는 재조직되고, 열을 발생하게 되는데, 그 속에서 미립자적 개념으로 불리는 것이 일어납니다.[7]

시간은 이런 해체 과정을 측정하는 것입니다. 따라서 엔트로피는 시간을 움직이고, 시간은 역사를 가능하게 합니다. 에너지의 해체 과정은 해체되는 중성자가 재구성됨으로써 대항 균형을 이루게 됩니다. 재구성은 전체의 균형과 통일을 유지하기 위해서 꼭 필요합니다. 따라서 엔트로피는 씬트로피를 전제하는데, 그것이 바로 재구성의 과정입니다. 우주의 내면의 역사는 중성자의 활동과 반응에 비유할 수 있는데, 원초적인 구성과 해체와 재구성의 삼위적 패턴에서 외부적 역사로 가게 됩니다. 삼위적 과정의 끊임없는 재현은 세계를 한 단계에서 다른 단계로 내면의 왕국, 내면의 조화와 균형의 종국을 향해서 전진하게 됩니다. 즉, 이것이 씬트로피의 가장 적절한 역동적인 균형을 가능하게 합니다.

---

7 Preston Harold, *The Shining Stranger*, 299.

제 **11** 장

내면의 시간

내면의 시간은 인간의 문명에서는 매우 중요합니다. 시간의 정확성은 행동과 행태의 정확성을 알려줍니다. 시간은 삶을 규제하는 요소입니다. 시간은 종종 도덕적인 위치를 가늠해 주는 재판관입니다. 시간에 불순종하는 것은 자신들을 비도덕적이게 만듭니다. 시간에 불순종을 하게 될 때, 시간은 부정직하고 믿을 수가 없다고 판단을 내려줍니다. 시간은 어떤 실체로 대상화 하는데, 존재에 선행하는 것입니다. 시간은 존재를 재는 잣대이기 때문에 아무도 시간을 피할 수가 없습니다. 시간이 우리에게 맞추는 것이 아니라 우리가 시간에 맞추지 않으면 안 됩니다. 우리는 시간의 대상이 되고, 시간은 우리의 주인이 됩니다. 시간은 인간 존재에 대한 우위를 주장하게 됩니다.[1]

---

1 현대 철학자 중에서 실존주의와 연관을 갖기도 하고 고대의 존재론적 질문을 재론한 것으로 유명한 하이데거의 『존재와 시간』을 떠올리게 된다. 서구 철학의 전통을 새롭게 논의하기를 주창한 그의 주저는 "존재가 시간보다는 앞서고 우위에 있다"는 것을 보여 준다. 이런 측면에서 본다면, 이정용은 서구 전통에 서 있지 않은 동양적 전통의 철학적 사유를 보여주고 있지만, 하이데거에 동의할 수 있을 것이다. 그는 시간은 존재로부터 독립된 실체가 아니라는 것을 밝히고 있다. 이정용은 존재보다 관계를 앞에 놓지만, 시간 이 존재를 압도한다고 보지는 않는다. 내면의 과정의 패턴을 이리 논의하는 것은 내면의 세계와 외재적 세계의 연합과 선후의 관계를 질적인 차이가 아닌, 본질적이고 실존적인 관계로 연결하면서, 연속성과 전체성을 지향하는 신비적 사유를 추구하고 있기 때문이다. [역주]

정말로 시간은 우리를 다스릴 수 있는 어떤 내면의 속성을 가지고 있는 것일까요? 예수님은 시간이 인간 존재가 피해 갈 수 없는 자신의 일부라는 것을 알았습니다. 그러나 예수님은 시간을 인간이나 다른 생명을 관장하는 절대적인 힘으로 인정하지는 않습니다. 시간이 우리 자신의 존재를 표현하는 절대적인 범주가 된 것은, 우리가 시간을 외재화해서 그렇게 만들었기 때문입니다. 시간 자체는 우리를 다스리는 독립적인 힘을 가지고 있지 않습니다. 바리새인들은 시간의 종이었습니다. 그러므로 그들은 안식일이 주장하는 외재화된 시간을 극복할 수 없었습니다. 예수님은 시간의 힘을 극복하셨습니다. 시간은 예수님에게 어떤 것을 요구할 수 없었습니다. 성스러운 시간조차도, 안식일까지도 사람을 위해서 봉사하기 위해서 만들어진 것입니다. 시간은 예수님에게 재판관이 될 수 없었고, 오히려 시간은 예수님의 사역을 위한 중재자가 되어야 했습니다.

무엇보다 먼저, 예수님은 시간이 공간이나 다른 존재로부터 독립을 주장할 수 없다는 것을 아셨습니다. 시간은 다른 것들로부터 분리해서 자신만의 본질을 주장할 수는 없습니다. 시간을 절대화시켜서 그런 본질을 시간에 부여한 것은 바로 우리입니다. 시간은 오히려 행동이고, 변화 자체, 하나님의 행동일 뿐입니다. 시간은 변화하는 과정의 잣대일 뿐만 아니라 카이로스, 사건의 계기요, 순간입니다. 크로노스, 즉 연대기의 시간은 카이로스, 즉 내면의 시간의 대상화인데, 시간의 비밀을 보여줍니다. 카이로스는 사건들과 변화하는 과정의 차원인데, 그것은 현재의 순간이고, 지금 당면한 시간이기 때문입니다. 카이로스의 시간은 역사의 소우주이고 구성과 해체, 재구성의 순환적, 삼위적 기능의 가장 작은 원인데, 앞 장에서 이미 언급한 적이 있습니다.

카이로스는 우주의 모든 다른 계기에 상응하는 시간이나 순간의 단위입니다. 그것은 삶의 한 차원인데, 삶은 에너지의 삼위적 행위에 따라 기능하는 단위입니다. 주역에서 시간은 또한 카이로스로 기회가 되는 순간으로 사용됩니다. "주역에서 시간은 뉴톤(Newton)이 처방하는 어떤 선험적 원리는 아니지만, 맞거나 틀리는 것은 물론 좋아하거나 좋아하지 않는 것과 관계를 맺는 사건입니다."[2] 시간은 시간됨의 관점에서 볼 수 있는 사건 자체입니다. 위대한 선불교의 선사 중의 하나였던 일본의 도원 선사(Dogen, 道元)는 시간은 존재 자체이지 다른 것이 아니라고 말했습니다. "존재-시간은 시간이 존재라는 것을 의미합니다. 모든 존재하는 것은 시간입니다. 16피트의 금동상은 시간입니다. 그것이 시간이기에, 시간의 장엄함을 보여줍니다. 지금이 바로 12시임을 배워야 합니다."[3]

시간은 개념으로 존재하는 것이 아니라 실제적 사건 속에 존재합니다. 시간은 전체로서 변화 단위입니다. 사건은 소우주적 차원에서 시간의 전체입니다. 따라서 도원 선사는 다시 말합니다, "모든 존재-시간은 시간의 전체요, 풀 잎새 하나, 모든 단일 물체는 시간입니다. 시간의 각 점은 모든 존재와 모든 세계를 포함합니다."[4] 도원은 시간의 모든 순간이 또한 모든 것이고, 그것은 변화의 과정 속에 있다는 것을 알아야 한다고 했습니다. 시간의 단일 순간, 한 점은 '시간의 양이고 시간의 한 행위인데, 그것은 세계 속에서 모든 가능한 시간의 원초적 단위입니다. 시간의 단위 하나를 알지 못하면, 역사의 외재적 시간 속에 감추어져 있는 내면의 시간의 비밀을 이해할 수 없습니다.

내면의 시간은 구체적 시간이고, 순간이나 사건의 단일한 행위 속에

---

2 『역의 원리』, 284.
3 Philip Kapleau, ed. *The Three Pillars of Zen* (Boston: Beacon Press, 1967), 297.
4 앞의 책, 298.

표현됩니다. 시간의 어떤 개념은 내면의 시간이 아니고, 시간의 왜곡된 형태인데, 사람들의 마음속에서 단지 존재하는 외부의 시간일 뿐입니다. 사건 속에서 존재하는 구체적 시간은 변화의 과정 자체이지 다른 것이 아닙니다. 이것을 통해 에너지의 통합과 해체가 규제되는 과정입니다. 원초적 시간은 에너지의 원초적 단위 속에서 이루어지는 실제로 변화하는 행동입니다.

이것을 밥콕은 알파 세트(+1 대 -1)라고 부릅니다. 알파 세트는 원초적 에너지를 보여주는데, 중성자와 각 에너지의 일도를 대변합니다. 중성자가 오른쪽으로 회전하는 전하를 띈 것(+1)과 왼쪽으로 회전하는 전하를 띈 것(-1)입니다. 원초적으로 시작하는 시간은 알파 세트에서 일어나는 실제적 변화를 다룹니다. 따라서 그것은 에너지의 원초적 단위를 따로 다루는 것이 아닙니다. 이런 의미에서 시간은 에너지와 하나이지만, 시간과 에너지는 같은 것이 아닙니다. 시간과 에너지 사이의 불가불리성은 시간이 단순한 개념으로만 존재할 수 없게 합니다. 시간은 변화의 사건입니다. 따라서 해럴드는 이렇게 말합니다.

> 시간은 자체적으로 파악되지 않는 사건으로 스스로를 보존하고 모든 사건을 꿰뚫는 모두인 하나의 에너지의 작용입니다. 시간은 제일의 부정적 힘의 흐름에 작동하는 어떤 측면들과 연관됩니다. 그리고 이런 작동의 다른 측면들이 하나의 에너지를 측정해서 사용하는 것을 허용한다고 믿습니다.[5]

원초적 시간은 원초적 에너지의 흐름이고, 변화의 원초적 단위입니다. 주역은 내면의 시간을 변화의 단위로 묘사합니다. 한문에서 시(時)는 원래

---

5 Preston Harold, *The Single Reality*, 298.

‘시간을 심는 것’을 의미합니다.6 단어의 초기 형태는 발바닥으로 이루어졌는데, 측정의 도구였습니다. 따라서 시간은 일차적으로는 운동의 구체적 단위였습니다. 시(時)라는 시간을 의미하는 단어를 분석하면, 세 부분이 모인 것인데, 해와 땅과 한 치(寸)입니다. 해는 태양이고 땅은 태음이고, 이것들이 시간, 즉 시간의 원초적 단위인 ‘한 치’란 시간을 측정하는 길이를 낳습니다. 시간의 단위는 하나님의 시간, 즉 행동의 양을 비유합니다. 행동의 삼위적 단위는 알파 세트(+1 대 -1), 모든 다른 시간의 기초입니다. 세 부분은 변화의 단위, 즉 행동의 삼위적 요소로 우주 속에서 모든 것을 만들어가는 기본 요소로 완전한 단위인 소성괘를 이룹니다.

행동의 삼위일체는 주역의 기초인데, 소성괘 두 개가 합쳐져서 내외괘를 이루게 됩니다. 그러므로 전체로서의 괘는 변화하는 과정의 단위들입니다. 달리 말해, 변화의 소우주적 단위인 괘는 외부 시간들의 기초인 소우주적 시간입니다. 왕필이 말한 대로, 괘는 시간과 시간의 변화를 효(爻)를 통해 표현합니다. 시간은 괘의 상황인데, 상황은 시간적이기 때문입니다.7 여기서 시간은 괘가 나타내는 변화의 단위입니다. 효는 변화의 단위 안에서 변화의 실제적 과정을 나타냅니다. 괘, 즉 변화의 원초적 단위 안에서 음양이 상호 작용을 해서 시간을 낳습니다. 따라서 「대전」(大傳)은 이렇게 말합니다. “역은 멀리 있는 것이 아닙니다. 역의 길은 끊임없이 영원히 변화하는 것이고, 모든 것을 변화시켜 바뀌게 됩니다. 이것은 위아래 여섯 개의 빈자리를 통해서 흘러갑니다. 음양은 서로를 변화시킵니다.”8 괘 안에서

---

6 Helmut Wilhelm, Hellmut Wilhelm, "The Concept of Time in *the Book of Changes*," in *Man and Time* (New York: Bollingen Foundation, 1957), 224.

7 『역의 원리』, 142.

8 「대전」 II:8.

변화의 운동은 상황의 원초적 단위 안에서 원초적 시간의 이행을 의미합니다. 이것은 어떤 방향으로 움직이게 됩니다. 역의 원리에 따르면, 운동은 안에서 밖으로 움직이는데, 괘로 보자면, 밑에 있는 내괘에서 위에 있는 외괘로 움직이게 됩니다. 따라서 이렇게 말합니다. "역은 초효에서 시작해서 마지막 효에서 종결됩니다."9 이런 점에서, 시간은 안에서 밖으로 움직이는 현실입니다. 이것은 내면의 시간이 외부의 시간에 영향을 미치는 까닭입니다.

첫 괘인 건괘(하늘)에서 시간 운동의 변화를 예로 들 수 있는데, 건괘는 용의 특징을 나타냅니다. 운동이 어떻게 시간의 단위로 발전해 가는지를 살펴봅시다. 초효는 괘의 가장 내밀한 부분인데, 숨어있는 용으로 상징화됩니다. 다섯 번째 효에서 용은 밭에 나타납니다. 그러나 마지막 효에서는 용은 떨어집니다. 따라서 진화의 정점은 다섯 번째 효에서 발견되고, 여섯 번째 효에서는 쇠퇴하기 시작합니다. 따라서 시간은 성장과 쇠퇴의 패턴에 따라 괘 속에서 전개됩니다. 시간 행동의 같은 원리는 세계 속에서 가장 작은 것에서 가장 큰 상황으로 일어납니다. 시간은 직진하는 것이 아니라 팽창과 수축, 성장과 쇠퇴의 원 속에서 움직입니다. 게다가 내면의 시간은 안에서 밖으로 팽창하는 반면에, 외부의 시간은 과거에서 미래로 움직입니다. 내면의 시간은 과거와 미래가 없는데, 그것은 변화하는 시간의 원초적 과정 속에서 존재하기 때문입니다. 외부의 시간은 왔다 가지만, 내면의 시간은 공간의 차원을 초월하게 됩니다. 내면의 시간은 모든 외부의 시간의 중심이자 깊이입니다. 따라서 내면의 시간은 원초적 시간이고, 하나의 시간, 즉 하나의 행동의 시간인데, 그것에 따라 모든 것이 관련됩니다.

---

9 앞의 책, II-9.

예수님 또한 내면의 시간을 말했는데, 그 시간은 안에서 밖으로 움직이고, 삶의 모든 형태에서 간단한 것에서 복잡한 표현으로 나타납니다. 예수님에게 내면의 시간은 하나님의 시간이었고, 영원한 시간이었습니다. 내면의 시간은 원초적 존재에 속하기 때문에 그것은 궁극의 시간이고 신적인 시간입니다. 한편, 예수님에게 외부의 시간은 일시적인 것으로 약속된 시간인데, 그것은 영원한 현존의 차원은 갖지 않습니다. 예수님에게서 내면의 시간은 외부로 정해진 시간 속에 감추어져 있습니다. 따라서 잠재적 시간은 자라나는 씨앗의 운동에 비유되며, 이것은 영원의 상징이고, 그것이 실현되기 위해서는 외부의 시간을 향해서 확대됩니다. 내면의 시간은 에너지의 원초적 단위 속에 존재하고, 예수님 자신이 상징하는 빛의 핵심입니다. 따라서 예수님 속에 있는 이들은 만물의 원초적 존재 속에 있는 것이고, 영원한 생명을 갖고 있습니다. 요한은 이렇게 말합니다. "그를 믿는 자는 영생을 얻었다"(요 3:15). 그를 믿는다는 것은 그 안에 산다는 것인데, 그는 빛의 핵심이고 존재의 원초적 단위입니다. 따라서 생명의 원초적 단위와 함께 있다는 것은 내면의 시간, 즉 영원한 생명 속에 존재하는 것입니다.

내면의 시간은 하나님의 시간인데, 그것은 하나님, 즉 역의 시간이기 때문입니다. 따라서 그리스도를 믿는다는 것은 시간 속에서, 그에게 영생을 가져오는 그리스도 안에 있는 것입니다. 따라서 "그리스도 안에 있다는 것은 영원 속에 있는 것입니다. 영원한 삶은 '나' 안에 영원한 하나님이 현존하는 것이고, 하나님의 현존 안에 내가 있는 것입니다."[10] 나 속에서 하나님의 현존은 내면의 시간입니다. 따라서 예수님은 우리에게 그분 안에서, 그분의 '나' 안에 우리가 거해야 한다고 가르치셨습니다. 그것은 그분처럼, 우리가

---

10 『'나': 기독교적 인간 이해』, 145.

내면의 시간 안에 있어야 하는 것입니다. 내면의 시간은 외부의 시간의 모든 차원을 갖고 있습니다. 그것은 과거, 현재, 미래의 초점입니다. 영원 속에, 내면의 시간 속에 있다는 것은 모든 다른 시간 속에서 존재하는 것입니다. 따라서 '나' 속에서 시간의 중심을 발견하는데, 그것은 "알파와 오메가, 처음과 나중이다"(계 21:6). '나'는 다른 모든 시간을 붙잡고 있고 발전시킵니다. 영원은 안에서 밖으로, 시작에서 끝으로, 알파 세트에서 오메가 세트로 나가게 됩니다. 따라서 영원은 시간성의 근본이 되고, 내면의 시간은 영원한 시간의 기초입니다. 영원은 모든 시간의 깊이이고, 그것은 변화하는 과정의 원초적 단위입니다.

변화하는 과정의 양자(quantum)로서 내면의 시간을 생각한다면, 이미 밝혀온 대로 그것은 단순한 개념이 아닙니다. 시간은 사건이어야만 하는데, 사건 자체로서는 잘 파악되지 않습니다.[11] 달리 말하면, 모든 것은 내면의 시간의 차원을 갖습니다. 왜냐하면 모든 것은 시간에 속해 있기 때문입니다. 모든 존재와 되어감의 깊이에서 내면의 과정이 있는데, 그것을 통해서 모든 것이 생겨납니다. 내면의 시간은 실체와 과정의 차원입니다. 시간은 모든 존재와 만나는 본질적 접촉점을 차지하게 됩니다. 시간은 존재의 사차원이 됩니다. 이것은 "아인슈타인이 공간의 자리에 시공간을 주었다"[12]라고 하는 까닭입니다. 여기에서 공간만으로는 존재를 설명하는 충분한 차원을 제공할 수 없다는 것을 알게 됩니다. 시간은 사물들이 존재하게 하는 구체적

---

11 Preston Harold, *The Shining Stranger: An Unorthodox Interpretation of Jesus and His Mission* (The Wayfarer Press, 1967), 298.

12 John A. Wheeler, "Our Universe: The Known and Unknown," in *American Scientist*, Vol. 56, No. 1, Spring 1968, 1-20. Preston Harold, *The Single Reality*, 253에서 재인용.

인 구성물입니다. 공간 안에서 활동하는 것은 시간입니다. 시공간의 연속체는 양자 역학에 의해서 실현되는데, 깊이에서 알려지게 됩니다. 내면의 공간은 내면의 시간에 속하고, 내면의 시간은 내면의 공간에 속합니다. 그것들은 상호 간에 독립적입니다. 내면의 공간은 원초적 에너지의 기본 단위이고, 차원으로 표현됩니다.

따라서 존 윌러는 "공간은 수백만의 작은 방울을 만들고, 더욱 가까이서 본다면, 방울들은 계속해서 터지고 새로운 방울들을 만들어 간다"[13]고 말했습니다. 방울들이 터져서 공간 에너지의 원초적 단위 속에서 이루어지는 변화의 소우주적 과정에 반응하게 됩니다. 그것들은 광자의 엔트로피의 해체와 씬트로피의 재구성을 의미합니다. 밥콕은 "방울들은 빛(하나의 긍정 단위)이고, 구멍들은 검은데(하나의 부정 단위), 쉬는 상태에 있는 중성자 에너지는 방울들과 구멍들을 연합하게 하는 '수영장'입니다. 즉, 수영장은 공간을 알고 경험하는 대로, 공간의 형식을 갖게 하는 촉매의 역할을 하게 됩니다"[14]라고 말했습니다. 소우주 이하의 차원에서, 방울과 구멍은 에너지의 긍정과 부정의 단위입니다. 둘의 결합은 서로 당기는 힘을 만들고, 이것들을 당겨서 시공간의 통일성을 생기게 합니다. 시공간의 개념에서, 공간과 시간은 분리될 수 없습니다. 그러나 원초적 시간이 공간과의 관계에서 무엇인지를 정의해 봅시다.

원초적 시간은 시공간의 연속체에서 공간이 아닌 무엇입니다. 따라서 맨 먼저 원초적 공간의 단위를 검토해야 합니다. 시간의 원초적 단위가 무엇인지를 이해하기 위해서입니다. 공간은 존재의 삼차원적 측면을 다룹니다.

---

13 앞의 책, 254.

14 Preston Harold, *The Shining Stranger*, 255.

삼차원의 개념에서 공간의 개념은 중국 송대의 정이(程頤, Ch'eng I)가 분명하게 밝혔습니다. 그는 이렇게 말합니다. "음양이라고 부르는 것들은 어디에나 존재합니다. 예를 들어서 앞과 뒤를 생각해 봅시다. 앞은 양이고 뒤는 음입니다. 양쪽을 생각해 봅시다. 왼쪽은 양이고 오른쪽은 음입니다. 다시 위, 아래를 생각해 봅시다. 위는 양이고 아래는 음입니다."[15] 여기에서 삼차원의 공간은 앞뒤, 좌우, 상하, 즉 공간의 원형적인 입체인 공을 나타냅니다. 삼차원은 만물의 특별한 존재를 묘사할 수 있습니다. 비록 그것들은 변화하는 현상의 과정을 측정할 수는 없다고 해도 말입니다. 모든 것은 계속적으로 변화하는 가운데 있기 때문에 안에서 밖으로, 과거에서 미래로 변화하는 차원이 없이는 전체로서의 사물들을 묘사할 방법이 없습니다. 달리 말해, 공간만으로 정체되어 있는 우주를 묘사하기는 충분하지만, 역동적으로 변화하는 우주를 묘사하는 것은 적당하지 않습니다.

여기서 시간은 공간의 특징인 변화하고 진화하는 과정을 다루는 것을 분명하게 볼 수 있습니다. 그러므로 시간은 변화하는 우주 때문에 생기게 되는 공간의 본질적 차원입니다. 주역은 궁극적 실재인 변화를 전제하기 때문에 시간은 만물의 본질적 범주입니다. 변화하는 것과 시공간은 유추될 수 있습니다. "33괘인 둔(遯, 물러감)에 대해 단전은 이렇게 말합니다. 강함은 마땅히 그 자리에 반응한다. 따라서 시간에 따라 움직인다"(剛當位而應與時行也).[16] 여기서 시간은 존재의 차원이라기보다는 생성의 차원에 속합니다. 시간은 모든 되어감 속에 있고, 모든 것은 되어감이고, 시간은 모든 것이기 때문입니다. 여기서 다시 시간은 공간의 배경이고, 공간은 시간의

---

15 정이, 「역전」(易傳, I-Shu[유고집]), XV; 7b, 『역의 원리』, 67.
16 『역의 원리』, 94.

앞면입니다. 공간은 존재하지만, 그 안에 있는 모든 것은 이렇게 저렇게 변화합니다. 시간 자체는 독립적으로 존재하지 않지만, 모든 변화는 그것이 변화한다는 것을 전제합니다. 달리 말해, 공간은 시간을 포함하고, 시간은 공간 속에 있는 모든 것을 변화시키고, 그것들과 떨어질 수 없습니다. 시간은 공간의 역동적인 차원 이외의 다른 것이 아닙니다. 공간은 시간의 정태적인 측면입니다.

해럴드는 'Q의 힘'(Q force)이라고 부르는 에너지의 보편적 흐름에 따라 변화와 역동성을 일으키는 시간과 연관시킵니다. 시간을 공간의 음으로 보는 것과 같이 해럴드는 'Q의 힘'을 수동적인 음의 특징으로 설명했는데, 그것은 생성의 실제 과정의 배경을 나타내기 때문입니다.[17] 'Q의 힘'을 시간과 동일시하면, Q 에너지는 '잠재 에너지'(Potential energy)의 짝이고, 혹은 공간 자체의 현존입니다. 시간은 단지 인간의 마음속에 존재하는 개념으로 생각해서는 안 되고, 모든 변화와 변혁의 과정 속에 잠재하는 구체적 현실입니다. 시간은 공간의 음으로, 음, 즉 수동적 에너지(셈 수 둘)는 변화의 과정에서 긍정 에너지(셈 수 셋)에 우선하게 됩니다. 변화의 과정은 하나의 숫자의 상징이 나타내는 원초적 근원에서 진화합니다. 하나는 둘을 낳고, 둘은 셋을 낳고, 셋은 세계 속의 만물을 낳습니다.[18] 음은 둘을 낳고, 셋을 낳은 양에 앞섭니다. 따라서 음(둘)은 양(셋)의 배경입니다.

이런 방식으로 역은 시간과 공간 속에서 진화합니다. 변화가 일어날 때마다 시간과 공간이 있어야 합니다. 변화하는 모든 것은 자체의 시간과 공간을 갖습니다. 전도서는 분명하게 말합니다.

---

17 Preston Harold, *The Single Reality*, 292-98.
18 『도덕경』, 42.

모든 일에는 다 때가 있다. 세상에서 일어나는 일마다 알맞은 때가 있다. 태어날 때가 있고, 죽을 때가 있다. 심을 때가 있고, 뽑을 때가 있다. 죽일 때가 있고, 살릴 때가 있다. 허물 때가 있고, 세울 때가 있다. 울 때가 있고, 웃을 때가 있다. 통곡할 때가 있고, 기뻐 춤출 때가 있다. 돌을 흩어 버릴 때가 있고, 모아들일 때가 있다. 껴안을 때가 있고, 껴안는 것을 삼갈 때가 있다. 찾아나설 때가 있고, 포기할 때가 있다. 간직할 때가 있고, 버릴 때가 있다. 찢을 때가 있고, 꿰맬 때가 있다. 말하지 않을 때가 있고, 말할 때가 있다. 전쟁을 치를 때가 있고, 평화를 누릴 때가 있다(전 3:1-8).

내면의 시간은 모든 시간에 원초적이기 때문에 시간을 아는 것은 모든 사건을 아는 것입니다. 따라서 예수님은 말씀하셨습니다. 아무도 오는 시간을 알 수 없습니다. 그러나 아버지는 내면의 시간 가운데 계십니다. "그날과 그 시간은 아무도 모른다, 하늘에 있는 천사나 아들도 모른다. 다만 아버지만 아신다"(마 24:36). 양이 없이는 음은 능동적이 아니기에, 내면의 시간은 내면의 공간이 없이는 효과적이지 않습니다. 그들은 서로 관계하고 상생하게 됩니다. 시간을 어떤 패턴에서든 공간에서 흐르는 'Q의 힘'으로 보는 해럴드의 견해를 받아들인다면, 에너지의 흐름의 정도나 시간의 강도는 공간 속에서 변화의 정도에 따라 상관관계가 있습니다. 시간을 'Q의 힘'의 형태로 부르던지, 그렇지 않던지 간에 시간은 만물 속에 참여하는 힘의 잠재적 형태입니다. 즉, 시간은 변화와 변환의 중개인입니다. 시간 속에서 변화하는 세계의 비밀을 드러냅니다. 내면의 시간 속에 있다는 것은 모든 시간의 깊이가 과거, 현재, 미래의 시간의 차원을 극복하는 것입니다. 시간 속에서 사람은 출생, 죽음, 환생의 순환을 초월하게 됩니다. 자신 속에서 시작과 끝이 만나게 됩니다. 초월의 질은 구원의 경험 속에서 실현되는 것입니다.

제 12 장

환생의 비밀

환생의 개념은 기독교 신앙에서는 전혀 이질적인 것으로 생각하기 쉽습니다. 현대 대부분의 기독교인들은 유대 기독교적 전통과, 혹은 예수님의 가르침과 환생은 아무런 관계가 없다고 생각합니다. 그러나 환생의 관념은 정말로 기독교 신앙과는 아무런 관계가 없고 생소한 것일까요? 성경에서 환생을 지지하는 그런 증거들은 정말 없으며, 환생의 관념은 미신적이고 세련되지 못해서 고도로 과학적인 문화 속에서 살아가는 우리는 도저히 받아들일 수 없는 것일까요? 교회에서 환생의 관념을 받아들일 수 있는가에 대한 여러 질문을 제기해 볼 수 있습니다.

영국의 위대한 신학자인 레슬리 웨더헤드(Leslie Weatherhead)에게 친구였던 노만 프렌치(Norman French)가 환생에 관해서 물었습니다. 프렌치는 웨더헤드가 런던의 템플교회에서 담임 목사일 때 그 교회를 섬기던 정신과 의사였습니다. 프렌치는 대부분의 기독교인들이 그에게 묻듯이, "기독교인들이 환생을 믿을 수도 있나요?" 하고 물었습니다. 웨더헤드는 이렇게 대답했습니다. "몰트비(Maltby) 박사가 몇 년 전에 받았던 질문이 생각나는군요. '기독교인들은 춤을 춰도 됩니까?' 다음에 그는 계속해서 '글쎄요, 어떤 이들은 춤을 추고 어떤 이들은 추지 못하겠죠. 나는 종종 춤을 출 수 없다고 주장하는 사람들에게 비난을 받고 희생을 당해 왔어요. 정말 심각하게 기독교인들이 환생을 믿을 수 있느냐고 묻는 것이죠? 나는 믿을 수 있다고 생각해요. 다시 말하면, 기독교의 역사 속에서 환생이 기독교의 견해와 모순된다는 어떤 증거도 없습니다.'"1 틀림없이, 환생의 관념은 교회에서 핍박을 받고 희생을 당해왔습니다. 그러나 예수님의 시대에 환생은 많은 사람들이 받아들이는 신앙의 일부였습니다. 환생의 관념은 553년에 콘스탄티노플에서 열렸던 공의회에서 근소한 몇 표 차이로 거부될 때까지는 교회가 받아들여 왔습니다. 따라서 환생의 관념을 성경이 반대하지는 않지만, 교회는 환생을 받아들이지 않게 된 것입니다. 5억이 넘는 힌두교인과 불교인이 환생을 받아들이고 있기 때문에 환생을 심각하게 고려하지 않고 그냥 거부하는 것은 쉽지 않습니다. 환생의 관념을 사려 깊게 편견 없이 생각해 볼 필요가 있습니다.

신약성서의 어떤 구절들을 연구해 본다면, 성경이 환생의 가능성을 보여주는 꽤나 많은 구절들을 갖고 있는 것을 알 수 있습니다. 가장 분명한 구절 중의 하나는 교회의 기초를 다룹니다. 마태복음의 구절을 보면 다음과 같습니다.

예수께서 빌립보의 가이사랴 지방에 이르러서, 제자들에게 물으셨다. "사람들이 인자를 누구라고 하느냐?" 제자들이 대답하였다. "세례자 요한이라고 하는 사람들도 있고, 엘리야라고 하는 사람들도 있고, 예레미야나 예언자들 가운데서 한 분이라고 하는 사람들도 있었습니다." 예수께서 그들에게 물으셨다. "그러면 너희는 나를 누구라고 하느냐?" 시몬 베드로가 대답하였다. "선생님은 살아 계신 하나님의 아들 그리스도십니다"(마 16:13-16).

---

1 Leslie Weatherhead, *Life Begins at Death* (New York: Abingdon Press, 1969), 71.

이 문단에서, 어떤 사람들은 예수님이 과거의 위대한 종교 지도자들 중의 한 분으로 환생했다고 생각했다는 것을 알 수 있습니다. 환생의 관념은 문단 속에서 어렴풋하게 나타나고 있습니다. 예수님이 이것을 믿지 않았다면 그들을 꾸짖었을 것입니다. 그러나 예수님은 그들이 말하는 것이 어불성설이라고 말씀하지 않았습니다.

예수님은 환생을 거부하지 않았는데, 그분은 옛 사람, 첫 사람, 아담의 환생 상징이었기 때문입니다. 따라서 예수님은 두 번째 아담, 마지막 아담으로 불리셨습니다. 바울은, "첫 사람 아담은 산 영이 되었다라고 기록한 바와 같이, 마지막 아담은 생명을 주시는 영이 되셨습니다"(고전 15:45)라고 말했습니다. 확실하게 바울은 예수님을 땅 위에 환생한 아담으로 생각했습니다. 이것이야말로 예수님이 "나는 아브라함 이전에 있었다"라고 말씀한 이유입니다. 예수님의 재림이 문자적으로 이루어진다면, 논리적으로 또 다른 예수님의 환생이 미래에 이루어질 수 있습니다.

사실상 성육신의 개념은 환생과 다르지 않습니다. 예수님의 성육은 그분의 환생인데, 예수님이 탄생하실 때 지구로 돌아온 것입니다. 예수님의 탄생은 그분의 본향인 땅으로 돌아오셨기 때문입니다. 따라서 요한은 성육신의 찬양에서, "그는 세상에 계셨다. 세상이 그로 말미암아 생겨났는데도, 세상은 그를 알아보지 못하였다. 그가 자기 땅에 오셨으나, 그의 백성은 그를 맞아들이지 않았다"(요 1:10-11)라고 기록합니다. 예수님이 본향으로 돌아왔기 때문에 이것은 고향으로 온 것입니다. 따라서 성육신은 사실상 환생입니다. 예수님은 어머님 마리아 속에서 환생하셨습니다. 예수님의 죽음은 성부 하나님, 무의식의 심연으로 돌아가는 것이었습니다. 그러므로 성부에게로 돌아가는 것은 결국 자신의 자아로 돌아가는 것입니다.

예수님은 참된 자아를 이해하기 위한 노력으로 언급할 수 있는 기준틀이 되셨습니다. 예수님의 환생은 우리를 위한 기준틀임을 확실하게 말할 수 있습니다. 달리 말하면, 우리 존재의 원형인 예수님은 세계에서 환생이 가능함을 보여줍니다. 예수님은 돌아오셨고, 미래에 다시 올 것을 약속하셨기 때문에 우리도 돌아왔고, 또한 미래에 다시 돌아올 것입니다. 예수님의 재림은 우리가 재림한다는 상징적 의미입니다. 따라서 예수님의 생애에 일어난 일들이 우리 속에서 다시 반복해서 일어납니다. 왜냐하면 예수님은 우리의 본질을 나타내기 때문이고, 예수님은 우리 존재의 원형이기 때문입니다.[2]

성경에서 예수님의 생애와 가르침 속에 환생을 전제하는 충분한 증거가

---

2 해럴드는 예수님이 생명 속으로 환생하는 원리를 받아들였다고 믿는다. 그것을 예수님이 단순하고 명확하게 말씀하셨다. "너희가 다시 태어나야 한다고 내가 말한 것을, 너는 이상히 여기지 말아라"(요 3:7). 그래서 해럴드는 이렇게 쓴다. "이 연구는 인간의 환생의 원리, 그분의 심정(공감, empathy)이 완성될 때까지 다시 살기 위해서 처녀의 몸을 통해 이 땅에 태어나셨음을 받아들인다." 그러나 이 연구는 이 땅에서 심정(공감)이 완성될 때까지 호모 사피엔스로서의 환생은 계속되고, 이것이 완성되면 다시 호모 사피엔스로 환생할 필요가 없다는 것을 받아들인다. 따라서 예수님의 심정(공감)은 완성되었기에 이 땅에서 알아볼 수 있는 형태로 다시 오실 필요가 없다. 성경에는 세상의 묵시록적 종말에 다시 올 것을 많이 기록하고 있지만, 예수님은 자신의 말씀으로 알아볼 수 있게 다시 온다는 생각을 꾸짖으셨다. … 예수님이 이 땅에 재림하실 전망을 부인했기 때문에, 물론 인자로 재림할 것은 여전히 말씀하셨지만, 이 연구는 그리스도의 상징으로 그분이 성경에서 돌아오는 것을 전제하고 있다. 이것은 그분의 말씀을 읽은 모든 이의 내면의 세계 속에서 살아있는 문학적 이미지가 되었다. … 예수님의 재림에 대한 질문을 만족할 만하게 대답하기는 어렵지만, 예수님은 복음서에서 이미 다시 오셨다고 말할 수 있다. 그분의 말씀이 참이라면, 그분은 이미 오셨다. 비록 이 연구의 관점에서 예수님은 호모 사피엔스로 다시 나지는 않겠지만, 예수님은 그의 제자 요한이 죽기 전에 다시 나셨다. … 그러나 예수님은 그분의 심정(공감)이 완성되었기 때문에 오래 사실 필요는 없었다. 그분의 환생의 개념은 십자가 위에서의 그분의 말씀 속에도 들어있다. "오늘 네가 나와 함께 낙원에 있을 것이다." 그 낙원은 에덴이고 생명의 자궁이다. 따라서 예수님은 알아볼 수 없는 모습으로 돌아올 수 있었는데, 제자들이 생각하지 않은 시간에 말이다. 예수님의 인격을 알아볼 수 있는 모든 것들은 복음서 속에 있었다. Preston Harold, *The Shining Stranger: An Unorthodox Interpretation of Jesus and His Mission*, The Wayfarer Press, 1967, 333, 336.

있다면, 환생의 과정은 어떻게 일어날까요? 환생의 과정에서 돌아오는 영혼은 다시 살아야 하고, 반드시 다시 나타나게 될 것입니다. 달리 말하면, 변화하는 시간의 순환적 형태가 존재하지 않으면 안 됩니다. 시간은 변화하는 과정이고, 인생에서 시간적 행동은 변화하는 과정의 일정한 패턴 속에 존재하는데, 그것은 직선적이라기보다는 순환적입니다. 환생의 과정은 순환적 시간을 전제하기 때문에 환생을 확증하기 위해서는 사실상 순환하는 시간을 받아들여야 합니다.

아마도 교회가 환생의 교리를 거부한 가장 중요한 요인의 하나는 시간 관념이었습니다. 교회는 끈질기게 약속에서 성취, 세계의 시작에서 끝으로의 직선적인 운동을 강조했는데, 그렇기 때문에 환생을 받아들일 수 없었습니다. 예를 들어, 플라톤은 시간의 순환적 운동을 확증하는 그리스 문명의 아들이었기 때문에 환생을 의미 있게 진술할 수 있었습니다. 이미 지적했듯이 현대인들이 직선적 시간을 확증하는 것은 시간과 공간이 무한하게 팽창한다는 고전적인 과학적 세계관에 근거하고 있습니다. 실제로 시간은 시작과 끝이 있는 직선이 아닙니다. 성경적 관점에서 인격적인 도덕적 관계에 우위를 두기 때문에 시간이 직선으로 보일 수 있습니다. 즉, 인간에 대한 시험은 보상이나 형벌이 따릅니다. 약속과 성취라는 기준틀을 통해서 보게 됩니다. 도덕적 사건들은 순환적일 수 없는데, 그것들은 "한번 말해질 뿐입니다." 즉, 오직 한 번만 일어날 수 있습니다.

밝혀온 대로, 내면의 시간은 직선적이 아니라 순환적입니다. 그러나 시간의 순환적 운동은 생성의 진화적 과정 때문에 과거를 꼭 반복해야 하는 것은 아닙니다. 환생은 진화적 퇴행적 변화의 과정을 모두 전제합니다. 달리 말하면, 옛 것은 새롭게 되지만, 원형은 보존됩니다. 이런 원형이 다른 형태로 다시 나타나는 것은 중생이나 환생의 진정한 의미입니다.

한 세대에서 다음 세대로 전이되는 원형은 환생의 개념을 이해하는 본질적인 것입니다. 원형이 죽은 다음에 생명으로 다시 돌아올 수 있다면, 그것은 반드시 시공간의 차원을 초월하지 않으면 안 됩니다. 다시 말하면, 다시 나타나는 것이 가능하기 위해서는 원형은 내적인 시공간의 연속태, 모든 가능한 존재의 핵 속에 있어야만 합니다. 따라서 원형은 만물의 심연, 즉 내면이라는 차원의 범주 안에서 이해하지 않으면 안 됩니다. 원형을 이야기할 때마다 존재의 원초적 단위 속에 있는 어떤 것들을 암시하게 됩니다. 의식의 내면의 영역이 무의식이라는 것을 믿는다면, 원형은 무의식 속에서 이해되어야 합니다. 의식의 영역에서 인식되는 것은 원형 자체가 아니라 원형의 드러남입니다. 원형은 언제나 만물의 내면의 영역, 무의식 속에서 존재합니다.

원형이 존재의 초기 패턴을 의미한다고 본다면, 원형은 외부 세계를 경험함을 통해서 실현되지는 않습니다. 이것은 플라톤의 이데아 개념이 변할 수가 없는 것과 비슷합니다. 원형은 주역에서는 괘로 나타나는데, 이것은 우주에서 일어나는 만물의 초기 패턴으로 표현됩니다. 그것들은 모든 사건이 드러나는 형태의 기본이기 때문에 원형입니다. 주역에서 64괘의 원형적 형태는 팔괘, 즉 에너지의 원초적 형태(음양)가 최대로 확장된 것을 기초로 합니다. 팔괘, 즉 소성괘들이 두 개로 겹쳐질 때, 내면적 다른 측면 때문에 그것들은 모든 가능한 원형의 구조적 의미를 완성하게 됩니다.

괘의 구조를 관찰하면, 만물의 주요한 성향이 건과 곤, 하늘과 땅, 원초적인 긍정과 부정의 상호 작용임을 알 수 있습니다. 건괘는 모두 여섯 개의 실선, 양효로 만들어지고, 곤괘는 모두 나누어진 선, 음효로 만들어집니다. 두 힘의 상호 작용은 다른 괘들을 가능하게 합니다. 괘들은 원형의 상징인데, 만물 속에 내재된 어떤 기본적 성향을 나타냅니다. 어떤 방식으로 행동하게 되는 이런 성향이나 방향성은 불교의 업, 즉 카르마와 비슷합니다. 융은 원형들과 카르마가 가진 이미지를 동일한 것으로 보았습니다.[3] 비록 원형의 기본적 패턴은 변하지 않을지라도, 하나의 원형에서 다른 원형으로 옮겨지는 것은 진화와 퇴행을 통해서 가능합니다. 달리 말하면, 내면의 변화는 원형의 전체적인 패턴 안에서 발생합니다. 따라서 원형은 변화하기도 하고 동시에 변화하지 않기도 합니다.

티베트 불교에서의 카르마나 원형의 관념은 환생의 과정을 이해하는 데 도움을 줍니다. 한 사람이 죽을 때 그의 의식적 패턴은 해체되지만, 행동하는 어떤 성향인 카르마는 여전히 남습니다. 카르마는 의식의 세계에서 환생의 과정을 이루기 위해서 어떤 요소들을 모으는 책임을 집니다. 카르마나 카르마적 패턴은 DNA 분자의 어떤 패턴에 비유될 수 있는데, 어떤 인격의 심리적 특징을 유전하는 책임을 집니다. 이런 카르마적 이미지나 원형을 유전하는 것은 환생을 이해하는 기초가 됩니다.

대대로 내려가는 원형들은 개개인의 영혼들보다도 더 크게 전개됩니다. 그것들은 대다수 원시 조상들로부터 우리에게 내려오는 고대의 이미지들과 관계가 있습니다. 융이 지적하듯이, 원형의 상징들은 신화와 전설 속에 있는 어떤 고대적 특징, 사건, 영웅들 속에서 볼 수 있습니다. 기독교인들을 위한 원형들은 성경 속에 있는 고대의 전설과 신화 속에서 나타납니다. 유대기독교적인 신앙의 많은 원형적 형태나 이미지들은 신화와 전설 속에 묻혀 있습니다. 해럴드에 따르면, 이런 원형들은 인간의 내면의 과정이 실현되는 매개체들인데 시적 형태들 속에 흩어져 있습니다.[4] 전설과 신화는 인간의 삶의

---

3 Carl Jung, "Psychological Commentary" in *Tibetan Book of the Dead*, ed. by W. Y. Evans-Wentz (London: Oxford University Press, 1960), p. xlvi.

4 Preston Harold, *The Shining Stranger: An Unorthodox Interpretation of Jesus and*

내면의 과정을 전달하려고 시도하기 때문에 "그것들 각각은 극소수의 몇몇 단어들 속으로 헝클어진 깊이 미묘하게 주름진 단위로 보지 않으면 안 됩니다. 인간의 뇌가 가장 작은 기능의 공간에 주름지어 있는 것과 마찬가지입니다. … 전설의 형태는 뇌의 형태를 따릅니다."[5] 그러므로 전설과 신화는 인간의 내면의 역사, 진화의 역사로 계속되는 탄생과 죽음, 재생으로 표현됩니다. 그것들은 환생의 과정을 시적으로 묘사하는 도구들인데, 현재까지 오면서 그런 역할을 감당해 왔습니다.

그러면 유대 기독교적인 신앙의 역사 속에서 환생의 과정을 탐구하기 위해 몇몇 전설과 신화를 생각해 봅시다. 성경에서 가장 분명한 신화의 하나는 아담과 이브의 이야기인데, 그것은 남자와 여자의 원형입니다. 이런 상징들은 인류의 원초적 시작을 나타냅니다. 원초적 인간은 성적으로 분화가 되지 않은 존재에서 시작해서 성적으로 구별된 인간으로 발전합니다. 일원론에서 이원론으로 나가는 운동을 통해 이런 전개 과정을 볼 수 있습니다. 창조의 두 번째 이야기는 구전 전승이나 야훼 문서의 아주 고대적 자료에서 나왔는데, 여기에서 '흙으로부터 인간의 창조'(창 2:7)와 '남자로부터 여자의 창조'(창 2:21-22)를 보게 됩니다. 따라서 아담은 이렇게 말합니다, "이제야 나타났구나, 이 사람! 뼈도 나의 뼈, 살도 나의 살, 남자에게서 나왔으니 여자라고 부를 것이다"(창 2:23). 여기에서 분명하게 인간의 일원론적 개념에서 이원론적 개념으로의 전개, 즉 하나에서 둘로의 그리고 양극화 상태로의 연속성의 진화를 볼 수 있습니다. 하나는 완전한 조화를 나타냅니다. 이런 완전한 대칭은 사람이 양성의 존재로 될 때 이미 깨졌습니다. 여기에서

His Mission (The Wayfarer Press, 1967), 59.

5 앞의 책.

남자와 여자의 차이는 둘(부정 에너지나 여성의 원초적 형태)과 셋(긍정 에너지나 남성의 원초적 형태)의 차이와 비슷합니다. 진화의 실제 과정은 남자와 여자, 긍정과 부정의 에너지를 구분하는 데서 시작됩니다. 따라서 아담과 이브 이야기의 상징적 의미는 진화적 과정인데, 그것은 가인과 아벨, 노아와 다른 이들의 이야기 속에서 다시 나타납니다.

신화와 전설 가운데, 에덴동산에서 아담과 이브의 타락 이야기는 많은 다른 이야기들보다 더욱 주목을 받게 됩니다. 원죄의 개념은 이런 신화로부터 형성되었고, 교회의 중요한 교리가 되었습니다. 타락의 이야기를 연구하면 죄, 즉 원죄의 원초적 형태는 내면의 자아로부터 외재적 자아가 소외되거나 큰 자아로부터 작은 자아가 소외되거나 왜곡되는 것을 다룹니다. 따라서 이것은 원초적 혹은 내면의 자아로부터 작은 자아의 소외입니다. 에덴동산에서 열매를 먹은 것은 인간 내면의 자아로부터 외부로 독립해 나가는 행동의 상징적 표현입니다. 이것은 내면의 자아의 행위보다 외부 자아의 행동이 우위에 서게 되는 것을 의미합니다. 인간은 외부의 자아인 자신의 몸을 부끄러워하고, 그때서야 자신의 몸이 자신의 내면 자아로부터 조화됨에서 멀어졌다는 것을 깨닫게 됩니다. 이런 부조화 때문에 하나님을 상징화될 수 있는 인간의 참된 자아는 이상한 나그네가 됩니다. 외부의 자아가 내면의 자아로부터 소외되기 때문에 내면의 자아는 외부의 자아를 찾지만, 외부의 자아는 떠나버리게 됩니다. 달리 말하면, 인간은 그 자신으로부터 도망을 칩니다. 그는 자신으로부터 숨는 것입니다. 그러나 그는 숨을 수가 없습니다. 이것이 원죄의 딜레마이고 비극입니다.

에덴동산에서 아담의 타락 이야기는 우리가 나눌 수 있는 심리적 조건의 원초적 특징을 상징화해서 보여줍니다. 타락은 위에서 내려오는 상징이 아니라 밑에서 위로 올라가는 상징입니다. 즉, 무의식의 영역입니다. 에덴동산은 의식 이전의 상태를 상징적으로 보여주고, 하나님은 타락으로 감추어진 인간의 내면적 자아를 상징적으로 나타냅니다. 심리적 이미지나 타락의 패턴은 인간 조건의 원형이고, 그것은 한 세대에서 다른 세대로 전이되어 내려오게 됩니다. 그러므로 이런 원형이나 타락의 원초적 이미지의 이행은 우리 시대에서는 원죄로 인식됩니다. 어거스틴은 원죄를 성적인 욕망과 축첩을 연결시키려고 했습니다. 아마도 무의식적(의식 이전의) 자아로부터의 의식적 자아의 소외는 한 세대에서 다음 세대로 전해집니다. 이것은 생식을 통해서 직접적으로 전해진다기보다는 교육이란 수단을 통해서 전해지기 때문에 그런 의미에서 원죄와 성적 욕망이나 축첩이 어떤 관련이 있습니다.

경험을 통해서 내면의 현실을 알려주는 많은 전설과 신화가 있습니다. 그것들은 무의식의 영역에서 공유하고 있기 때문에 우리 속에서 살아있습니다. 원형이 우리 속에서 살고 있다고 말할 때, 그것들은 의식 속에서 태어나고 동일한 방식으로 다른 이들에게서 거듭거듭 태어나는 것을 의미합니다. 따라서 환생의 진정한 의미는 대를 이어서 살아가면서 원형, 즉 원초적 이미지와 특징들이 계속해서 생존하는 것을 의미합니다. 이런 원형의 생존이 없이는 환생의 과정은 가능하지 않습니다. 환생에 대한 진정한 질문은 원형들의 생존과 관련이 있습니다.

죽은 자의 부활에 대한 기독교적 개념은 원형들의 생존을 전제하고 있습니다. 부활의 진정한 의미는 영적인 몸이나 신체적 몸이 하늘로 올라가는 것이 아닙니다. 영혼 속에서 생명이 회복되는 것이고 생명이 새롭게 되는 것입니다. 판넨베르그(W. Pannenberg)가 바울을 주석하면서 말하듯이, "부활은 새로운 몸의 새로운 생명을 의미합니다."[6] 여기에서 새로운 몸이나

---

6 W. Pannenberg, *Jesus: God and Man* (Philadelphia: Westminster, 1968). 75.

영적인 몸은 원형이나 무의식의 생명인 새로운 생명으로 비유될 수 있습니다. 그것이야말로 진정한 생명입니다. 그러므로 예수의 부활은 생명의 원천인 원초적 본성으로, 무의식의 심연으로 그가 다시 돌아오는 것입니다.[7] 따라서 그는 우리와 함께 존재합니다. 그는 우리 속에 사십니다. 왜냐하면 그는 그를 믿는 모든 이의 원형이 되었기 때문입니다. 그는 우리 속에서 원형으로, 진정한 자아로 드러나거나 환생합니다. 이것이 바로 우리도 바울이 말하는 것처럼, "이제는 내가 산 것이 아니요, 내 안에서 그리스도께서 사신다"고 말할 수 있는 까닭입니다. '나'는 원형으로 거듭 환생하게 됩니다. 예수님은 아담의 환생이듯이, 우리는 원초적 사람의 환생입니다. 그는 우리 속에서 원형으로, 혹은 원초적 자아로, 우리의 '나'인 아트만으로 사는 것입니다. 이런 의미에서 우리는 우리 속에 계신 그분처럼, 그분 속에서 사는 것입니다.

환생의 과정은 출생과 죽음, 환생의 실제 사건들 속에서 일어날 뿐만 아니라, 인간의 삶의 실존적 차원에서도 일어납니다. 이것이 바로 예수님이 니고데모에게 거듭나야 한다고 말씀하신 이유입니다. 밥콕은, "이것은 분명하고 단순하게 환생의 교리다"[8]라고 말했습니다. 이것은 또한 환생의 실존적 의미를 보여주는데, 우리의 몸에서 이루어지는 생물학적 변화를 연구해 볼 때 환생은 의미 있게 다가옵니다. 우리 몸속에서 생명, 죽음 그리고 생명의

---

7 해럴드는 예수의 부활은 어떤 환상적 기쁨의 상태에 속한다고 믿었다. 그는 이렇게 말한다. "특별히 이것은 예수님이 말한 그분이 완전하게 이루신 종말이다." 그는 예수님이 그의 부활을 제자들에게 말씀하시면서 묘사한 다음 구절을 지적했다(요 14:19-29). 예수님은 "그는 살았고 아버지 하나님 속에 있다"고 말씀하신다. 해럴드는 이것이야말로, "내면의 왕국, 무의식, 죽음 속에 존재한다는 것을 의미한다"고 봅니다. Preston Harold, *The Shining Stranger*, 313-316.

8 Preston Harold, *The Single Reality*, 73.

갱신의 순환은 끊임없이 계속됩니다. 뇌세포를 제외한 우리 몸속의 모든 세포는 최소한 칠 년마다 한 번은 모두 바뀝니다. 어떤 세포들은 더욱 자주 바뀌집니다. 이런 의미에서 우리는 계속해서 끊임없이 다시 태어납니다.[9] 이것은 생물학적 영역에서만 아니라 의식과 정신의 영역에서도 마찬가지입니다. 윌리엄 울프(William Wolf)에 따르면, 기억과 에너지는 어떤 배열의 구조를 갖게 되는데, 주체가 부정적인 것 혹은 이에 상응하는 배열의 패턴을 갖게 될 때 환생하거나 회상하게(recalled) 됩니다.[10] 따라서 영적 상징이나 정신적 에너지의 어떤 배열을 불러일으킬 조건을 제공하는 순간에 환생이 일어납니다. 기억의 구조는 즉각적으로 환생할 수 있는 원형에 비유될 수 있습니다. 소련에서 인위적인 환생의 과정이 실제로 일어났다고 합니다. 예를 들어, 라이코프(Raikov) 박사는 주체가 깊은 트랜스 상태에 있을 때, 어떤 인격이 순간적으로 환생하게 된다[11]고 말했고, 체코슬로바키아에서 초심리학자들은 환생을 실험했다고 보고되었습니다.[12] 초심리학의 최근 몇몇 연구에 따르면, 에너지의 어떤 배열이나 원형은 사람들이 깊은 환각 상태나 무의식의 영역에서 접근 가능하다는 것을 알게 되었습니다. 수 세기 동안 동양에서는 요가 수행자들이나 샤먼들은 실존적인 환생의 경험을 수행해 왔습니다. 그들은 무의식의 심연에 도달하는 데 성공했고, 거기서 그들은 원형들이나 어떤 정신적 배열에 접근할 수 있습니다.

예수님은 요기들과 같이, 무의식의 심연, 내면의 왕국의 영역에 도달할 수 있었고, 그의 삶에서 영적 실재의 즉각적인 환생을 경험했습니다. 이런

---

9 "A Pitcher of Water," III/24.

10 앞의 책, III/23.

11 Ostrander and Schroeder, *Psychic Discoveries Behind the Iron Curtain*, 144.

12 앞의 책, 317.

환생의 경험을 해보지 못한 자들이 예수님이 설명하고자 했던 환생의 실존적 의미를 이해하는 것은 거의 불가능합니다. 왜 그 시대에 가장 많은 교육을 받았던 니고데모가 중생의 실존적 의미를 이해하는 데 실패했는지를 우리는 압니다. 아마도 우리 대다수도 니고데모와 다르지 않을 것입니다. 우리도 예수님이 설명해 주려고 했던 중생의 실존적 의미를 이해할 수 없기 때문입니다. 이 비밀을 알지 못하면, 생명의 중심적 관념, 즉 환생의 과정을 이해할 수 없습니다. 생명의 현실은 그리스도가 우리 속에서 계속해서 다시 태어나고 새롭게 되는 원형입니다. 그분은 우리의 참된 자아인 '나'이고 '하나님'(the One)입니다. 따라서 환생의 관념은 기독교적 삶의 중심입니다. 그것이야말로 예수님 속에 하나님이 몸이 되어 오신 성육신의 진정한 의미입니다.

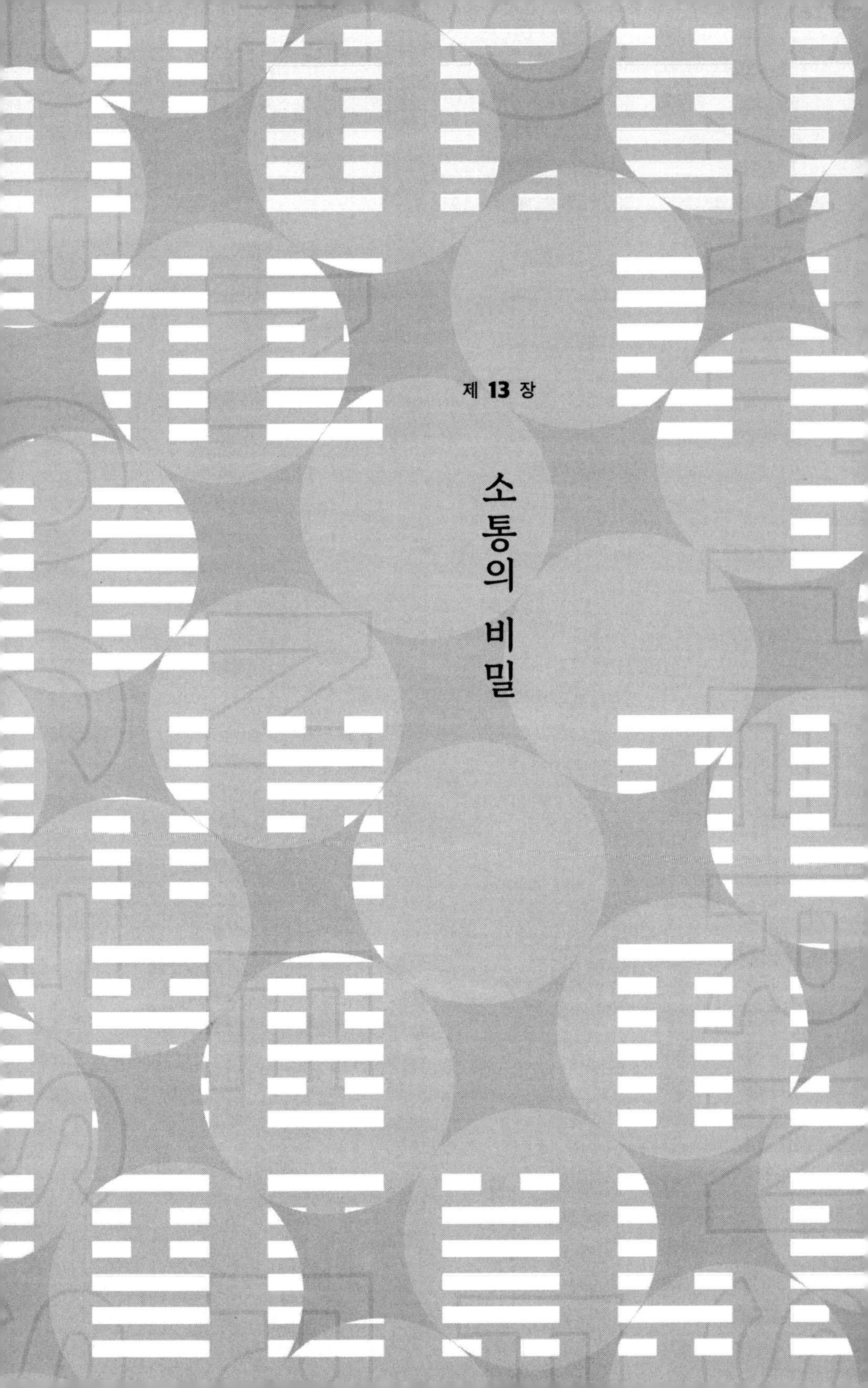

제 **13** 장

소통의 비밀

기독교 메시지의 핵심은 하나님과 인간 사이의 소통을 다루는 것입니다. 소통의 과정은 내면적 특징이 본질적으로 계속된다고 해도, 많은 다른 형태들을 취하게 됩니다. 소통 과정의 가장 진정성 있는 형태 중 하나가 바로 성경입니다. 성경은 교회의 성스러운 책으로, 하나님의 뜻을 그의 백성들에게 전하는 것입니다. 기독교의 원천은 성경책으로, 성경의 말씀들은 소통의 수단입니다. 기독교에서 소통의 중요성은 하나님의 말씀을 강조하는 것으로 증명되는데, 하나님의 말씀이야말로 다른 모든 소통 수단의 기초가 됩니다. 예수님 자신은 말씀과 동일시되었고, 말씀은 모든 다른 소통 형태를 위한 필수불가결한 표준이 됩니다.

소통은 종종 한 사람에게서 다른 사람에게 어떤 개념이나 관념들이 전달되는 것으로 이해할 수 있습니다. 그러나 소통의 본질은 단순하게 정보나 관념을 주고받는 것보다는 더욱 큽니다. 소통을 관념이나 개념을 전달하는 것으로만 믿는다면, 이런 종류의 소통 속에서 하나님은 우리가 대상화할 수 있는 개인임에 틀림이 없습니다. 왜냐하면 개념화는 대상화를 함의하기 때문입니다(conceptualization implies objectification). 하나님은 개념화될 때, 대상화되고 알려지게 됩니다. 하나님이 우리의 바깥에 위치하게 되는 것은 개념이나 관념을 통해서 우리에게 전달되기 때문입니다.

마틴 부버는 이런 오해를 바꾸려는 시도를 했습니다. 그가 '나와 당신' 관계를('I-Thou' relationship) 소통의 수단으로 다룬 고전적인 연구는 소통을 단순한 관념의 전달로 보는 견해를 극복하고자 했습니다. 그는 소통자들 사이의 인격적 관계를 제공했습니다. 그러나 진정한 소통의 형태는 단순한 관계 이상입니다. 그것은 본질적 존재의 상호 간의 참여입니다. 소통자들이 본질적으로 다를 때는 진정한 소통이 일어날 수 없습니다. 소통은 소통의 내용이 소통을 보충한다(complement)[1]는 것을 전제합니다. 그러므로 하나님은 본질적으로나 질적으로 사람과 다르다고 전제한다면, 사실상 하나님과 인간의 소통은 부정될 수밖에 없습니다. 하나님과 사람이 상호 보완적이 아니라면, 둘 사이의 진정한 소통은 일어나지 않습니다. 여기에서 부버에게서 부족한 것을 발견합니다. 그는 진정한 소통은 상생적인 관계(complementary relationship)가 본질임을 깨닫지 못했습니다.

그러나 상생하는 관계를 주장한다고 해서 하나님의 자족성을 없애는

---

1 보통 'complement'를 일관되게 '상생한다'로 번역하고자 했다. 보충하는 것은 단순하게 보조하는 측면을 넘어서서 서로를 살리게 되는 상생의 관계를 가능케 하기 때문이다. 이정용의 다른 책, 『삼위일체의 동양적 사유』에서도 그렇게 번역했다. 물론 상보가 더 원래의 뜻에 가깝다고 볼 수도 있다.

이정용은 동양적 사유를 기독교적 사유와 대화를 통해서 상호 변혁을 일으키는 단계로 더 나아가기를 원했다. 환생도 기독교와의 만남을 통해서 전통적인 의미를 넘어서 부활과의 만남을 통해서 새로운 지평이 열릴 수가 있다고 보는 입장이었다. 그것은 바로 보충하는 것을 넘어서서 서로를 새롭게 살리는 부활과 생명의 길로 인도하게 된다. 그것이 바로 상생의 길이다. 서로를 통해 자신을 변혁하는 길이기도 하다.

그것이 가능하겠어? 저에게 계속해서 자문하게 된다. 제가 발견하고 깨닫게 된 것은 모든 것은 변화하게 된다는 것이다. 그것이 창조의 원리고, 역의 원리이다. 새로운 시대는 외부적으로 열리는 것이 아니라 내면의 변화의 과정을 통해서, 영적인 현상으로 이루어진다. 내면의 과정은 인격과 영성을 동반하는 전인적 과정이다. 그것은 누구나 가야 하는 영적인 여정이기도 하다. [역주]

것은 아닙니다. 하나님은 궁극적 실재, 즉 만물의 원천입니다. 하나님은 자신 안에서 스스로 충족하지만, 자신의 충족성은 우리와 소통할 때는 어떤 의미에서 잠시 정지됩니다. 우리가 알고 소통하는 하나님은 자족할 수가 없는데, 왜냐하면 소통은 상호 참여를 전제하기 때문입니다. 이것이 바로 하나님 자신이 우리와 소통할 때 자신을 드러내는, 즉 계시하는 하나님으로 알려진 이유입니다. 잠재하는 하나님과 드러나는 하나님 사이의 진정한 차이는 없습니다. 숨겨진 하나님은 우리에게 알려지지 않았지만, 드러난 하나님은 소통하기 때문에 알 수 있습니다. 숨겨진 하나님은 영이나 없음의 무로 상징화된다면, 모든 것과 없음의 매트릭스입니다. 드러난 하나님은 역이나 변화의 태극으로 상징화되는데, 상생적인 전체입니다. 역과 나는 예수님 안에서는 드러난 하나님의 상징입니다. 예수님은 소통하는 하나님의 상징인데, 그분은 소통의 원초적 단위인 역의 상징이기 때문입니다.

소통은 소통자 사이의 상생적 관계를 전제하기 때문에 소통의 원초적 형태는 음과 양 사이의 상생적 관계를 다뤄야 합니다. 따라서 상생적 알파 세트(-1 대 +1)에서 보는 역, 즉 하나는 모든 다른 소통의 형태의 기초, 즉 소통 과정의 비밀입니다. 이것은 상반된 것들이나 짝들이 상생적이 될 때만 소통이 일어납니다. 진정한 소통은 같은 실체들 사이에서는 일어날 수 없습니다. 사물들이 동일할 때는 소통을 할 수 없습니다.

요소적 입자의 차원, 즉 자연의 심연에서 이런 행동의 패턴을 관찰할 수 있습니다. 두 광자와 같은 동일한 실체들은 서로를 밀어냅니다. 그것들은 소통할 수 없습니다. 반대되는 것들과 짝들은 광자와 전자들 속에서 보는 대로, 서로를 끌어당겨서 함께 수소 원자를 소통하게 됩니다. 두 광자는 대립하는 실체들이고, 서로를 밀어냄으로써, 각자가 이원성을 일으킴으로써 소통은 활발하게 일어나지 않습니다. 실체들이 동일할 때 대립이 일어나서 활발한 소통은 방해가 됩니다. 따라서 진정한 소통은 소통자들이 상생적이 될 때만 가능합니다. 그러나 상생적 관계는 소통을 더욱더 유지하는 것만으로는 충분하지 않습니다. 상생적 관계가 완전한 균형을 이룰 때, 소통은 완벽한 균형 속에 있기 때문에 적극적으로 일어나지 않습니다. 예를 들어, 수소를 통해 소통하는 광자와 전자 사이의 상생적 관계는 어떤 종류의 행동이나 상호 작용을 통해서 변화가 일어날 때까지는 더 이상의 소통이 일어나지 않습니다.

그러나 요소적 입자의 차원에서 소통의 과정은 수소에서 시작되지 않습니다. 그것은 광자와 전자에서 시작됩니다. 어떻게 광자는 스스로 소통해서 긍정적 전하를 띄게 됩니까? 해럴드는 소통은 어떤 비례적 관계가 유지된다는 조건에 의존적이고, 그런 조건이 이루어지는 기초적 차원에서만 소통이 적극적으로 이루어진다고 전제했습니다. 해럴드는 예수님이 마태복음 5장 37절에서 묘사하는 소통의 법칙에 대한 믿음 위에 자신의 이론을 기초했습니다.[2] 앞으로 보겠지만, 예수님의 소통 법칙은 주역에서 묘사되는 변화의 과정과 완벽하게 일치합니다. 이것이 해럴드가 예수님이 중국 철학을 알고 있었다고 믿은 이유입니다. 이것은 또한 해럴드가 음양의 상징을 그의 상징 속에 포함시키도록 결정한 이유이기도 합니다. 첫째로, 예수님이 제시한 소통의 법칙을 살펴봅시다. 예수님은 말씀하셨습니다. "너희는 '예' 할 때에는 '예'라는 말만 하고, '아니오' 할 때에는 '아니오'라는 말만 하여라. 이보다 지나치는 것은 악에서 나오는 것이다"(마 5:37). 이 명제 자체에서 어떤 많은 의미를 찾는 것은 어렵습니다. 이것은 어떤 교훈을 줍니까? 정확하게 이것은

---

2 Preston Harold, *The Shining Stranger: An Unorthodox Interpretation of Jesus and His Mission* (The Wayfarer Press, 1967), 330-332.

별 의미가 없는 것처럼 나타나기 때문에 해럴드는 이것을 수학적 정보를 전달하는 '말의 방정식'(word equation)으로 보았습니다. 수학적 정보는 자연이 그 힘을 소통하는 비밀을 이해하는 열쇠가 됩니다.

그리스어로 쓰인 원래의 공식을 검토한다면, 이것은 이렇게 읽을 수 있습니다. 문자적으로만 본다면, '예, 예'와 '아니오, 아니오'입니다. 아마도 성서학자들이 이해하기 어려운 공식을 발견했기 때문에 이것은 개역판 성경 등 그리스 원본과는 다른 많은 해석들로 번역됩니다. 그들은 이중확증과 이중부정을 단일한 확증과 부정으로 바꾸고 있습니다. 이 구절을 "'예, 아니오'로 단순하게 말해야 합니다"로 번역합니다. 그들은 이중확증과 이중부정의 중요성을 그리스 원어에서 인식하는 데 실패했습니다.

해럴드가 지적한 대로, '예, 예'와 '아니오, 아니오'의 마법적 공식은 예수님이 가르친 소통의 법칙을 이해하는 열쇠입니다. 음양의 사인을 사용한 공식을 이야기하면, 공식의 깊이를 더 잘 이해할 수 있습니다. 공식의 앞 반쪽은 '예'가 확증을 의미하기 때문에 '긍정, 긍정'입니다. 뒤 반쪽은 '아니오'는 부정이기 때문에 '부정, 부정'으로 재진술합니다. 그러므로 공식은 '긍정, 긍정; 부정, 부정'으로 재언명하는데, '+, + ; -, -'입니다. 쉼표는 서로를 빌어내는 동일한 성징을 연결했기 때문에 같은 사인을 결합하는 말 없는 힘을 상징합니다. 긍정적 사인(+ +)을 결합하는 힘은 부정이고, 부정과 부정의 사인(- -)을 결합하는 힘은 반드시 긍정입니다. 따라서 다음 공식을 얻게 되는데, + - +; - + -(예, 예; 아니오, 아니오) 혹은 (+ - +); (- + -)입니다. 지금, 반 쉼표는 두 단위를 분리시킵니다. 따라서 이것은 긍정(+)과 부정(-)의 가치를 갖습니다. 이 공식은 다음과 같이 개정됩니다.

(+ - +) (+ -) (- + -)

예, 예 ; 아니오, 아니오

혹은

(+ - +) / (- + -)

해럴드는 말합니다.

반 쉼표는 "무"(無)로 나타나는 가치를 대변하지만, 긍정 표현과 부정 표현을 분별해야 합니다. 반 쉼표는 정지나 시간의 행위를 요구하는데, 중성 에너지를 분열시켜서 양과 음의 전하를 활동하게 합니다. 반 쉼표는 공간은 모든 에너지의 "고정된" 표현 속에 관여하는 것을 알립니다. 반 쉼표는 "잃어버린 에너지"나 하나의 양과 음의 가치를 나타냅니다. 그것은 이렇게 저렇게 에너지가 드러나는 시간에는 사용될 수 없습니다. (- + = 0)로 묘사할 수 있는 반응이 "가상의 에너지"의 5도로 해체되는 잠재성을 일으킵니다. 이것은 공간의 한 단위가 저장할 수 있는 모든 것을 보여줍니다.[3]

따라서 반 쉼표가 대변하는 에너지는 소통되지 않습니다. 소통의 법칙의 정확성을 고려해야만 합니까? 예수님은 말씀하십니다, "…천지가 없어지기 전에는 율법은 일점일획도 없어지지 않고, 다 이루어질 것이다"(마 5:18). 공식의 일점일획까지도, 두 긍정 사인과 두 부정 사인을 분리하는 반 쉼표나 쉼표까지도 다루지 않으면 안 됩니다.

해럴드는 오늘날 물리학에서 인정되는 적용 가능한 공식의 많은 함의들

---

3 Preston Harold, *The Single Reality*, 330.

까지도 묘사합니다. 그러나 소통에서 가장 중요한 것은 '예, 예'를 (+ - +)로, '아니오, 아니오'를 (- + -) 혹은 (+ - +)로 표현하는 것입니다. 이것은 2(+):1(-)이나 1(+):2(-)의 비율로 나타내고, (- + -)은 2(-):1(+)나 1(+):2(-)로 나타냅니다. 이것은 2:1 대 1:2의 비율로 소통할 수 있습니다. 달리 말해, '예'가 '아니오'와 2대1의 관계로 있을 때만 소통할 수 있습니다. '아니오'는 짝인 '예'와 2대 1의 관계로 있을 때만 소통합니다. 긍정과 부정의 가치가 같은 숫자일 때는 어떤 전하도 소통이 되지 않습니다. 에너지가 균형을 이루고 정지의 상태입니다. 중성이나 잠재적 에너지는 1:1의 비율로 나타냅니다. 2:1의 비율은 전하를 소통하는 데 필연적인데, 불균형 에너지입니다.

중성 에너지는 완전한 균형 속에 있는데, 2:1이나 1:2로 표현되는 불균형 에너지의 배경입니다. 말하자면, 1:1은 2:1이나 1:2의 비율의 배경으로 그 속에서 존재합니다.

불균형 에너지의 단위는 전체를 위해서 남은 것을 희생함으로써 균형 잡힌 에너지의 단위를 향해 움직이게 됩니다. (+ - +)의 표현 속에서, 긍정 단위 하나가 균형 잡힌 단위 (- +)에서 남게 됩니다. 따라서 남은 하나의 긍정 단위가 소통하게 됩니다. 즉, 배열되는 가운데, 균형 잡힌 중성의 에너지가 긍정직 단위를 확실하게 보장하고, 2(+):1(-)로 표현될 수 있습니다.

위에서 예수님의 소통 법칙에서 말한 대로 소통하기 위해서는 '예'가 두 번 겹쳐지는 것이 꼭 필요합니다. 이와 같이 '아니오'를 소통하기 위해서는 두 번의 '아니오'가 필요합니다. 이런 각 경우에 균형 잡힌 에너지의 단위는 침묵하는데, 불균형의 비율, 즉 2:1, 1:2의 배열을 확보하기 위해 활동합니다. 이 비율은 모든 형태의 소통 과정에서 똑같이 유지되는데, 2:1에서 4:2로, 8:4, 16:8 등으로 확장하여, 가장 복합적인 에너지의 단위까지 적용됩니다. 2:1의 비율이 존재하는 한 긍정이나 부정의 전하는 소통됩니다. 전하를 소통하는 것 이상이 이 비율에 달려있습니다. 해럴드의 소통 이론이 너무 복잡하기 때문에 더 이상 논의하지는 않습니다. 밥콕은 그것을 다음과 같이 말합니다.

> 그러나 가장 중요한 것은 해럴드가 보기에는, 예수님이 "소통은 표현의 반복에 달려있고, 반복만이 소통될 수 있다"(communication depends upon a redundancy in expression, and that only a redundancy can communicate)라고 말씀 하셨습니다.[4]

이제 예수님의 소통의 법칙을 검토해 봅시다. 소통의 법칙은 주역에서 주어진 만물을 다스리는 역의 원리와 관계됩니다. 역은 팽창과 수축의 과정 을 통해서 이루어집니다. 음이 극적으로 팽창을 하면, 수축을 통해서 에너지 의 잉여나 반복으로 소통합니다. 이와 같이 양이 극적으로 팽창하면, 양은 남는 것을 양보해서 다시 수축합니다. 이런 방식으로 변화와 변혁이 일어납 니다. 에너지의 반복이 이뤄지는 것은 하나가 타자와의 관계에서 과도하게 팽창하는 속에서 볼 수 있습니다.

예수님의 정식, '예, 예; 아니오, 아니오'를 주역에서 묘사하는 음과 양의 작동 관계 속에서 볼 때, 이중부정과 이중긍정을 변화의 과정에서 말하는 것이 꼭 필요합니다. 하나의 효에서 다른 효로 변화하는 과정을 보여주는 사상을 보도록 합시다. 음효와 양효의 결합은 사상(四象)을 만듭니다. 두 양효가 겹쳐진 것이 태양(⚌)인데, 이것은 동시에 소음으로 변하여, 위는 음효, 밑은 양효로 상징화됩니다. 소음(⚎)은 두 음효를 가진 태음으로 자라 갑니다. 태음(⚏)이 되자마자, 다시 밑은 음효, 위는 양효를 가지는 소양(⚍)

---

4 Preston Harold, *The Single Reality*, 169.

이 됩니다. 이것은 다시 태양으로 자라갑니다. 이렇게 하나에서 다른 것으로 변화가 이루어집니다. 이런 변화 과정의 패턴을 드러내는 도표를 다음과 같이 그릴 수 있습니다.[5]

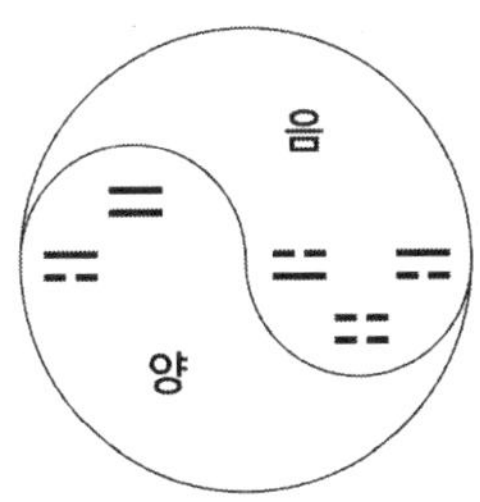

변화의 과정이 소통 자체이기 때문에 소통의 패턴은 같은 도표를 따르게 됩니다.

이 도표에서 역의 과정을 소통의 법칙에 비유할 수 있습니다. 법칙을 묘사한 그리스 원문을 사용하면, 다음의 평행을 얻을 수 있습니다.

나눠진 선은 음, 즉 부정 에너지를 의미하고, 실선은 양, 즉 긍정 에너지를 의미하기 때문에 그것들을 다음과 같이 배열할 수 있습니다.

---

5 『역의 원리』, 104.

$$[\overset{+}{-}]\ [\underset{+}{\cdot\cdot}]\ \ /\ \ [\underset{+}{-}]\ [-]$$

이것은 (+ -) (+ +)/(- +) (- -)로 다시 상징화됩니다. 밝혀온 대로, 긍정과 부정의 단위는 중성 에너지의 지속 상태를 이루지만, 두 같은 에너지의 단위만 있을 때는 그들을 함께 지탱하도록 결합해 주는 에너지가 반드시 필요합니다. 달리 말해, 두 긍정의 가치가 한 단위 속에 있을 때, 그들을 결합시켜 주는 부정의 가치가 필요합니다. 그러므로 두 효를 가진 사상을 실제로 배열하면 음양의 사인들은 다음처럼 나타납니다.

$$(+\ -)\ \ (+\ -\ +)\ \ /\ \ (-\ +)\ \ (-\ +\ -)$$

예   예   ;   아니오   아니오

여기에서 반복의 소통(the communication of the redundancy)을 포함하는 변화의 완전한 원을 볼 수 있습니다. 첫 번째 '예'(+ -)는 1 대 1의 비율인데, 그렇기 때문에 소통할 수 없습니다. 그러나 소양이 태양으로 자란 두 번째 '예'는 긍정 가치의 반복 때문에 소통할 준비가 되어 있습니다. 따라서 소통은 두 번째 '예'(+ - +)에서 이루어지는데, 그것은 2:1의 비율을 갖고 긍정의 에너지, 즉 '예'의 반복이기 때문입니다. 여기서 이중긍정은 하나의 긍정, 즉 '예'를 소통하는 데 필요합니다. 부정, 즉 '아니오'의 소통은 긍정의 소통과 마찬가지입니다. 첫 번째 '아니오'(- +)는 정지된 상태 때문에 소통이 되지 않습니다. 그러나 이것이 완전히 자라서 강화될 때, 둘째의 '아니오', 즉 태음이 되는데 1:2(- + -)의 비율을 가집니다. 부정 에너지의 반복이기 때문에 부정적 대답, 즉 '아니오'가 소통이 됩니다. 다시 이것은 하나의 '아니오'를 소통하는 두 개의 '아니오'를 취하게 됩니다. 따라서 왜 예수님이 이중 긍정(예)과 이중부정(아니오)을 사용해서 하나의 긍정과 부정을 소통했는지를 알 수 있습니다.

주역에서 주어진 변화의 활동을 묘사하는 다른 방식이 있는데, 소양이 태양이 되고 소음이 태음이 됩니다. 태양은 긍정을, 태음은 부정을 에너지 가치의 반복 때문에 소통합니다. 이런 묘사에서 2:1 대 1:2의 비율은 재확립되고 에너지의 균형은 회복됩니다. (+ -) (+ +)/(- +) (- -)로 진술되는 사상의 정식을 다시 본다면, (+ +)와 (- -) 묶음의 두 사인을 갖게 됩니다. 이 사인은 서로를 밀어내기 때문에 각 경우에 사인 중 하나는 밀어내고 방출되어 소통이 됩니다. 긍정의 가치 하나가 (+ -) (+ +)가 대변하는 공식의 묶음에서 방출될 때, 새로운 배열 2(+):1(-), 즉 (+ - +)이 남는데 방정식이 확증된 측면입니다. 이와 같은 작동은 부정적 측면에서도 나타나는데, (- + -)을 형성하는 2(-):1(+)를 남기게 됩니다. 두 개의 불균형의 모음은 서로를 균형 잡게 하는데, 즉 양전하가 중성적 에너지를 일으키는 음전하를 균형 잡힌 상태에 이르게 합니다.

그렇지 않으면 절대적 '예'와 '아니오'가 없기 때문에 이중 '예'와 '아니오'가 반드시 필요합니다. 음양의 상징 자체가 보여주는 것처럼 음은 양에, 양은 음에 상호 침투하기 때문입니다. 위 도표에서 '예'와 양은 언제나 '아니오'나 음으로 변하는 과정 속에 있으며 반대도 마찬가지입니다. 이것은 하나의 절대적인 '예'나 '아니오'는 나타날 수 없음을 보여줍니다. 그러므로 반복은 소통하기 위해 필요하고, 반복은 조화적 비율인 2:1이나 1:2에서 이루어집니다. 이것은 예수님이 가르친 소통 공식의 비밀인데, 주역에서 나타나는 변화의 비밀과 조화를 이룹니다.

관찰해 보면 소통은 변화하는 과정이 동반됩니다. 변화와 소통은 같지는 않지만, 본질적으로 하나이고 나눠지지 않습니다. 소양은 태양으로 팽창이나 강화를 통해서 변화하지만, 진정한 소통은 양의 성장이 최고치에 이른 '태양'에서 이루어집니다. 같은 원리가 소음과 태음에도 다시 적용됩니다. 달리 말해, 소통의 과정은 어떤 주어진 에너지의 단위가 팽창해서 최대치에 도달할 때 일어납니다. 에너지의 최대치는 그것이 일으키는 반복 때문에 소통을 위해서 필수적입니다.

클레브 백스터(Cleve Backster)는 식물과의 소통을 위해서도 의지의 최대치가 필요하다는 것을 보여줍니다. 그는 이렇게 말합니다. "식물은 가장과 의도의 차이를 알아챌 수 있습니다. 형상(the imagery)은 전체의 마음입니다."[6] 소통하는 형상은 의지나 에너지의 반복입니다. 반복을 통해 소통함으로써 지속 상태나 내면의 상대적인 힘들의 균형은 보존됩니다. 따라서 전체를 위해서, 반복(혹 사치의 요소)은 희생됩니다. 소통은 성취의 필요한 측면으로 자기희생을 포함합니다. 한편, 반복의 희생은 실제적인 희생은 아닌데, 모든 것은 서로 의지하고 상호 연관되기 때문입니다. 이런 의미에서 소통은 한 상태에서 짝이 되는 상태로, 즉 긍정에서 부정으로, 부정에서 긍정으로 변화하는 부산물입니다.

해럴드가 지적하는 대로, 예수님의 소통 법칙은 에너지가 긍정에서 부정으로 다시 중성으로 움직이는 것을 보여줍니다.[7] 음양의 상징에서 변화 과정

---

6 "A Pitcher of Water," III/15.

의 패턴을 보여주는 도표를 다시 본다면, 이런 에너지의 흐름이 나타나는 것을 볼 수 있습니다. 불균형의 2(+):1(−)의 비율로 표현되는 양은 능동적 소통의 상태에서 음으로 하여금 불균형의(능동적) 2(−):1(+)의 비율을 통해 반응하거나 소통합니다. 이런 행동과 반응은 중성 에너지의 균형 잡힌 배열 (비활동적인 소통)을 만듭니다. 이 배열에서는 반대되는 전하들이 조화로운 관계 속에 있습니다. 이것을 양전하와 음전하가 1:1의 비율로 상징화되는데, 이것은 변화를 통해서 '역', 즉 하나로 돌아갑니다. 그러나 하나나 역은 변화의 원리인데, 에너지의 비대칭적 배열로 행동이나 소통을 일으킵니다. 하나는 셋인 양과 둘인 음으로 분열하게 됩니다.[8]

여기에서 해럴드가 말한 예수님의 '하나의 정식'(Jesus' equation of One)을 만납니다. 다시 자연의 깊이에서 에너지의 작동 패턴을 전달하는 '정식'이라는 말을 제대로 인식하지 않는다면, 거의 뜻이 잘 통하지 않는 수수께끼 같은 진술을 다뤄야 합니다. 예수님은 말씀하셨습니다. "이제부터 한 집안에서 다섯 식구가 서로 갈라져서, 셋이 둘에게 맞서고, 둘이 셋에게 맞설 것이다. 아버지가 아들에게 맞서고, 아들이 아버지에게 맞서고, 어머니가 딸에게 맞서고, 딸이 어머니에게 맞서고, 시어머니가 며느리에게 맞서고, 며느리가 시어머니에게 맞서서, 서로 갈라질 것이다"(눅 12:52-52). 해럴드는 '이제부터'라는 단어가 시간 속에서 에너지의 작동을 함의한다고 깨닫습니다. 달리 말하면, 우주 속에서 모든 변화 과정 자체의 통합적인 부분으로 시간의 힘 아래서 에너지가 작동합니다. 해럴드는 예수님의 이상한 진술에 대해 이렇게 썼습니다.

---

7 Preston Harold, *The Single Reality*, 332.

8 Preston Harold, *The Shining Stranger*, 185.

…모든 가족은 넷인데, 아들이 결혼하고 딸이 결혼하지 않은 경우에만, 이 말씀이 삶에 적용됩니다. 예수님은 상징적이거나 시적으로 말했지만, 수학자로서 말씀하신 것입니다. 긍정 사인을 남성 요소에 적용하고, 부정 사인을 여성 요소에 적용하는 관습을 따르면, 두 긍정 사인과 네 부정 사인이 나타납니다. 아버지와 아들, 어머님과 딸, 시어머니와 며느리의 대결입니다. 그러나 어머니와 시어머니는 부정 사인으로 분열이 되고(- / -), 이것은 긍정 사인도 같습니다. 그렇기 때문에 한 가정은 셋의 긍정 요인(factors)과 둘의 부정 요인으로 구성됩니다. 하나의 힘이 분열되면 드러난 부정의 힘이지만, 실제로는 하나의 긍정의 힘(a postivie force)이 드러난 두 부정의 힘을 드러난 두 긍정의 힘과 함께 대항합니다. 스스로 분열되는 부정의 숫자가 긍정의 숫자와 같음을 이해한다면, "한 집안"에서 작동하는 힘의 숫자가 다섯이고,9 예수님이 말씀하신 "사인들"의 숫자가 여섯임을 인정하게 됩니다. 이 연구에서 밝힌 견해로 본다면, 예수님이 사인의 숫자들을 이해했다는 증거는 명백합니다.10

여기서 예수님이 주역에서 주어진 음양의 작용에서 변화의 원리를 이해했다는 증거라고 말할 수 있습니다. '한 집안'을 음양의 상징으로 볼 수 있습니다. 즉, 아들은 '소양'이고, 아버지는 '태양', 딸은 '소음'이고, 어머니는 '태음'입니다. '어머니'(-/-)의 분열에서 '어머니와 시어머니'(==)로의 터닝

---

9 다섯 요인(five factors)은 아버지와 아들, 어머니와 딸, 시어머니와 며느리의 다섯 명의 가정에서 작용하는 힘의 요인들을 의미한다. 해럴드는 '아들이 결혼하고, 딸은 미혼인 경우'에만 적용이 가능하다고 한다. 여섯 사인은 아버지와 아들, 어머니와 딸, 시어머니와 며느리에게 부과되는 사인으로 두 양적 사인(아버지와 아들)과 네 음적 사인(어머니, 딸, 시어머니, 며느리)으로 여섯 사인이 된다. 어머니는 어머니와 시어머니로 동시에 두 번 작용해서 여섯 사인이 된다. [역주]

10 Preston Harold, *The Shining Stranger*, 185.

포인트로 묘사되는 '태음'의 기능을 볼 수 있습니다. 그것이 집안의 음적인 측면에서 '소양'을 낳습니다. 그렇지 않다면, 다음 도표에서 소양인 아들(==)과 태양인 아버지(==)의 두 사인을 볼 수 있습니다. 음의 측면에서 스스로 분열된 부정의 셋은 긍정적 요인을 낳고, 소양과 관계에서 '며느리'는 집안의 음적 측면에서 짝 혹은 '덧셈', 긍정 요소가 됩니다. 그래서 '소양(==)'의 상징이 나타납니다.

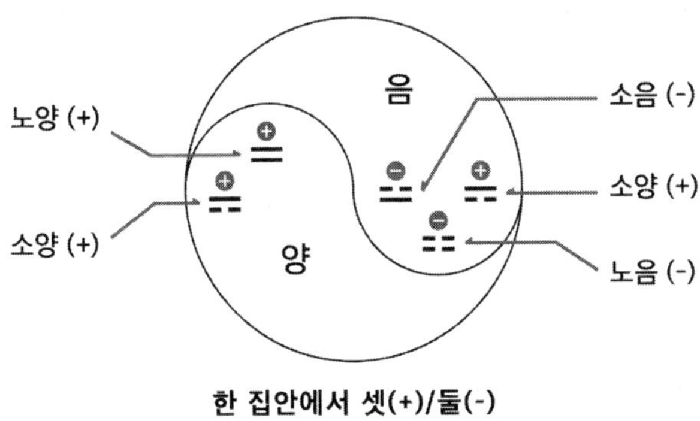

한 집안에서 셋(+)/둘(-)

'하나의 집안(the house of One)에서 해럴드의 개념으로 '반복해서 말해지는 이중부정', 즉 '태음'의 상징은 즉각적으로 양을 낳습니다. 그러므로 긍정의 수 셋 대 부정의 수 둘입니다.

한 집안에서 상호 작용의 목적은 무엇을 의미합니까? 예수님의 한 집안의 정식을 해럴드가 발표하는 것을 다시 본다면, 예수님이 즉각적으로 소통을 위한 필요충분한 반복의 비율로 두 긍정의 요인 대 네 부정의 요인을 정립했습니다. 2:4의 비율은 1:2 대 2:1로 환원되는데, 상반된 요인들 사이의 교차 행동(cross action)입니다. 하나의 특징(the nature of One)은 소통하는 것이고, 역, 즉 변화의 목적은 소통입니다.

해럴드는 숫자로 예수님의 하나의 정식을 말합니다. 3/2 × 2/3 = 6/6 = (-1 vs +1). 이 공식은 다음과 같이 읽을 수 있습니다. "양이 음으로 변할 때, 음은 양으로 변합니다. 즉, 한 집안에서 균형과 조화를 회복하는 것입니다. 비대칭적 관계는 대칭적 관계에 굴복하고, 대칭적 관계는 긍정과 부정의 요인들이 비대칭적 작용을 일으키면서 해체됩니다. 따라서 변화와 교차 행동을 통해 다시 소통이 일어납니다." 부정, 긍정, 중성 사이의 에너지의 이행은 끊임없이 일어나기 때문에 소통은 전 우주를 통해서 계속 일어납니다.

소통하는 이들이 본질적으로 다를 때는 어떤 소통도 일어날 수 없습니다. 본질에 있어서는 질적으로 긍정과 부정의 에너지는 같습니다. 다시 말하면, 각 힘은 같은 하나의 에너지, 중성자들로 구성됩니다. 그러나 긍정과 부정의 단위는 양적으로 다르기 때문에 소통할 수 있습니다. 양적인 차이, 즉 불균형은 변화(교차 행동)를 위해선 필연적인데, 진정한 소통을 가능케 하는 소통과 상생적 관계의 기초입니다.

역사에서 지금 이 시대까지는 한 집안에서 상징하는 숫자들이 이해가 되지 않았습니다. 전기가 통하거나 통하지 않는 기본 입자들의 작용과 반작용에 대해서도 알지 못했습니다. 그렇지만 이런 발견을 통해서 예수님의 메시지와 주역의 메시지가 완전한 조화를 이룰 수 있는 양에서 음으로, 음에서 양으로 향하는 변화의 비밀과 소통의 예수님의 법칙을 이해하기 시작했습니다.

예수님이 고대 중국의 고전을 실지로 아셨는지를 결코 확인할 수는 없습니다. 중국의 고전인 주역은 사상의 관계, 즉 소양과 소음, 태양과 태음에 해당하는 자연을 통해서 작동하는 음양을 발견했습니다. 우리는 이렇게 말할 수 있습니다. 비록 예수님이 주역을 모르셨다고 해도 무의식을 통해서 주역에서 전개하는 내면의 작용의 동일한 패턴을 전개하셨습니다. 그렇기 때문에 모든 언어로 같은 개념을 말하는 또 다른 진리의 예를 갖게 되었습니다.

제 14 장
공감의 비밀

소통은 변화의 과정을 통해서 이루어지고, 공감 속에서 구체적으로 진정성을 갖게 됩니다. '공감'이라는 말은 요한네스 볼켓(Johannes Volket)과 로버트 비쉬(Robert Vischer)가 독일어로 감정 이입(Einfuhlung)이란 말로 처음 사용되었습니다.[1] 문자적으로는 영어로 'infeeling'입니다. 이 단어는 재귀동사 'sich einfühlen'에 뿌리를 두고 있는데, 영어로는 'to feel oneself into'(느끼도록 자신을 밀어 넣는 것)입니다. 결과적으로, 공감은 종종 다른 사람 속으로 자신의 감정을 투사하는 것입니다. 그러나 예수님이 가르치신 종교적 공감의 의미는 성경에 따르면 통상적인 감정 이입의 정의와는 전혀 다릅니다. 감정 이입은 투사의 의미로 볼 수 없으며, 다른 사람과 함께 본질적으로 참여하는 것입니다.

특별히 요한복음에서 예수님과 아버지와의 관계는 공감의 개념으로 가장 잘 이해할 수 있습니다. 예를 들어, 예수님은 "나와 아버지는 하나이다"(요 10:30) 혹은 "아버지께서 내 안에 계시고 또 내가 아버지 안에 있다는 것을, 깨달아 알게 될 것이다"(요 10:38)라고 말씀하셨습니다. 예수님의 기도에서 공감의 개념을 분명하게 표현합니다. 예수님은 이렇게 기도하셨습

---

1 Herbert Read, *The Forms of Things Unknown* (NY: Horizon Press, 1960), 87.

니다. "…그들도 하나가 되어서 우리 안에 있게 하여 주십시오 그래서 아버지께서 나를 보내셨다는 것을 세상이 믿게 하여 주십시오 나는 아버지께서 내게 주신 영광을 그들에게 주었습니다. 그것은 우리가 하나인 것과 같이, 그들도 하나가 되게 하려는 것입니다. 내가 그들 안에 있고, 아버지께서 내 안에 계신 것은 그들이 완전히 하나가 되게 하려는 것입니다. 그것은 또 아버지께서 나를 보내셨다는 것과, 아버지께서 나를 사랑하신 것과 같이 그들도 사랑하셨다는 것을 세상이 알게 하려는 것입니다"(요 17:21-23). 사도 바울은 이와 비슷한 견해를 이렇게 말했습니다. "이제 살고 있는 것은 내가 아닙니다. 그리스도께서 내 안에서 살고 계십니다"(갈 2:20).

여기에서 공감의 의미는 완전한 연합과 깊게 연관됩니다. 그것은 타인 속에 들어가는 자신의 완전한 참여입니다. 이런 종류의 상호 참여에서 타인들의 가장 깊은 감정 속에서 그 감정들이 우리 것처럼 나누게 됩니다. 이런 공감 속에서 예수님은 우리의 일부가 되셨습니다. 즉, 아버지가 예수님의 일부가 되신 것처럼 말입니다. 따라서 공감은 우리를 전체의 일부로 만들어 서로 함께하는 것입니다. 밥콕은 "공감은 그것이 자신에게 일어난 것처럼 행동 속에 자신을 개입시킨다"라고 말했습니다.[2]

그러나 공감의 내적인 의미는 감정 자체보다도 더 깊은 현실에 개입하는 것입니다. 해럴드는 공감을 나눔의 내면의 현상으로 보았는데, "횔더린의 '히페리온'(Hyperion)에서 디오티마(Diotima)가 표현한 것처럼—'당신을 이해해 주는 사람에게 당신의 위대함과 좌절을 반드시 나눠야 합니다'—혹은, 참여 현상, 동일시의 현상… 이런 표현 방식의 양태는 함께 존재함의 어떤 현상적, 의도적, 의도 이전의 형태를 가리킵니다…"[3] 내면의 나눔

---

2 "A Pitcher of Water," VII/7.

현상인 공감은 본질적 연합을 전제합니다. 공감은 내면의 감정들이 함께하는 본질적인 하나됨, 내면의 참여를 다룹니다. 공감은 내적인 나눔이기에 그것은 내면으로 경험하는 것입니다. 공감은 타자들 속에 자아가 진정으로 참여함인데, 타자들이 자아인 것처럼 말입니다. 공감 속에서 자아는 존재의 깊은 심층 속에서 변화하게 됩니다. 우리는 전체의 합일 속에서 자신을 보게 됩니다. 타자 속에 본질적으로 참여하기 때문에 공감은 진정한 감정과 참된 실존의 느낌(authentic feeling and sense of true existence)을 우리에게 줍니다. 이것이 바로 예수님이 계속해서 아버지와 자신의 합일을 강조한 이유입니다. 아버지와 하나가 됨으로써 예수님은 자신의 본질과 본성을 찾았고, 아버지와 분리되어 있을 때는 예수님은 자신이 될 수 없었습니다. 예수님에게 하나님의 아들됨의 진정성과 역사 속에서 독특성을 부여한 것은 공감이었습니다. 그것이 바로 공감이 종교적 행동의 핵심에 속하게 되는지를 보여주는 이유입니다.

공감(empathy)은 동정심(sympathy)과는 근본적으로 다릅니다. 동정심은 '친구 감정'4인데, 독립적인 실체들이 서로를 공명할 수 있다는 개념에 근거한 것이기 때문에 본질에 있어서 내적이라기보다는 더욱 외적입니다. 동정심은 공명하는 태도입니다. 따라서 막스 셸러는 동정심의 특징은 자발적이라기보다는 반응하는 것이라고 말했습니다.5 따라서 동정심은 다른 사람의 감정에 반응하는 것입니다. 이것은 내면의 합일이 아니라 외적인

---

3 Preston Harold, *The Shining Stranger: An Unorthodox Interpretation of Jesus and His Mission* (The Wayfarer Press, 1967), 113.

4 Max Scheler, *The Nature of Sympathy* (New Haven: Yale University Press, 1954), 12.

5 앞의 책, 142.

동일시와 관계가 있습니다. 이런 의미에서 동정심은 외적이거나 외재적인 표현이고, 더욱 깊은 현실, 내면의 참여를 전제로 합니다. 동정심은 공감의 외부적 표현이고, 공감은 동정심의 내면의 현실입니다.

공감이 없는 동정심은 자아와 타자의 표면적인 동일화일 뿐입니다. 예수님은 자신의 시대에 많은 사람들이 단지 동정심만을 실천하고 있다는 것을 아셨습니다. 그러나 예수님이 가르친 것은 공감입니다. 공감은 사람들 사이에서 결핍된 것을 완성하게 됩니다. 동정적 반응은 외적인 동일화에 근거하고 있습니다. 예수님은 자신이 아버지와 같다는 것을 거부했습니다. 오히려 예수님은 아버지 안에 있는 것이고, 아버지가 예수님 안에 있는 것입니다. 예수님은 외적인 동일시보다는 내면의 현실을 강조했습니다. 예수님은 '안'이라는 단어를 사용해서 공감하는 과정을 알리셨습니다. '안'이란 단어는 아버지와 자신을 구별하지만, 또한 다름에도 불구하고 자신을 아버지와 연합합니다. 이런 공감 속에서 예수님은 신성 모독을 피하면서 자신의 능력을 주장할 수 있었습니다. 예수님은 아버지 안에 있고 아버지는 자신 안에 있지만, 그분은 아버지가 아니었고 아버지도 예수님이 아니었습니다.

공감 속에서, 예수님은 하나님이십니다. 공감 속에서, 우리는 예수님입니다. 예수님을 그 시대 사람들과 구분할 수 있는 것은 공감이었고, 그것은 예수님을 우리 존재의 원형으로 만들었습니다. 따라서 기독론적인 질문은 공감의 비밀 속에 정확하게 들어 있습니다. 기독론에 대한 전통적인 방법이 실패한 것은 그리스도를 동정적인 방식으로 접근해서 생긴 것입니다. 우리가 예수님을 다른 존재로 이해하게 된 것은 예수님의 실체가 아니었습니다. 예수님이 하나님의 아들이 된 것은 공감 때문이었습니다. 예수님은 참으로 공감하는 분이셨는데, 모든 것이 그분 안에 있음을 또한 모든 것 속에 참여함을 깨우쳤기 때문입니다. 따라서 예수님은 요한복음에서 '빛(요 1:9), 생명

(11:25-), 생명수(요 4:10-), 빵(요 6:36, 48-58), 피(요 6:56)'의 상징이 되셨습니다. 이 모두는 공감적 상징인데 세상 속에 들어가서 창조적이게 만들었습니다. 따라서 공감은 창조성의 내면의 특징을 갖는 반면에, 동정심은 이것을 갖지 못합니다. 동정심은 조건 지워진 반응과 관계되지만, 공감은 본질적 현실과 관련됩니다. 공감은 생명과 의미를 부여해 줍니다. 따라서 공감의 비밀을 알게 됨으로써, 예수님은 세상을 변화시킬 수 있었습니다.

공감은 만물이 가지고 있는 내면의 의존성을 전제하고 있습니다. 사실상 공감은 만물들이 상호 의존적이기 때문에 가능합니다. 이런 종류의 연속성에서 만물의 본질적 통일성은 하나의 규범이 됩니다. 이런 관점에서 공감은 하나(One)인 분의 역(易)의 능력으로 볼 수 있습니다. 모든 다양한 존재로 하여금 하나(One), 즉 궁극적 원리 속으로 수렴시키는 경향이 바로 공감입니다. 만물은 깊이의 차원에서 그 뿌리의 핵심과 중심인 일자인 하나님을 향해 어떤 힘에 끌려가게 됩니다. 공감 때문에 음양, 모든 존재의 원초적 짝들은 서로 상생합니다. 이것이 바로 양극을 연속성 속으로 인도하는 내면의 능력인데 그것이 바로 공감입니다. 이 힘은 결국 서로 싸우는 것으로부터 다시 평화와 조화를 가져옵니다. 음양, 부정과 긍정은 공감 때문에 상호 독립적이지만 서로 공존하게 됩니다. 공감은 중력처럼 모든 것을 땅의 중심을 향해서 끌어당깁니다. 이것이 바로 만물의 내면 특징 속에 들어있는 내재적 힘입니다. 공감은 일종의 노스텔지어인 고향으로 향하는 마음인데, 우리를 원초적 근원으로 돌아가게 합니다. 이 근원은 우리가 태어나기 전의 한 점이고, 자연과 분리되기 전의 상태입니다. 이것이 바로 원래의 합일과 조화로 돌아가는 원시반본의 질서 속에서 역사하는 드러난 힘입니다.

공감이 근원을 찾기 위해 돌아가는 운동을 하는 동안 엔트로피는 앞으로 움직여 나갑니다. 따라서 시간의 발전은 엔트로피 속에서 표현되고, 우주의 구성에 있어서 우연적 요소들이 증가하는 것으로 나타납니다. 한편, 네겐트로피의 대항운동은 공감 속에서 표현되는데, 우연적 요소들을 다시 통합하는 힘입니다. 이런 점에서 공감은 심리적 씬트로피입니다(empathy is a psychic syntropy). 해럴드는 에너지의 해체 혹은 엔트로피를 욕망 에너지의 파괴(the disorganization of the energy of lust)로 비유했습니다. 심리적 엔트로피와 같이 욕망의 파괴는 공감을 증가시키면서, 조직화 되지 않은 요소들이 사랑 속으로 조직화 되어가는 것입니다. 해럴드는 이것을 다음과 같이 설명합니다.

> 인간의 욕망 덩어리는 어떤 조직에서 열의 원천과 같습니다. 열이 생기면 불가피한 부작용도 생기는데, 사람이 하는 어떤 일이라도 최종적인 산물은 심리적 영역의 욕망과 관련됩니다. 그러나 마지막 열이 낮은 온도라면, 더 사용할 수 없습니다. 사람 속에서 욕망이 줄어 눈으로 볼 수 없지만, 마음이나 행동에서 모든 것이 경험될 때, 의식 속에서 욕망이 다 없어져 죽음에 이를 때까지 투사해 볼 수 있습니다. 그러나 욕망이 정말 죽게 된다면, 다시 공감의 증가를 투사하게 됩니다. 즉, 욕망이 완전하게 뒤섞여질 때까지, 공감은 생명 자체를 사랑함이고, 사랑하는 자를 향한 신적인 인간의 욕망이 됩니다. 혹은, 욕망이 줄어들면서, 동정심이 증가해서 시간 속에서 공감이 완성될 수 있다면, 인간의 열정은 적정한 수준을 유지해야 합니다.[6]

공감은 재조직하는 심리적 힘인데, 그 원천은 원초적 통일성에 있습니다. 따라서 심리적 엔트로피는 심리적 에너지가 밖으로 움직여 나갈 때 증가

---

6 Preston Harold, *The Shining Stranger*, 142.

합니다. 한편, 공감은 내면의 지향성을 향해서 움직입니다. 이것이 바로 해럴드가 완전한 공감은 무의식의 핵심에서 발견된다고 믿었던 이유입니다. 열역학의 균형이 거의 완벽하게 이루어지는 예를 별의 심층적 내면의 자리에서 발견한 것과 같습니다.7 공감은 모든 상반된 것이 완전한 평형을 이루기까지 증가합니다. 공감은 무의식의 핵심 혹은 역의 중심이고, 만물을 위한 원초적 출발점입니다. 이런 면에서 공감의 증가는 사실상 나누어지지 않는 연속성, 원초적 중심을 향한 힘의 증가입니다.

심리적 엔트로피와 공감 사이의 관계는 변화의 원리라는 개념에서 이해해야 합니다. 만물은 변화의 법칙에 종속되듯이, 엔트로피와 공감의 과정은 변화의 원리가 지배하게 됩니다. 심리적 엔트로피가 최대치에 이르면, 그 짝인 공감에 모든 능력을 이양하지 않으면 안 됩니다. 음이 양 때문에 영원히 자랄 수는 없는 것과 마찬가지로, 심리적 엔트로피는 공감 때문에 영원히 증가할 수는 없습니다. 심리적 엔트로피가 일으키는 요소들의 파괴는 영원히 계속 증가할 수는 없습니다. 왜냐하면 상대 짝인 공감이 사랑의 연합 속에서 심리적 에너지를 재조직하기 때문입니다. 게다가 공감이 최대치로 증가하면, 다시 줄어들기 시작합니다. 이런 심리적 엔트로피 때문에 공감은 최대치를 유지할 수 없습니다. 따라서 가장 이상적 공감의 상태는 최대치가 아니고 최적치입니다.

최적의 상태에서 공감과 심리적 엔트로피는 균형을 잡게 되며, 자아의 내적 운동과 외적 운동은 협력하게 됩니다. 밥콕은 "선의 최대치가 아니라 최적의 상태를 표현하면, 그렇게 함으로써 자동적으로 악의 최소치를 표현하게 됩니다"8라고 말했습니다. 따라서 목표는 공감의 최적화가 이루어져

---

7 앞의 책.

야 합니다. 거기에서 심리적 에너지의 역동적인 균형이 이루어지게 됩니다. 심리적 에너지는 엔트로피를 통해 양극화의 형태로 해체되지만, 공감을 통해서 이런 힘들은 섞여서 '심리적 균형'[9]이 가능해지는 지점에 도달합니다.

이 균형은 모든 사물이 전적으로 의존적일 뿐 아니라 전체의 일부가 되는 최적의 조건입니다. 이런 종류의 균형에서 완전한 자유를 경험할 뿐만 아니라 완전한 의존을 경험하게 됩니다. 완전한 자유는 완전한 의존 때문에 가능한 것이고, 이 둘은 공감의 최적 상태에서 동시에 경험됩니다. 이런 역설의 견해에서 해럴드는 공감을 도의 언어로 비유한 것은 옳습니다. 그는 이렇게 말합니다.

공감의 효과와 생명에 대한 의미는 도(道)와 비슷합니다. "도가 단지 존재의 작은 것들만 주의를 기울이면 혼동스럽습니다…" 그러나 도를 보편적으로 파악하면, "법률이나 강박이 없이도, 사람이 조화 속에 살게 됩니다." 개별적 개념

---

8 "A Pitcher of Water," VII/7.

9 해럴드는 에딩턴이 열역학의 균형을 묘사한 것을 발표한다. "그런 지점은 무시간적이라고 말하는 것은 사실이 아니다. 원자들은 작은 시계와 같이 평상적으로 떤다. 그것들을 통해서 속도와 지속을 잴 수 있다. 시간은 여전하고 일상적 특징을 지니고 있다. 그러나 시간은 방향성을 잃는다. 공간과 같이 퍼져가지만 '가는 것'은 아니다." 그래서 해럴드는 인간이 시간을 가는 것처럼 지각할 때, 그것에 대항하는 자신을 측정해야 한다고 말했다. 뒤에 지체하거나 앞으로 나가도록 재촉하는 것처럼, 그의 인생은 이행단계에 의해서 측정되어야 한다. 그러나 시간이 공간과 같이, 파랗거나 별들이 쏟아지는 하늘로 퍼져갈 때, 사람은 완전한 자유의 순간을 경험하고, 무한성의 여기와 지금을 깨닫게 된다. 그는 존재 안에서 단지 깊이 자리한 만족을 경험함이 없이 이것을 경험할 수는 없다고 했다. … 완전한 공감의 조건 아래서 원자의 특별한 생명을 정지하게 하는 열역학의 균형보다 다른 심리적 정체, 스태그네이션, 혹은 욕망의 죽음은 없다고 말할 수 있다. 해럴드의 Preston Harold, *The Shining Stranger*, 142를 참조..

으로, 공감은 자신의 존재에서 황금률을 깨닫는 것입니다. 공감은 자신의 영혼 속의 행동으로서의 새 계명인데, 예수님은 "서로 사랑하라… 네 이웃을 자신처럼 사랑하라"라고 말씀하셨습니다.[10]

예수님은 황금률이 공감의 최적치에 근거함을 아셨습니다. 어떤 일방적인 극단을 주장하지 않습니다. 도는 공감의 최대치가 아니라 최적치입니다. 악을 대행해선 안 됩니다(마 5:39). 상대적인 악을 제거할 수 있는 방식은 없는데, 드러나는 영역에서 상대적 악은 상대적 선과 구분이 안 되기 때문입니다. 공감의 최적 상태에서 선과 악의 이원성은 해결이 됩니다. 따라서 밥콕은 "다시 공감을 생각해 봅시다. 그것은 선과 악의 두 힘을 재구성하는 것으로, 양쪽을 다 관여하지만, 양쪽을 넘어섭니다"[11]라고 말했습니다. 음은 양이 없이는 존재할 수 없는 것과 같이, 선은 악이 없이는 존재할 수 없습니다. 그것들을 화해케 하는 것은 공감입니다. 공감은 모든 것을 짝이 되는 상대의 깊이 속으로 인도합니다.

공감의 최적치에선 과거도 미래도 없고 여기도 저기도 없습니다. 그 속에서 시간과 공간의 차이도 더 이상 존재하지 않습니다. 따라서 공감의 죄석치는 계속되는 변화와 이행 속에서 지금 여기에 존재합니다. 달리 말하면, 인간은 공감의 최적치에서 영원한 생명을 발견합니다. 공감은 변화의 핵심이고 무의식의 중심이기 때문입니다. 따라서 공감은 구원의 수단입니다.

해럴드는 "공감은 인간을 구원하는 은총이다"라고 말했습니다.[12] 구원

---

10 Preston Harold, *The Shining Stranger*, 114.
11 "A Pitcher of Water," VII/6.
12 Preston Harold, *The Shining Stranger*, 115.

된다는 것은 하나님(the One), 즉 만물의 나눠지지 않은 중심 속에 존재하는 것을 의미합니다. 이것이 모든 것을 원초적 시작 속으로 이끄는 힘을 가진 공감입니다. 태초에 이원성은 존재하지 않았는데, 하나가 분리되지 않았기 때문입니다. 하나 속에 있음은 아버지 속에, 모든 창조의 원초적 시작 속에 있는 것입니다. 그분 안에 있음이 바로 구원입니다.

그렇지만 사람은 예수님을 믿음으로써 원초적 아버지 속으로 들어갑니다. 다시 말해서 예수님과 함께 공감 속에 있습니다. 이런 방식으로 예수님을 믿음은 아버지 속에 계신 그분 속에 있음을 의미합니다. 예수님이 "나는 아버지 안에 있고, 아버지는 내 안에 있다"라고 말씀하셨습니다. 예수님은 "이는 내가 사랑하는 아들이다. 내가 그를 좋아한다"(마 3:17)라고 하는 내면의 소리를 들었는데, 공감 속에 있음이 틀림이 없습니다. 공감의 최적치 속에서 예수님은 하나님의 아들이 되었습니다.

더욱이 삼위일체의 비밀은 공감 속에서 드러나는 계시인데, 삼위일체는 셋이 완전한 공감 속에 있음입니다. 아버지는 완전하게 아들 속에 참여하는 데, 아들은 완전하게 성령 속에 참여하는 것과 마찬가지입니다. 삼위일체는 완전한 공감의 삼위적 표현입니다. 따라서 공감은 우주 속에 하나님의 비밀의 능력이 드러나는 것과 마찬가지로 하나님의 신성 자체의 비밀의 열쇠입니다. 공감 속에서 모든 것이 가능한데, 공감에 의해서 그들 셋은 생성의 원초적 원천 속으로 인도됩니다.

공감은 모든 것을 근원으로 움직이게 하기 때문에 통일성을 이야기합니다. 따라서 공감은 엔트로피의 반대 방향으로 가는데, 엔트로피는 사물들을 퍼져가게 합니다. 공감이 퍼져간 것을 다시 통일성으로 끌어당깁니다. 공감은 거짓 가면과 개념을 벗겨내서 사물들이 적대적이고 혼동되게 만듭니다. 공감은 인생에서 만들어지는 인위적 이원성을 제거합니다. 예수님은 공감은 자르거나 쪼개지 않은 통나무인 박(樸)으로 상징되며, 단순한 어린이들 속에서 가장 잘 표현되는 것을 아셨습니다. 노자는 또한 이렇게 말했습니다. "자신의 기를 통제해서 부드러움을 이루기 위해서는 너희는 새로 태어난 어린아이처럼 되어야 한다."13 이것이 바로 예수님이 하나님의 나라에 들어가기 위해서 어린이와 같이 되라고 말씀하신 이유입니다. 그러나 어린이가 자라면서 점점 더 소외되고 공감하지 못합니다. 따라서 단순성과 공감은 상호 연관됩니다.

그러나 어른 속에서 회복되는 단순성과 공감적 통일은 정확하게 새로 태어난 아이의 단순성은 아닙니다. 단순성과 갓난아이의 단순성과 관계는 에너지의 재구성과 원초적으로 구성된 에너지와의 관계와 같습니다. 파괴의 순간이 개입되기 때문에 그것은 다릅니다. 공감은 어른에게 있어서는 하나의 통합된 힘과 같이 모든 심리적 에너지를 모아서 하나의 정신이 되어야 합니다. 그러나 이것이 일어나기 위해서 영혼은 자신을 보호하기 위해서 입은 옷으로 인해 생기는 소외되고 분열된 가면을 벗고서 맨몸이 되어야 합니다. 영혼이 자신의 생명을 구하기 위해서 가지게 되는 많은 염려와 걱정들은 반드시 떨구어 내야 하고, 정신과 영혼과 기운의 모든 힘을 합해서 지켜내기 위해서 반드시 필요로 하는 하나가 있습니다. 그것이 바로 공감적 사랑입니다. 즉, 자신을, 이웃을, 하나님을 사랑하는 것인데, 이 모든 것은 하나입니다. 이것은 사랑의 하나됨이고, 시각의 하나됨입니다. 예수님은 공감의 비밀이 영혼과 마음의 하나됨이라는 것을 아셨습니다. 따라서 예수님은 단순하게 정신일도의 상태에서 사셨고, 자신을 아버지께 온전히 바쳤습니다.

---

13 『도덕경』, 10장.

공감은 이기주의를 파괴합니다. 그것은 자기 중심을 깨뜨려서 서로 침투하게 합니다. 이것은 우리를 세상과 분열하게 하는 표피적 자아에 관계하는 것이 아닙니다. 해럴드가 "공감을 통해서만 다른 사람의 입장에 설 수 있습니다. 다른 사람과 거리를 두지도 않고, 자신을 떠맡기지도 않고, 자신의 정체성을 잃지도 않습니다. 공감은 이것을 가능케 하고 반드시 그렇게 됩니다"라고 말했습니다.[14] 공감은 우리를 다른 사람 속에 있게 합니다. 그들이 우리 속에 있는 것과 같이 말입니다. 그것은 우리를 깨뜨려 다른 사람과 연합하게 합니다. 그러나 공감은 자신의 정체성을 파괴하지는 않습니다. 그렇지만 공감은 거짓 자아를 깨뜨리고, 다른 사람들 속에 침투하게 합니다. 따라서 공감을 통해 다른 사람 속에 참으로 있게 되는데, 그렇게 함으로써 다른 사람이 우리 속에 있게 됩니다. 그들 속에 있음으로써 그들이 되지 않고서도 그들과 하나가 됩니다. 이것이 다른 사람들의 내면적 층들 속으로 우리를 침투케 합니다. 음은 양 속에, 양은 음 속에 있음 같이 우리는 다른 사람들 속에, 그들은 우리 속에 있습니다. 이런 종류의 관계에서 다른 사람들 속에 전적으로 침투할 수 있기 때문에 이루어지는 우리됨을 갖게 됩니다. 이런 침투가 없다면 우리는 전체가 될 수 없습니다. 이런 점에서 공감은 우리를 이기심과 가깝게 만들지만, 그러나 전적으로 우리 자신이 됨에 개방적이게 만듭니다. 여기에서 공감 속에 내재하는 창조적 능력을 봅니다.

공감적 관계는 동료 인간에게만 국한되지 않습니다. 공감 속에서 모든 피조물을 고려합니다. 소엔 대사(Soen Roshi, 中川 老師)는 초심자를 가르치면서 이렇게 말합니다.[15]

---

14 Preston Harold, *The Shining Stranger*, 114.

15 소엔 대사(1907~1984)는 일본의 현대 선승으로 서구인과 교류하며 미국과 유럽에 선불교를 전파했다. 독특한 시적 표현과 열정적 수행으로 현대 미국의 선불교 운동에 지

초심자였을 때 여러분이 하는 것처럼 마루를 청소했습니다. 그러나 스승이 말했습니다. "이렇게 하는 것이 아니야. 빗자루로 쓸 때 먼지에게 '용서하게. 잘못된 자리에 있었군'이라고 말하며 일해야 하네. 그러면 효과적으로 할 수 있네".16

공감하면 우리 관계 속에 어떤 틈새도 없음을 깨닫게 됩니다. 모든 것은 공감 속에서 연결되는데, 정신이 몸의 모든 지체와 연결되는 것과 마찬가지입니다. 공감 속에서, 세계는 나누어진 조각들의 모임이 아니고 유기적 전체입니다.

바울은 그리스도를 중심으로 세계를 유기체로 보는 견해를 가졌습니다. 따라서 바울은 "만물은 그분 안에서 존속합니다"(골 1:17)라고 말했습니다. 바울은 고린도 교인들에게 보낸 편지에서 교회를 그리스도의 몸으로 묘사합니다. 모든 사람은 그리스도의 충만을 교회 속에서 공유하게 됩니다. 따라서 바울은 "여러분은 그리스도의 몸이요, 따로 따로는 지체들입니다"(고전 12:27)라고 말했습니다. 유기체적인 공동체 속에서 공감이 중요한 역할을 합니다. 따라서 "한 지체가 고통을 당하면, 모든 지체가 함께 고통을 당합니다. 한 지체가 영광을 받으면, 모든 지체가 함께 기뻐합니다"(고전 12:27). 여기에서 바울은 공감이 최적화되는 상태가 유기체인 교회 안에서 가능하다는 것을 알았습니다. 공감은 모든 것을 하나로 원초적 시작인 그리스도에게로 오게 합니다. 인간이거나 식물, 동물 등 모든 존재는 그리스도와 연합하게 됩니다.

만물은 공감할 때 연합하고, 하나님의 전체성을 나눕니다. 공감은 한계

대한 영향을 미친 인물이다.

16 R. E. Sherrell, ed., *Ecology* (Richmond, Virginia: John Knox Press, 1971), 126.

가 없는 연속성의 바닷속으로 우리를 개방하고, 만물들과 보다 심층적인 통일성의 느낌을 갖게 합니다. 공감은 바다의 느낌을 갖게 하고, 우주의 모든 구석구석까지 무한하게 침투합니다. 공감은 한계가 없는 마음의 진로를 만드는데, 바로 종교적 경험의 핵심입니다.[17] 공감이 최적화되는 상태 속에서, 상반된 것의 일치를 통해서 우리는 무한하게 팽창되는 것을 경험합니다. 모든 반대되는 것은 일치하게 되고, 삼매경을 경험하게 되는데, 자신을 무한자 속에서 발견하게 됩니다. 공감 속에서 자신의 한계를 넘어서게 되고, 일상 세계를 넘어서는 어떤 것을 경험합니다. 그럼에도 불구하고, 세계 속에 존재하게 되는데, 초월성의 현실은 우리 밖에 있는 어떤 곳에서 있는 것이 아니기 때문입니다. 우리는 유한하지만, 공감 때문에 무한자를 경험합니다. 이런 경험 속에서, 전체의 일부일 뿐만 아니라 전체 자체가 됩니다. 따라서 공감 속에서, 진정한 자유와 자발성과 사랑을 경험하는데, 다른 형태들로 공감이 드러나는 것이지 다른 것이 아닙니다. 따라서 공감은 종교적 삶의 핵심이고, 예수님의 가르침의 중심입니다. 예수님 안에서 공감의 비밀은 드러납니다. 공감 속에서 예수님은 우리의 일부가 되었습니다. 그분 속에서 우리는 모든 것이 됩니다. 모든 것은 유기체적으로 연결되어 있고, 그렇기 때문에 세계는 살아있는 연속성으로 그리스도의 우주적 몸을 경험하고, 그것은 모든 감각적 세계의 상징이 됩니다.

---

17 앞의 책, 129.

제 **15** 장

무의식의 도덕성

공감은 윤리의 규범인데, 의식보다는 무의식의 영역에서 더욱 활동적입니다. 따라서 윤리는 원칙적으로 무의식의 활동에 관심이 더 많습니다. 그러나 우리 시대의 대부분 윤리나 도덕 이론들은 합리적인 기준틀에 근거한 마음의 의식적 활동을 중심으로 전개됩니다. 이런 합리적 원칙 때문에 과거의 윤리와 도덕적 결정은 법칙이나 규율처럼 외부의 지시에 근거하고 있습니다. 예를 들어, 십계명은 서양의 도덕 생활에 없어서는 안 되는 중요하고 불가피한 법률입니다. 예수님은 윤리를 법률적이고 외재적으로 접근하는 것을 혁파하려고 했습니다. 예수님은 하나님과 이웃을 내 몸처럼 사랑하는 새 율법을 도입했습니다. 따라서 해럴드는 "공감은 자신의 영혼 속에서 행동하는 예수님의 새로운 율법입니다. 서로를 사랑하는 것인데, 하나님을 주님으로 마음과 정신, 영혼을 다해서 사랑하고, 이웃을 자신처럼 사랑하는 것입니다"[1]라고 말했습니다. 새 율법은 구약의 옛 율법의 반복이 아니라 이제는 그것을 내면화시키는 것입니다. 달리 말하면, 옛 율법은 외재적인 기준틀에 근거했지만, 새 율법은 내면의 관계에 근거하고 있는데, 이것이 바로 공감입

---

1 Preston Harold, *The Shining Stranger: An Unorthodox Interpretation of Jesus and His Mission* (The Wayfarer Press, 1967), 114.

니다.

공감은 모든 것을 만물의 근거인 원초적 하나로 돌아오게 하기 때문에 공감만이 홀로 도덕과 윤리 원칙의 규범이 됩니다. 공감이 사랑의 새 계명으로 표현된다면, 해럴드가 묘사한 것과 같이, 새 계명은 공감이란 용어로 상세하게 설명함으로써 행동을 위한 윤리와 도덕적 규범을 정하고 이해하도록 돕습니다.

사랑과 공감 사이의 미묘한 차이를 인식하는 것이 중요합니다. 사랑은 공감의 표현입니다. 따라서 사랑은 실존적이라면 공감은 모든 관계의 본질적 특징입니다. 사랑은 공감에 의존하는데, 사랑은 공감의 실현이기 때문입니다. 사랑은 모든 것에 있는 공감적 성향 때문에 적극적입니다. 공감은 모든 양극성에 내재하는데, 다원성을 통일성으로 통합하는 힘이기 때문입니다. 공감은 모든 드러남을 만물의 토대인 원초적 근원으로 인도하는 능력입니다. 공감은 원초적 능력의 범주에 속합니다.

한편, 사랑은 관계 속에서 공감의 표현입니다. 이런 점에서 사랑은 공감의 앞면(foreground)이고, 공감은 사랑의 배경(background)입니다. 사랑은 공감의 외재적 표현이고, 공감은 사랑의 내면의 현존(the inward presence)입니다. 폴 틸리히는 사랑을 정의하기를, "사랑은 분열된 것을 재결합시키는 충동"이라고 말했습니다.[2] 그것은 남녀, 긍정과 부정, 혹은 음과 양을 서로 상생하는 짝들로 재결합시키는 실질적 과정입니다. 그렇다면 사랑은 공감적 반응의 현상으로 만물의 본질적 합일을 전제합니다. 따라서 윤리와 도덕성의 규범은 사랑 자체보다 깊은 현실을 전제합니다. 기독교 상황윤리

---

2 Paul Tillich, *Systematic Theology*, Vol. III (Chicago: University of Chicago Press, 1963), 134.

의 규범이 사랑인 것만으로 충분하지 않습니다. 상황윤리에서 사랑은 종종 절대적 규범이 됩니다. 따라서 플레처(Fletcher)는 "기독교적 결단의 궁극적 규범은 사랑이지 다른 것이 아닙니다"[3]라고 말했습니다. 이런 점에서 소위 '새 윤리'나 상황윤리는 그리 멀리 가지 못합니다. 사랑은 공감을 전제하기 때문에 윤리의 궁극적인 규범은 사랑이 아니라 공감입니다.

공감에 근거한 도덕성은 주어진 상황뿐만 아니라 가치 자체들과 관련을 맺습니다. 이런 도덕성에는 절대적인 가치는 존재하지 않습니다. 선한 것은 또한 악하기도 합니다. 악한 것은 또한 선하기도 합니다. 옳고 그름 사이에 절대적인 차이는 존재하지 않습니다. 잘못된 것을 옳은 것 속에서 보지 않으면 안 되고, 잘못된 것 속에서 옳은 것을 볼 수 있어야 합니다.

이런 종류의 차이는 음과 양의 차이를 보는 빛 가운데서 보지 않으면 안 됩니다. 음은 절대적인 음이 아니고, 양은 절대적인 양이 아닌 것과 같이, 선은 절대적인 선이 아니고, 악은 절대적인 악이 아닙니다. 이 용어들은 상대적입니다. 선은 악 때문에 가능하고, 옳은 것은 상대적인 짝인 그른 것 때문에 옳은 것입니다. 그것들은 상호 의존적입니다. 따라서 노자는 말했습니다. "불행은 선을 증진시킨다. 행운은 나쁜 것을 가져옵니다."[4] 선은 악을 위해서 꼭 있어야 하는데, 그것은 양이 음을 위해 본질적인 것과 마찬가지입니다. 그러므로 절대적으로 구분되는 것은 아무것도 없습니다. 노자는 두 가지가 필연적이라는 것을 잘 예증합니다.

선을 행하는 사람은 선을 행하지 않는 사람의 스승입니다. 선을 행하지 않는

---

3 Joseph Fletcher, *Moral Responsibility: Situation Ethics at Work* (Philadelphia: Westminster Press, 1967), 17.
4 『도덕경』, 58.

사람은 선을 행하는 사람이 감당해야 할 일입니다. 스승을 존중하지 않거나, 자신의 일을 사랑하지 않으면 잘못이 큽니다.[5]

여기에서 중요한 관찰 중의 하나는 가치 지향의 상대성뿐만 아니라 상대적 가치를 선택할 수 있는 상대성도 고려해야 합니다. 다시 말해, 이중의 상대성은 가치의 상대성과 상대적 가치를 선택할 수 있는 상대성입니다.

살펴본 대로 가치의 상대성은 공감에 기초합니다. 그것은 음양이나 상반된 것의 내면의 연합을 의미하기 때문입니다. 공감 속에서 선은 악 속에 있고, 악은 선 속에 있습니다. 따라서 선과 악은 서로에게 상대적입니다. 게다가 가치의 상대성은 가치가 선택되는 상황에도 상대적입니다. 가치와 상황은 공감적 관계에 있기 때문에 서로 의존적입니다. 예를 들어, 인구가 적을 때는 많은 사람이 필요하기 때문에 출생은 장려되는 것이 좋습니다. 그러나 그 지역에 인구가 많을 때 상품들이 적게 공급된다면 출생을 장려하는 것은 나쁩니다. 따라서 선과 악의 가치는 자체에서도 상대적이고, 가치를 결정하는 맥락에서도 상대적입니다. 여기에서 상황윤리를 보다 근본 개혁적인 의미에서 보아야 합니다. 공감적 참여 이외의 다른 규범을 근거로 하지 않는 관계적 윤리는 계속적으로 변화하고 변혁되기 때문에 가능합니다. 상대성의 세계에서 도덕적이고 윤리적인 문제를 포함해서 모든 것은 상대적입니다. 가치 자체는 자체적으로도 상대적이지만, 대비되는 상황 때문에도 그렇습니다. 공감에 근거한 도덕성은 확실하게 사랑에 근거한 새로운 도덕성을 넘어서게 됩니다.

사랑에 근거한 도덕성은 상황적이거나 조건적입니다. 그러나 공감에

---

5 앞의 책, 27.

근거한 도덕성은 무조건적입니다. 사랑에 근거한 도덕성은 결정할 때 합리적 기준틀을 사용합니다. 공감에 근거한 도덕은 합리적 원칙을 적용하지 않습니다. 합리적 원리는 인과율에 근거하지만, 무의식의 뿌리를 다루는 공감은 비인과율의 법칙에 근거합니다. 달리 말하면, 상황윤리는 인간의 의식 차원을 다루는 사랑에 근거하지만, 공감에 근거한 윤리는 무의식의 차원을 다룹니다. 공감 윤리는 무의식을 다루기 때문에 도덕적 결정을 의식의 차원에만 머무르게 할 수는 없습니다. 다른 윤리적 결정에서 인과율은 의식의 차원에는 적용되지만, 비인과율은 무의식의 차원에서만 가능합니다. 윤리적 결단은 의식과 무의식의 인간 실존의 차원을 다뤄야 하기 때문에 가장 포괄적인 윤리의 체계는 합리적이고 비합리적인 양 측면과 인과율과 비인과율의 원리들 모두 위에 근거해야 합니다.

이런 종류의 포괄적인 체계는 주역에서 알려졌는데, 의식과 무의식의 원리들을 점술의 과정에서 사용합니다. 행동을 위한 의식적 결단을 위한 지침을 위해 괘를 선택할 때, 점술은 무의식을 활성화하는 수단입니다. 다시 말해, 점술을 통해서 선택한 윤리적 지침은 윤리와 도덕적 책임을 완성하는 합리적 결단을 필요로 합니다. 따라서 주역은 의식과 무의식의 결정 양쪽을 모두 사용하는 가장 포괄적인 윤리적, 도덕적 체계를 제공할 수 있습니다.

주역에서 우연은 무의식을 끄집어내는 수단입니다. 우연이 윤리적이고 도덕적 결단을 위해 사용된다면, 무의식은 윤리에서 확실한 자리를 차지합니다. 이미 말한 대로 공감은 내면의 통일성 때문에 무의식의 핵심을 다룹니다. 따라서 공감에 근거한 도덕성은 무엇보다도 무의식적인 도덕성입니다. 달리 말하면, 도덕적이고 윤리적인 결정을 할 때 무의식의 능력이 중요한 역할을 합니다. 주역은 가장 중요한 결정이 무의식적으로 만들어지는 것을 알고 있습니다. 시초들을 나누고 동전을 던지는 과정에서 무의식은 작용합니다.

그러면 행동을 위한 실제적 결단을 할 수 있도록 기준틀을 제공하는 책임은 무의식적 자아가 집니다.

점술의 과정을 통해 이루어지는 무의식적 결단까지 책임질 수 있을까요? 의식적이고 무의식적인 자아는 양쪽 모두를 다 책임을 지는 것이 마땅합니다. 무의식적 자아의 일은 없어서는 안 되는 불가피한 부분이고, 의식적 자아가 하는 일도 마찬가지이기 때문입니다. 의식과 무의식의 일이 윤리와 도덕의 책임을 위해 어떻게 함께 일하게 되는지 예를 들어, 설명하겠습니다. 무의식을 활성화하기 위해서 50개의 시초를 나누는 것이 필요하고, 세 개의 동전을 하늘로 던져볼 수도 있습니다. 시초를 나누거나 동전을 던져보는 순간에 무의식은 질문을 통해 어떤 초기 상황, 즉 괘로 상호 연관을 시킵니다. 제15 겸(謙, Modesty)괘를 얻었다고 가정해 봅시다.

겸(謙)괘

초기 상황이나 초기 윤리적 상황은 우리의 결정과 관련하여 어떤 상황에 있는지를 알려줍니다. 괘는 합리적 결정을 하도록 돕습니다. 여기에서 점술을 통한 비인과율의 사용은 어떤 상황에 있는지를 판단하도록 돕습니다. 그것은 주어진 상황을 알려주는데, 그 상황은 아직 실현된 것이 아닙니다. 주어진 상황은 의식적 활동의 한계를 정해줍니다. 괘의 괘사가 의식적 결정의 가능성을 어떻게 말하는지 살펴봅시다.

이렇게 말합니다. "겸손은 형통한다. 군자는 일을 마치게 된다"(謙亨 君子有終). 제기된 질문과 관련하여 상황을 간단히 묘사하는 짧은 진술입니다. 괘사는 윤리적 상황에 대한 추세를 알려줍니다. 괘사에 따르면, 행동은 앞으로 잘 수행하거나 긍정적으로 행동하면 성공할 수 있다는 것입니다.

여기에서 무의식의 활동을 통해서 선택한 괘는 긍정적이거나 긍정적이지 않은 실제적 결단을 위한 지침이 됩니다. 실제적 결단은 그것을 수행하거나 하지 않거나 의식적 마음의 결정입니다. 그러나 무의식은 실제적 결정이 만들어질 수 있는 어떤 기준틀을 의식하게 해줍니다. 이런 종류의 윤리적이고 도덕적인 체계는 무의식의 활동이 의식적 과정의 기초라는 개념에 근거한 것입니다. 말하자면 의식은 무의식의 드러남입니다. 따라서 무의식은 의식에 내재하는 것입니다. 이것은 의식적 활동이 무의식의 결정 안에서 제한되는 이유입니다. 이런 상황의 맥락이 무의식에 의해서 구성된다면, 의식은 주어진 상황 속에서 행동합니다. 바로 합리적 결정은 무의식의 결정 안에서만 타당한 것이고, 점술의 과정에서 드러납니다. 의식과 무의식의 양쪽 과정의 협력으로 이루어지는 도덕적 체계는 우리 시대의 소위 상황윤리보다 포괄적입니다.

예수님은 의식과 무의식이 결단하는 데 서로 돕는 동일한 종류의 틀을 제공합니다. 주역과 같이 예수님도 구체적 결정을 하기 위한 윤리적 지침들을 주십니다. 무엇보다 먼저, 예수님은 도덕적이고 윤리적인 결정을 하는 문제에 있어서 의식적 마음의 영역을 넘어갑니다. 이렇게 하기 위해서 도덕적이고 윤리적인 책임을 수행하는 관습적인 방식을 거부합니다. 그분은 율법에 거하기를 원하는 바리새인들을 비판했는데, 그들은 도덕적인 삶을 가능하면 깨끗하게 살기를 원했습니다. 그들은 엄격하게 도덕적이고 법률적인 조항들을 지켰고 도덕적 행동들을 의식하면서 살았습니다. 그러나 예수님은 당시의 관습적인 도덕의 기준에 따라 비윤리적이고 비도덕적으로 취급되던 세리들과 죄인들에게 호의를 베푸셨습니다. 게다가 모든 율법을 지키고 합리적인 조건들을 모두 완성해 냈던 의로운 젊은이를 만났습니다. 그럼에도 불구하고 예수님은 도덕적 의무감의 의식적 차원을 넘어서는 어떤 것을 그에게 요구하셨습니다. 예수님은 의식적 정신의 일은 무의식의 일 안에서 인식되어야 한다고 주장했습니다. 그는 무의식의 정신을 보기 위해서 필연적인 믿음을 주창하셨습니다. 무의식의 정신은 우주적 무의식이고 그것은 신의 뜻 자체입니다.

윤리적이고 도덕적인 결정에서 모든 의식적 활동은 더욱 깊고 위대한 목적의 빛 안에서 해석해야 합니다. 그것은 바로 무의식의 영역인 하나님의 왕국의 도래입니다. 그러므로 예수님은 "너희는 먼저 하나님의 나라와 하나님의 의를 구하여라. 그리하면 이 모든 것을 너희에게 더하여 주실 것이다"(마 6:33)라고 말씀하셨습니다. 우리는 먼저 내면의 왕국, 무의식의 뜻을 구해야 합니다. 그것이 윤리적 책임을 위해서 맨 먼저 고려해야 하는 것입니다. 무의식적 자아의 뜻 안에서 의식적 정신은 역할을 감당하게 됩니다. 달리 말하면, 합리적 활동은 주어진 상황 안에서 이루어집니다. 의식적 결단은 항상 신적 의지의 한계 안에 제한되는데, 이것은 무의식적 정신에 비유될 수 있습니다.

예수님 자신도 의식적인 의지를 포기하고 원초적인 신적 의식(the pri-mordial, divine consciousness)에 자신을 바쳤습니다. 그가 "그러나 내 뜻대로 하지 마시고, 아버지의 뜻대로 해 주십시오"(마 26:39)라고 말했을 때입니다. 예수님은 기도를 가르치면서, "그 뜻을 하늘에서 이루심 같이, 땅에서도 이루어 주십시오"라고 기도하라고 하셨습니다. 여기에서 예수님은 자신의 의식적 활동의 배경이 되는 무의식의 능력에 자신의 의식을 양보했습니다.

그분의 가르침을 통해서 예수님은 합리적이고 관습적인 규범의 한계를 보여주었고, 관습적 정신을 초월하는 무의식의 능력을 주창했습니다. 그러므로 예수님은 믿음 속에서 효과적인 무의식의 활동을 통해 윤리적 지침을 내린 것입니다. 이런 지침들 안에서 의식적 결정은 합리적 원리들에 대한 사려 깊은 계산을 통해서 이루어집니다. 이런 점에서 예수님은 윤리적이고 도덕적인 체계에서 의식과 무의식, 혹은 삶에서의 합리적인 것과 믿음을 모두 연관시키려고 시도했습니다.

윤리적이고 도덕적인 결단이 무의식의 활동으로 만들어지면, 우리는 결정 과정에서 자유로울 수 있습니까? 결단하는 데 자유롭지 않다면, 우리가 한 결정에 대해서 전적으로 책임을 질 수 없습니다. 그러므로 도덕적 결정이 자유로운 상태에서 이루어져야 한다는 것은 매우 중요합니다. 달리 말하면, 진정한 선택의 자유가 허락되지 않으면, 도덕적 책임을 주장할 수 없습니다. 따라서 이와 같이 다시 질문을 할 수 있습니다. "우리의 결정이 무의식의 정신으로 이루어진 것이라면, 선택의 자유가 있습니까?" 이 질문에 대해서, 자유는 의식적 의지가 무의식과 조화를 이루는 것이기 때문에 여전히 우리는 진정한 선택의 자유를 갖는다고 말할 수 있습니다.

진정한 자유는 무의식에서 나오는 자발성의 상태입니다. 의식적 활동이 무의식과 조화를 이루게 될 때 진정으로 자유롭게 되는데, 무의식에 의해서 제한되지 않기 때문입니다. 자발성에서는 의식에 대한 외부 규제가 제거됩니다. 자발성 속에서 내면의 자유를 발견하고 자아를 가두는 외부의 규제, 열정과 개념화에서 벗어나게 됩니다. 진정한 자유는 내면의 자유이고, 합리적이고 논리적인 기준틀로부터 무의식적 의지의 자유입니다. 이런 점에서 내면의 자유, 혹은 실질적인 선택의 자유는 무의식 속에 있습니다.

예수님은 또한 내면의 자유를 가장 진정한 자유의 형태로 묘사합니다.

참된 자유는 외부적인 것이 아니고, 인간의 내면적 성향입니다. 따라서 내면의 자유는 죄에서, 내면의 관계 왜곡에서 자유하게 되는 것입니다(요 8:31-38). 이런 점에서 예수님은 참된 자유는 무의식적 자아와 우리의 조화에 있다고 가르쳤습니다.

무의식의 결단은 참으로 자유로운 선택이기 때문에 또한 그것을 책임을 져야 합니다. 사람은 의식적 자아를 넘어서는 존재입니다. 또한 사람은 무의식적 자아입니다. 무의식에 의해서 선택된 것은 또한 자신에 의해서 선택된 것입니다. 그러므로 무의식에 의해서 결정된 것도 자신의 책임입니다. 무의식을 의식의 주체라고 간주한다면, 주관적 자아의 결정은 확실히 의식적 자아의 결정보다 더 중요합니다. 우리의 결정이 점술 과정의 도움을 받아서 혹은 우연의 작동을 통해서 이루어졌다고 해도 책임을 면할 수 없습니다.

건전하고 윤리적인 도덕적 체계는 의식과 무의식의 작용을 동시에 포함합니다. 의식과 무의식 정신을 모두 사용하는 종류의 윤리는 우리 시대의 새로운 도덕성을 초월합니다. 그것은 가장 포괄적이고 실질적인 윤리와 도덕 이론인데, 그것은 인간의 전체를 다루기 때문입니다. 즉, 결정을 내리는 과정에서 의식과 무의식의 자아를 늘 함께 고려하지 않으면 안 됩니다.

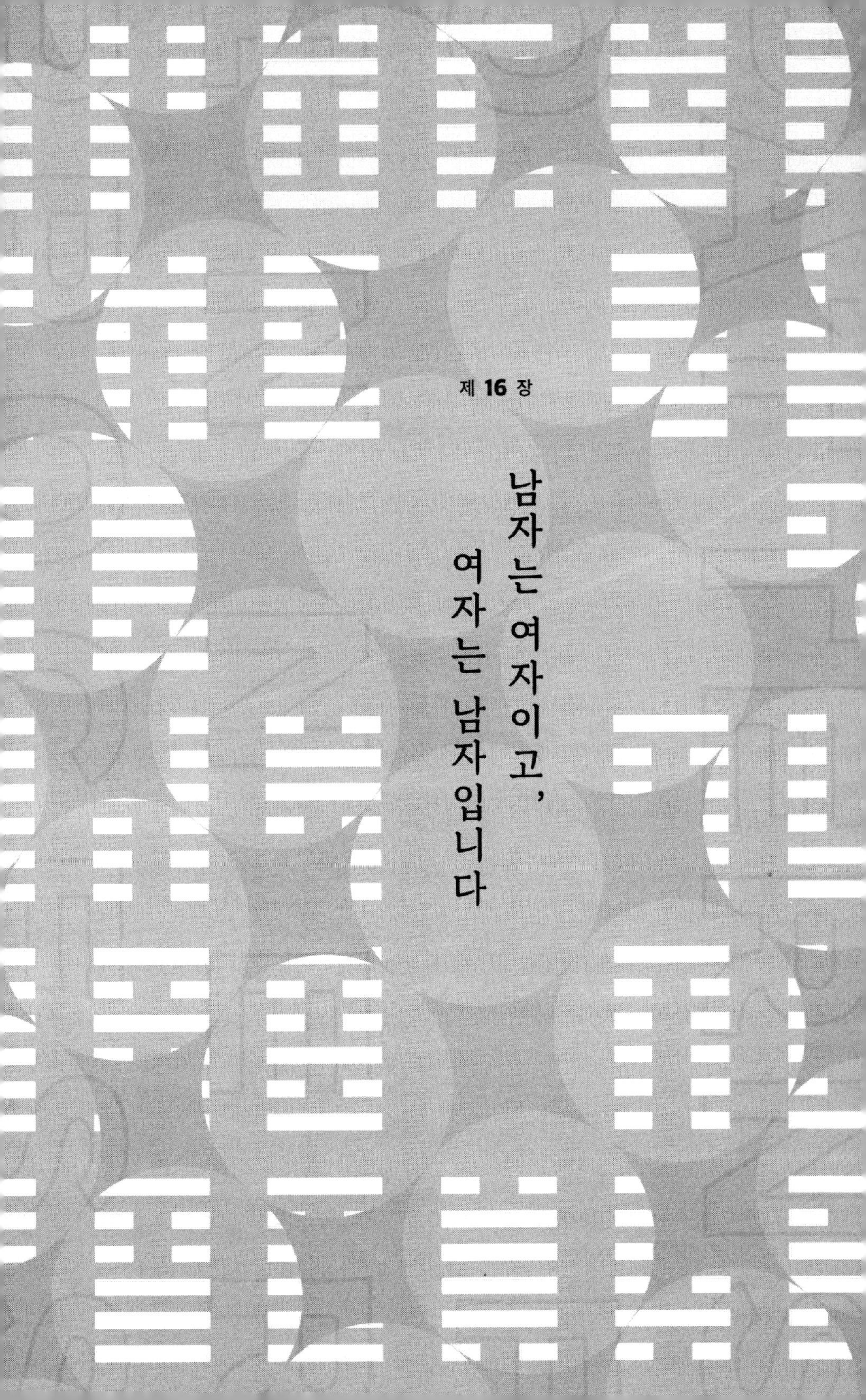

제 **16** 장

남자는 여자이고, 여자는 남자입니다

이미 말씀드린 바와 같이 만물의 주요한 범주는 상반된 것들, 즉 음양 사이의 관계입니다. 모든 사회적이고 정치적 문제는 궁극적으로 상반된 것의 상호 작용으로 바뀌질 수 있습니다. 근본적인 사회관계와, 거의 파괴되는 막다른 골목에 이른 남녀 사이의 관계를 보지 않으면 안 되는 이유입니다. 사회와 가정생활에서 그런 관계들에 적응하면서 겪게 되고 점증하는 갈등은 수많은 문제를 직면하지 않을 수 없게 만듭니다. 이혼과 정신병이 기하급수적으로 놀랍게 증가하는 현재의 비율은 근본적으로는 남녀의 관계를 오해했기 때문에 생깁니다. 이런 관계의 본질을 이해하기 위해서는 뿌리, 그 원초적 기원으로 돌아가서 살펴보아야 합니다. 과거의 대부분의 연구들은 행동이나, 심리적이고 성격적인 지향성에만 기초해서 피상적으로 이루어져 왔습니다. 그러나 이런 외부적 관점들을 아무리 많이 연구한다고 해도 근본적인 문제를 파악할 수 없습니다. 이제 진정으로 필요한 것은 남녀의 내면의 지향성에 근거한 심층적 연구입니다.

인간 존재를 기본적으로 오해하게 된 것은 서양의 고유한 개인주의에 대한 강조로 인해 생겼습니다. 결국 남자와 여자는 다른 피조물과 근본적으로 다르지 않습니다. 그들은 자연에 속하는데, 땅의 티끌에서 만들어졌기 때문입니다(창 2:7). 개인은 전체로서의 사람들과 본질적으로 다르지 않습니다. 대부분의 개인적인 문제들은 정체성의 위기에서 왔다고 종종 믿지만, 본질적인 문제는 자신을 다른 사람들로부터 고립시키려는 욕망에서 온다고 할 수 있습니다. 비록 자신과 다른 모든 피조물 사이에 본질적인 차이가 없음에도 불구하고 말입니다. 오늘의 병을 만드는 것은 자신을 구별하는 정체성이 약해서가 아니라, 오히려 만물과의 연속성의 감각이 부족해서 생기는 탐욕과 내면의 갈등 때문입니다.

자신을 독특하고 유별나게 만듦으로써 인간은 자신과 타인들 사이의 벽을 쌓게 됩니다. 따라서 인간은 결국 감옥에 갇힌 삶을 살게 됩니다. 더 많은 개인의 권리를 요구하는 것은 자신의 정체성을 확보하려는 것인데, 그것은 실제로 현실적인 것이 아닙니다. 공통성보다는 차이를 강조하고, 상생성보다는 대립을 강조하면, 모든 관계에서 존재하는 연속성을 파괴하는 선택일 뿐입니다. 연속성이 파괴될 때 우리는 자신의 환상의 벽 속에 갇힌 삶을 살게 됩니다.

개인들 사이의 진정한 차이는 본질적이 아니라 실존적입니다. 만물 속에는 유기체적인 전체성이 존재합니다. 개인의 정체성은 타인들과의 관계에서 우리의 정체성을 잃게 될 때만 생깁니다. 개인주의는 공동체에 참여할 때만 가능하게 됩니다. 인간성은 자연과 동일할 때만 자연과 다르게도 됩니다. 우리는 전체이기 때문에 개인입니다. 의존이 독립성의 본질이라는 것을 알지 못하면, 남녀의 본질적 특성을 이해할 수 없습니다.

대부분의 가정과 결혼의 문제는 남녀의 특성에 대한 오해에서 근본적으로 생깁니다. 남자가 스스로 만족하는 개인으로 생각한다면, 그는 삶을 의미 있게 살 수 없습니다. 사람은 스스로 만족할 수 없습니다. 남자는 여자가 없이는 남자가 아닙니다. 남자는 여자 때문에 남자일 수 있습니다. 이것은 여자에게 있어서도 마찬가지입니다. 여자는 남자와의 관계 때문에 한 개인이 됩니다. 남자와 여자 사이에는 연속성이 존재합니다. 이런 연속성 속에서 남자는 또한 여자이고, 여자는 또한 남자입니다. 그들은 둘이나 또한 하나입니다. 둘은 하나이고 하나는 둘인 근본적 원리를 알지 못하면, 왜 남자는 여자이고 여자는 또한 남자가 되어야 하는 이유를 이해할 수 없습니다.

초기의 중국 문명에서도 인간을 대우주에서의 소우주로 보았습니다. 주역이 작용하는 주요 원리는 세계를 소우주와 대우주의 우주적 관점에서 보는 것입니다. 인간은 대우주를 나타내는 소우주입니다. 만물 속에서 소우주와 대우주의 관계가 점점 더 타당성을 갖게 됩니다. 따라서 인도에서 푸루샤(purusha)의 개념, 우주적 인간은 연속성의 세계에서 현실이 됩니다. 오늘날 "인간의 뇌는 그것을 구성하는 것들의 숫자 속에서, 움직이는 운동의 속도에서, 이런 운동과 상호 관계의 복합성 속에서 전체 물리적 우주와 비교될 수 있다"[1]는 것을 알게 되었습니다.

인간은 우주를 대변하는 소우주입니다. 따라서 인간을 이해한다는 것은 사실 우주를 이해하는 것입니다. 만물 속에서 소우주와 대우주의 대응과 협력의 관계와 체계 때문에 모든 것을 단순한 수학적 공식으로 환원할 수 있습니다. 노자는 이것을 이렇게 소개했습니다. "도는 하나를 낳고, 하나는 둘을 낳고, 둘은 셋을 낳으며, 셋은 만물을 낳는다"(道生一 一生二 二生三 三生萬物).[2] 노자는 만물의 근거를 도에서 시작된다고 보았고, 도는 하나의 배경이 됩니다. 하나는 둘의 근원이고, 둘은 셋의 근원입니다. 그리고 셋은 모든 것의 근원입니다. 이런 동일한 공식을 사용해서 남자와 여자의 관계를 이해할 수 있습니다. 창세기에서 하나, 즉 인간을 창조한 것은 하나님입니다.

---

1 Arnold Toynbee, *Man's Concern with Death* (New York: McGraw Hill, 1969), 180.
2 『도덕경』, 42장.

하나, 즉 사람은 둘을 낳았는데, 남자와 여자였습니다. 둘은 셋을 낳는데, 셋은 아버지, 어머니, 자녀를 포함하는 가족 단위입니다. 셋은 사회와 민족의 모든 형태를 낳습니다.

창조 이야기를 통해서 상호 의존의 수학적 공식이 어떻게 남녀 사이의 관계에서 적용되는가를 면밀하게 살펴보겠습니다. 창세기에는 두 가지 다른 창조의 이야기가 있습니다. 1장에서는 사람, 즉 하나의 창조가 동시에 남자와 여자, 둘의 창조입니다. 이것은 "하나님이 당신의 형상대로 사람을 창조하셨으니, 곧 하나님의 형상대로 사람을 창조하셨다. 하나님이 그들을 남자와 여자로 창조하셨다"(창 1:27)라고 말합니다. 창조 이야기에서 하나, 즉 사람의 창조는 둘, 즉 남자와 여자입니다. 그 이야기에서 둘(남자와 여자)은 하나와 하나이지 다른 것이 아니라는 것은 자명합니다. 둘과 하나 사이의 유일한 차이는 하나와 하나를 연결하는 '와'(and)입니다. 따라서 에딩턴은 "하나의 연구를 완성했을 때, 둘에 관해서 모든 것을 알게 된다고 종종 생각합니다. 왜냐하면 둘은 '하나와 하나'이기 때문입니다. 여전히 '와'를 연구해야 한다는 것을 잊고 있습니다. 두 번째 물리학은 '와'의 연구인데, 이것은 다시 말하면 '조직'(organization)을 가리키는 것"[3]입니다. 하나와 둘은 동일시될 수는 없는데, 둘은 하나의 조직을 다루는 '와'를 가지고 있기 때문입니다. 창조의 이야기에서 하나, 즉 사람은 또한 '와'라는 것을 볼 수 있습니다. 그러므로 남자는 '와', 즉 여성성 때문에 남자입니다. 남자는 남자만으로 완성될 수 없는데, 남자는 또한 여자이기 때문에 그렇습니다. 이것이 바로 남자는 늘 남자'와' 여자(man and woman)가 되는 이유입니다.

---

3 Arthur Eddington, *The Nature of Physical World* (Ann Abor: University of Michigan, 1955), 103-104.

사람의 창조 두 번째 이야기를 관찰해 봅시다. 창세기 2장에서 하나, 즉 사람의 창조 이야기를 봅시다. 그 이야기에서 하나와 둘의 창조 사이의 시간 경과를 보게 됩니다. 이야기는 남자의 창조로 시작하고 거기에서 여자를 창조하게 됩니다.[4]

주 하나님이 흙으로 사람을 지으시고, 그의 코에 생명의 기운을 불어넣으시니, 사람이 생명체가 되었다. … 주 하나님이 말씀하셨다. "남자가 혼자 있는 것이 좋지 않으니." … 그래서 주 하나님이 그 남자를 깊이 잠들게 하셨다. 그가 잠든 사이에, 주 하나님이 그 남자의 갈빗대 하나를 뽑고, 그 자리는 살로 메우셨다. 주 하나님이 남자에게서 뽑아 낸 갈빗대로 여자를 만드시고, 여자를 남자에게로 데리고 오셨다(창 2:7-22).

그 이야기에서 남자와 여자 사이의 내면의 관계를 분명하게 더욱 살펴볼 수 있습니다. 사람, 즉 하나의 창조는 남자와 여자, 즉 둘의 창조로 이어집니다. 여자는 남자에 속하기 때문에 남자와 여자는 같지만 다릅니다. 여자는 남자에 속하고, 남자는 여자에 속합니다. 남자는 늘 '남자와'(man and)이고 여자는 또한 '여자와'(woman and)입니다. 따라서 이야기는 계속됩니다. "그러므로 남자는 아버지와 어머니를 떠나, 아내와 결합하여 한 몸을 이루는 것이다"(창 2:24). 여기서 남자와 여자는 나눠지지 않습니다. 달리 말하면, 남자는 또한 남자와 여자 모두이고, 여자는 여자와 남자 동시에 모두인 것과 마찬가지입니다. 따라서 하나는 '하나와 하나' 모두인 둘입니다. 이런 개념

---

4 구약성경의 남성중심적 성향 때문에 남자가 여자보다 앞서 창조된다. 생물학적으로는 물론 반대가 사실이다.

은 음양의 관계에 기초하고 있습니다. 음은 그 속에 양을 갖고, 양은 그 속에 음을 갖는 것과 같이 남자는 그 속에 여자를 갖고, 여자는 그녀 속에 남자를 갖습니다. 하나를 타자와 나누는 것은 그들을 함께 파괴하는 것입니다.

이것이 만물 속에 있는 양면성의 역설인데, 모든 것은 음양의 상호 작용으로 환원되기 때문입니다. 역설은 엘리아데의 『둘과 하나』(*The Two and the One*)에서 보다 분명하게 표현됩니다.[5] 이 책에서 엘리아데는 하나와 둘이 나누어질 수 없는 관계를 풍부하게 예증하는데, 이는 거의 모든 형태와 모든 문명에서 발견됩니다.[6] 엘리아데는 "직접적인 경험에서 본다면, 사람은 상반된 것의 짝으로 만들어진다"[7]라고 했습니다. 힌두교의 신상들에서 그들의 짝들을 동반하는 많은 경우를 볼 수 있습니다. 남자의 존재는 여자의 존재를 전제합니다. 시베리아와 한국에서, 샤먼은 보통 양성을 가진 것으로 생각됩니다. 남자 샤먼인 박수는 여자 옷을 입습니다. 여자 무당은 남자 옷을 입어서 동시에 양성을 드러냅니다.[8] 샤먼은 자신이 둘에서 하나로 가져오는 것을 상징화해서 상반된 것을 극복했습니다. 음양의 상징인 실선과 나눠진 선에서 양면성의 역설을 보게 됩니다. 음, 즉 나눠진 선은 여성의 성기를 상징하고, 그것은 개방성을 특징으로 합니다. 반면에 나눠지지 않은 실선인 양은 남성의 성기를 상징하는데 일관성을 보여줍니다. 상징들이 보여주는 것 같이 나눠진 선은 나눠지지 않은 선 때문에 가능하고, 반대도 마찬가지입니다. 따라서 나눠진 선은 나눠지지 않은 실선을 향해 변해가고, 나눠지지 않은 실선은 나눠진 선을 향해 변해가는데, 하나는 '하나와 하나'이

---

5 1965년에 Harper & Row에서 출간되었다.

6 앞의 책, 78 이하.

7 앞의 책, 95.

8 앞의 책, 116.

기 때문입니다.

소음과 소양을 본다면, 하나가 또한 둘이라는 것을 이해하는 데 도움이 됩니다. 소음은 아래가 양이고 위가 음인 것(==)을 상징하고, 소양은 아래가 음이고 위가 양으로(==) 구성됩니다.[9] 둘은 모두 음과 양의 고정된 상태를 나타냅니다. 둘 다 모두 그들 상대의 짝으로 구성됩니다. 소양은 음일 뿐만 아니라 양입니다. 소양은 음과 양의 선들 모두를 갖고 있습니다. 그들 각자는 하나를 대변하지만 둘입니다. 음과 양의 관계에 있어서 남자는 남성과 여성 모두이고, 여자는 남성이면서 여성 모두입니다.

최근에 남자는 또한 여자이고 여자는 또한 남자라는 것을 더욱 알게 되는데, 생물학적인 요인들 때문입니다. 생물학적으로 남자는 여성이 되는 요소들을 모두 갖고 있고, 여자는 남성이 되는 요소들을 모두 갖고 있습니다. 따라서 융은 말했습니다. "여성을 이루는 요소들이 남성 전체의 체세포를 통해서 살고 지속하는 것이 사실이라면, 모든 남자는 다소간 잠재적 여자의 성향을 갖는 것은 틀림없습니다."[10] 여자는 안에 남자의 요소들을 갖는 것도 사실입니다. 융의 언어에서 남자 속에 있는 심리적인 여성을 아니마(the anima)라고 부르고, 여자 속에 있는 심리적인 남성을 아니무스(the animus)라고 부릅니다. 그러나 각 개인 속에서 아니마와 아니무스는 모두 실제로 활동적입니다. 남녀 관계의 외부 세계에서 남자 속 아니마의 성장은 여자 속 아니무스의 성장을 자극하게 되고, 역으로도 마찬가지입니다. 이런 발전의 내적인 패턴 속에서 모든 인간 속에서 공존하는 아니무스와 아니마의 상호 관계가 존재합니다. 남자가 늙어가면서 그 속의 여성, 즉 아니마는

---

9 *The Principle of Changes*, 104.

10 Carl G. Jung, *The Integration of Personality* (London: Kegan, Paul, Trench, Trubner and Company, 1940), 18.

더욱 강해집니다. 따라서 나이가 들어가면서 남자들은 더욱 여자같이 됩니다. 이와 마찬가지로 여자 속에서 아니무스는 나이가 들어가면서 더욱 강해집니다. 어떤 개인 속에서 아니무스와 아니마의 관계는 음양과 비교될 수 있습니다. 나의 성장은 다른 이의 쇠퇴를 의미하게 됩니다. 일반적으로 말해서 남자가 늙어가면서 남성은 쇠퇴하고, 여성이 성숙해지게 됩니다. 여자가 나이가 들어가면서 여성은 쇠퇴하고, 남성은 성숙하게 됩니다. 각각의 성별에서, 개인에게서 아니마가 쇠퇴하면, 아나무스가 성장하게 되고, 역으로도 마찬가지입니다. 외부적 세계에서 남녀의 관계를 이해하기 위해서는 각 인격 속에서 남자와 여자는 공존하고, 역의 원리 아래서는 음양의 발전 패턴을 따라서 아니무스와 아니마가 작동하게 됩니다.

양성적이라는 것은 무엇을 의미합니까? 이것은 아마 성별의 구분을 끝내는 것을 의미합니다. 밥콕이 말하듯이, "지금, 남자가 상대의 성별을 다루듯이, 자신 안의 여성을 다뤄야 합니다. 그가 여성을 폄하하면, 자신의 일부를 무시하는 것입니다."[11] 사실상 여성을 비하하는 것은 자신을 비하하는 것입니다. 또한 여성을 존중하는 것은 자신을 존중하는 것입니다. 남자와 여자는 나눠질 수 없기 때문에 남자의 건강은 여자의 건강에 의존하게 됩니다. 이런 가족생활에서 이런 관계를 적용한다면, 부부 사이에 점증하는 문제들을 극복할 수 있습니다. 남편의 문제는 아내의 문제이고, 아내의 문제는 또한 남편의 문제입니다. 따라서 심리치료의 모든 노력은 양면긍정의 관계에 기초하지 않으면 안 됩니다. 상대의 성을 안다는 것은 어떤 면에서 자신을 아는 것입니다. 더욱이 부부를 구별해서 병을 치료하는 것은 제대로 된 치료 방식이 아닙니다. 따라서 공동 상담치료는 남녀의 특성에 보다 적합합니

---

11 "A Pitcher of Water," V/15.

다.[12]

남자는 여자 속에 있고, 여자는 남자 속에 있기 때문에 성별에 대한 어떤 가치판단을 할 수는 없습니다. 남성은 여성보다 우월하거나 열등하지 않습니다. 두 성은 본질적으로 평등한데, 음과 양이 평등한 것과 마찬가지입니다. 그러나 그렇다고 해도 그들이 똑같은 것은 아닙니다. 여자는 음의 특징을 갖지만, 남자는 양의 특징을 갖습니다. 여자를 남자와 다르게 만든 것은 여자는 남성보다 더욱 여성적인 명백한 특징을 갖습니다. 달리 말하면, 여자는 양보다는 음적이고, 반면에 남자는 음보다는 양적입니다. 이 관계를 더욱 깊이 논의해 봅시다.

이미 살펴본 대로, 양, 즉 긍정(남성)은 셋을 갖지만, 음, 즉 부정(여성)은 둘을 갖습니다. 이런 숫자들은 드러나는 에너지, 즉 앞면을 보여줍니다. 따라서 긍정과 부정, 남성과 여성 사이의 드러나는 에너지의 비율은 3:2입니다. 그러나 그것들 사이의 드러나지 않는, 즉 배경이 되는 에너지의 비율은 2:3입니다. 전체, 즉 하나의 에너지 단위는 다섯 수로 구성됩니다. 남성과 여성 양쪽을 위한 앞면과 배경의 비율, 즉 드러나는 에너지와 드러나지 않는 에너지 사이의 비율은 3/2 대 2/3입니다. 달리 말하면, 남자 속에서 긍정적 가치 셋은 드러난 것이고, 부정적 가치 둘은 숨겨진 것입니다. 따라서 드러난 것과 드러나지 않는 가치들의 총량은 성별 차이와 관계없이 변경되지는 않습니다. 남성과 여성 사이의 차이는 단지 드러난 것과 드러나지 않은 것 사이의 숫자 비율입니다. 달리 말하면, 양, 즉 남성은 여성이나 음보다 더욱 드러나게 되고, 음이나 여성은 양보다는 더욱 잠재적입니다. 양은 더욱 적극

---

12 로버트 라비치(Robert Ravich)가 이 이론을 심리상담에 적용한 것을 참고하라. "The Use of an Interpersonal Game-Test in Conjoint Marital Psychotherapy," in *American Journal of Psychotherapy*, Vol. XXIII, No. 2, April 1969, 217-29.

적이고, 음은 더욱 수동적입니다. 양은 보다 긍정적(+)이고, 음은 보다 부정적(-)입니다. 양은 보다 주도적이고 음은 보다 평화적이거나 수용적입니다. 드러나는 것과 드러나지 않는 것 사이의 비율 차이는 다른 성향과 특징을 만들어 냅니다. 그러므로 남성과 여성의 진정한 차이는 기능적일 뿐이고 존재론적이지는 않습니다.

남녀 사이의 역할 차이, 기능적 차이를 심각하게 고려해야 합니다. 남자와 여자의 평등성을 주장할 때, 이것은 같은 권리와 지위를 의미하는 것이지 똑같은 역할을 의미하지는 않습니다. 남자의 역할은 여자의 역할과는 분명히 다릅니다. 다시 말하면, 남자나 여자가 그들의 특징을 부인하는 것은 실존적 자아를 부정하는 것입니다. 공적으로 권리의 평등성과 역할의 동일성을 구분하지 않으면 비극적이게 됩니다. 남자와 여자는 모든 것에서 평등하지만, 똑같은 역할을 요구할 수는 없습니다. 내면 역할의 차이를 무시할 수는 없습니다. 양성이 모두 같은 방향으로 가는 성향이 있다면, 남녀나 음양의 미묘한 균형은 파괴될 수밖에 없습니다. 역할이 다르지만 전체를 완성하는 데 있어서 평등한 것은 변화의 길이고 하나님의 뜻입니다. 밥콕이 옳게 말했는데, "나는 단지 평등해야 한다고 말합니다. 우리 모두가 같은 방향으로 돌 필요는 없습니다. 자연에서 모든 것은 같은 방향으로 회전하지 않습니다. 분명하게 해야 하는 것은 다른 방향으로 도는 것처럼 이쪽 방향으로 도는 것도 중요합니다. 헌법적으로 우리는 똑같은데, 평등하고, 같은 잠재성을 갖습니다."13 비록 남자의 역할은 여자의 역할과 다르다고 해도, 남자의 필요와 중요성은 여자의 그것처럼 위대합니다.

필요한 것은 남자와 여자의 기능적 차이를 변경하는 것이 아닙니다.

---

13 "A Pitcher of Water," V/18.

그러나 전적으로 남자를 향해서 가치를 부여하는 가부장적 체제 자체는 반드시 바뀌어야 합니다. 서양에서 수동성보다는 적극성에 더욱 가치를 부여해 왔습니다. 우리 또한 수동성보다는 활동성, 유연함보다는 강함에 더 많은 관심을 기울인 것 또한 사실입니다. 우리의 가치 체계는 남성적 특성을 선호하는 경향이 있습니다. 한편으로 여성의 역할은 무시되었음을 부인할 수는 없습니다. 여자와 남자 모두의 역할에 평등한 지위를 부여하는 건전한 가치 체계를 회복해야 합니다. 자연 속에서 수용성, 음과 여성성은 단호함이나 양과 남성성만큼 가치가 있습니다. 수동성은 적극성만큼 똑같은 가치가 있습니다. 부정성은 긍정성 같은 가치가 있는 것과 같이, 여자의 역할은 남자의 그것에 비해 결코 열등하지 않습니다.

상생적인 관계에서 하나가 다른 것보다 더 나을 가능성은 없습니다. 음의 역할이 양의 일을 하는 것은 아니고, 양의 역할이 음의 일을 하는 것도 아닙니다. 하나는 한 방향으로 돌고, 다른 것은 다른 방향으로 돕니다. 그들은 드러난 것과 드러나지 않은 숫자의 비율을 바꾸지 않는다면 방향을 바꿀 수도 없습니다. 따라서 여자의 덕은 실존적 특징의 탁월함에 있으며, 그것은 여성성에서 탁월한 것입니다. 주역에서 그것을 묘사하는 것과 같이, 여성의 덕은 역할의 차이에 있는 것이 아니고, 역할의 탁월함에 있습니다. 남자를 덕이 있게 만드는 것은 남성성의 함양입니다. 여성을 위한 덕은 여성성과 일의 탁월함에 있습니다. 주역은 예수님의 가르침과 같이 여성의 역할을 폄하하지 않습니다. 주역에서 가르치는 덕의 개념은 탁월한 성취에 대한 아리스토텔레스의 개념과 비슷합니다.

음과 양, 여성과 남성의 탁월한 성취는 남성과 여성의 차이를 넘어서는 조화로 상징됩니다. 이런 종류의 조화는 실존의 가장 깊은 영역으로 둘을 가져오는 완전한 공감의 표현입니다. 그것들은 하나, 원초적 깊이에서 만나게 되는데, 거기에서 분열된 정체성을 잃고 보다 위대한 전체로 합쳐지게 됩니다. 이런 종류의 초월적 경험은 남녀의 실제적 합일로 상징화됩니다. 그것은 거룩함의 경험으로 묘사되는데, 초탈적 경험은 거룩함의 영역, 하나님의 나라, 즉 무의식의 영역 속으로 깊이 다다르게 됩니다. 초월은 남녀, 즉 음양의 이원적 성향을 극복하는 특징이 있습니다.

도마복음서에서 예수님은 말씀하십니다. "너희가 안으로 밖을, 밖으로 안을, 위로 밑을 만들 때, 그리고 남성과 여성을 하나의 존재로 만들 때, 남성은 남성적이 아니게 되고, 여성은 여성적이 아니게 되어, 너희는 [왕국]에 들어갈 것이다."[14] 다른 때, 예수님은 말씀하셨습니다. "둘로 하나를 만들 때, 너희는 사람의 아들이 될 것이다."[15] 바울의 갈라디아서에서도 비슷한 가르침을 보게 됩니다. "유대 사람도 그리스 사람도 없으며, 종도 자유인도 없으며, 남자와 여자가 없습니다. 여러분 모두가 그리스도 예수 안에서 하나이기 때문입니다"(갈 3:28). 이것이 바로 엘리아데가 이런 결론을 내린 이유입니다. "다른 기록들도 왕국의 이미지처럼 성적인 재결합에 대한 비슷한 구절들을 포함하고 있습니다."[16] 성적인 공감적 연합은 구원의 상징적 경험, 즉 존재의 이원적 상태로부터의 구원입니다. 이런 종류의 경험에서 남성은 여성이 되고, 여성은 남성이 됩니다. 저쪽은 이쪽이 되고, 이쪽은 저쪽이 됩니다. 음은 상대 짝인 양이 됩니다. 양은 상대 짝인 음이 됩니다. 따라서 양쪽은 모두 하나가 되는 경험을 합니다. 이런 하나됨의 경험 속에서 남자는 여자이고, 여자는 남자임을 깨닫게 됩니다. 이런 진리를 깨닫는 것은 이원론

---

14 Eliade, 앞의 책, 106; Robert M. Grant, *The Sacred Sayings of Jesus*, New York, 1960, 143-.

15 Eliade, 앞의 책, 106; Robert M. Grant, 앞의 책, 103.

16 앞의 책.

의 세계를 초월해서 구원을 경험하는 전인적 인간이 되는 길입니다.

제 17 장

나가는 말

오랜 세월 동안 예수님의 본질적인 가르침은 제도적, 사회적, 합리적 체계의 외재적 과정 속에 묻혀버렸습니다. 따라서 그분의 가르침의 내면적 중요성을 받아들이는 것이 쉽지 않습니다. 현대에는 영적 생활의 필요성이 더욱 급격하게 증가하고 있습니다. 그러나 기독교는 그것을 충족시킬 수 있는 능력을 잃어버린 것 같습니다. 기독교는 외재화의 길을 걸어왔고, 예수님의 본질적 가르침인 내면의 현실을 잃어버리게 된 것도 사실입니다. 예수님의 본질적인 가르침, 즉 내면의 과정이 없어는 기독교는 인간들의 영적인 필요를 충족시켜 줄 수 있는 진정성과 적실성을 잃어버리게 됩니다. 이런 본질을 되찾기 위해서는 새로운 우주론적 체계를 필요로 합니다. 이 연구에서는 해럴드의 창조적 통찰력과 주역의 우주론을 함께 받아들여 왔습니다.

영적 생활은 인간 내면의 삶을 다뤄왔음에도 불구하고, 과거 교회가 외재화되는 과정을 거치면서 인간을 외재화시키게 되었고, 결과적으로 인간의 영적 현실을 없애버리게 되었습니다. 따라서 외재화된 형태의 교회, 즉 순수하게 제도적 교회는 인간의 현실적 영적 본질만을 드러내는 그리스도의 적입니다. 외재화를 일으키는 요인이 퍼져가면서 예수님의 가르침의 본질적 의미는 혼돈에 빠집니다. 그것은 인간 속에서 분열과 당황스러운 상황을 만들었습니다. 그것은 유기체적인 전체로부터 인간을 격리시킴으로써 비인간화하는 결과를 가져왔습니다. 우리 시대에 필요한 것은 내면의 과정인데, 예수님의 본질적 가르침을 우리의 삶에서 다시 회복하는 것입니다. 내면의 과정을 회복하는 것은 외재화하는 과정을 창조적으로 떠남으로써 가능합니다. 우리 자신을 제도화된 교회, 즉 외재화의 동인으로부터 떨어져 나와서 진정한 기독교인이 되게 하는 것입니다. 즉, 예수님의 가르침의 내적인 의미를 이해해야 합니다. 현대에 있어서 외재화시키는 요인으로부터 창조적 거리두기나 떠남은 교회를 구원할 수 있는 유일한 길입니다. 외재적 요소로부터 떠남은 본질적으로 진정한 교회에 속하는 것이기 때문에 제도화된 교회로부터 멀어지는 것은 교회를 버리는 것이 아닙니다. 오히려 그것은 교회를 확증하고 지원하는 가장 효과적인 길입니다. 창조적인 부정을 통해서 그것을 확증할 수 있습니다. 그것이야말로 예수님이 말한 버림으로써 얻게 되는 것이고, 꼴찌가 됨으로서 첫째가 되는 길입니다.

내면의 과정은 우주의 중심으로 상징화되는 하나의 현실을 향한 운동입니다. 중심에서 양극화의 과정이 멈추고 끝나게 됩니다. 중심은 우리가 헌신하고 집중해야 하는 대상을 나타냅니다. 따라서 내면의 과정은 명상의 형태와 밀접하게 연관되는데, 그것이야말로 하나의 현실에 도달하는 수단입니다. 우리 실존의 중심을 차지하는 하나의 현실에 집중하는 것, 그것이 바로 구원의 길입니다. 구원을 이뤄가는 내면의 과정에서 명상이 구원에 이르는 중심이 되는 이유입니다.

말씀을 설교하는 것은 정신과 감정의 기관들을 말씀에 집중할 수 있도록 돕는 것이 본질입니다. 말씀은 존재의 내면의 실재를 나타냅니다. 달리 말하면, 설교는 인지적 중요성을 갖는 것이 아닙니다. 설교의 가장 중요한 역할은 진정한 자아의 상징인 말씀에 집중하게 하는 것입니다. 교회에서 모든 다른 의례적 활동은 자아실현의 내면의 과정을 전달하는 의미 있는 도구일 뿐입니다. 그것들은 하나의 실재에 주의를 집중하게 하는 수단입니다. 외부적 상징과 대상에 집중하게 되면 주의를 양쪽으로 분산할 수밖에 없습니다. 예를 들어, 기도의 진정한 목소리는 감각을 외재화해서 드러나게 하는 소리여서는 안 됩니다. 그것은 생각을 내면화하고 그것들을 실존의 중심으로 인도하는 침묵이 되어야 합니다. 의미가 있는 의례는 내면세계로 인도해서 외부 세계로부터 감각을 떠나게 해야 합니다. 이것을 바로 정확하게 수행하는 의례가 명상의 순간에 최고조로 도달하게 되는 이유입니다. 명상 속에서 하나의 현실에 정신과 마음을 집중할 수 있습니다. 마음이 모든 개인의 중심을 차지하는 우주적 정신, 그리스도의 마음과 연합해야 합니다. 실존의 중심은 신적 현존의 지성소이고, 예배의 초점입니다. 이것이 바로 하늘의 자리이고 성소인데, 거기에서 그리스도가 빛으로 머물러서 어둠의 세계 속에 비춰게 됩니다.

그리스도께서 우주의 중심인 존재의 중심을 차지하기 때문에 그리스도는 항상 우리 속에서 사십니다. 그는 참된 자아이고, 외부 자아를 가능케하는 내면의 과정입니다. 존재의 중심은 또한 만물의 중심입니다. 중심에서 시공간의 개념은 적용되지 않습니다. 그것은 회전하는 바퀴의 중심축과 같은데, 여기에서 공간과 속두의 차원은 더 이상 적절하지 않습니다. 이것이 바로 다른 모든 존재의 중심인 우주의 중심이 하나의 현실이 되는 이유입니다. 하나의 현실은 우리 속에서 그리스도의 가장 의미 있는 표현입니다. 이 중심은 스스로 존재하는 분열된 현실이 아니라 우리의 참된 자아의 일부입니다.

이것이 바로 그리스도가 우리 속의 진정한 사람, 인간의 원형을 나타내는 이유입니다. 이것이 바로 기독교를 내면적으로 접근해서 모든 인간과 만물 속에서 살아있는 그리스도의 현존의 현실을 확증하게 되는 이유입니다.

그리스도는 우리 속에 늘 살아 계시며, 우리 존재의 진정한 자아이기 때문입니다. 그가 없이는 우리는 존재할 수 없습니다. 우리의 존재가 없다면 그리스도 또한 현존할 수 없습니다. 그와 우리는 나뉘어져 있는 것이 아니라 하나의 단위로 묶여 있습니다. 우리 속에 계신 그리스도의 개념은 분리된 현실이 아니라 우리의 본질이고, 그것이 기독교를 참되고 의미 있게 만드는 이유입니다. 외재적 과정은 그리스도를 우리와 분리시키지만, 내면의 과정은 그리스도를 우리와 연합시킵니다. 이것이 바로 그리스도의 내적인 의미를 회복해야만 우리 시대에 기독교를 다시 활성화시킬 수 있는 이유입니다.

그리스도를 외부 대상으로 외재화를 시켜서는 안 됩니다. 외재화된 그리스도는 제한된 시간과 제한된 지리적 공간에 살고 갔던 역사적 인물일 수밖에 없습니다. 그분을 외재화시켰기 때문에 그분은 우리에게서 분리되었습니다. 우리는 역사 속에 외재화되어 나타난 것만을 생각하기 때문에 그분이 내적으로 우리 속에 현존하는 것을 잊게 되었습니다. 그분이 "나는 길이요 진리요 생명이다"라고 말씀하셨을 때, 그분이 말씀하신 나는 외재화된 역사적인 존재가 아닙니다. 그분의 나는 영원한 존재의 나이고, 모든 존재하는 개인의 나이고, 과거와 현재와 미래에 존재하는 만물의 나입니다. 이미 살펴본 바와 같이 그리스도는 우리 속에 언제나 계시는 참된 '나', 동일한 '나'로서 우리와 동일한 기준틀로서의 '나'를 우리에게 남긴 것입니다. '나'는 역사적 예수로 제한되지 않습니다. 나는 제한되지 않는 모든 것에 통하는 영원한 현실입니다.

이것이 바로 기독교만이 참된 종교라는 특별한 주장으로 역사적 유일성을 강조하는 것이 약점이 될 수밖에 없는 이유입니다. 기독교가 역사적 경계 안에서만 한정된다면, 그것은 보편적인 것이 아닙니다. 모든 인간과 모든 시대에 받아들여질 수 없습니다. 그러나 기독교가 역사적 중요성을 강조하는 것은 외재적 과정일 뿐입니다. 역사적 예수는 역사적 한계를 초월하는 예수님의 내면의 생활을 드러내고 있습니다. 그러므로 기독교를 내면적으로 접근하는 것은 교파적 정신을 깨뜨리고, 열어서 모든 종교의 형태와 함께 할 수 있는 진정한 에큐메니컬 전선에 서게 됩니다. 모든 종교가 내면의 현실 속에서 공동의 관심을 나눌 수 있습니다. 이것이야말로 우리 존재의 진정한 자아를 대변하는 내면의 현실인 그리스도가 에큐메니컬 운동과 미래의 가장 전망 있는 전진의 열쇠가 되는 이유입니다.

과거의 기독교는 정치적이고 사회적인 정의의 문제에 깊이 관여해 왔기에, 예수님의 가르침의 내적인 의미를 다루지는 못했습니다. 이런 실패는 예수님과 그분의 선교를 교회가 오해했기에 생긴 문제입니다. 예수님은 유대인들이 오래 기다리던 메시아로 오신 것이 아니었습니다. 오히려 그는 정치적이고 사회적인 투쟁의 외부적 사건들을 다루는 메시아적 소망의 외재적 형태를 파괴하러 왔습니다. 그래서 모든 사람 속에 있는 내적인 메시아가 계시로 드러나게 됩니다. 이것이 바로 밥콕이 요약하는 예수님의 진정한 의도였습니다. 밥콕은 예수님은 복음서에서 자신을 다음과 같이 말씀하셨다고 합니다.

예수님은 오래 기다리던 유대적 메시아가 아니었고 자신이 그런 존재라고 믿지도 않았습니다. 그분의 선교는 자신의 시대의 메시아적 전통을 깨뜨리고 파괴했습니다. 그리고 모든 사람의 내면에 하나님의 개념으로 전통적인 메시아 개념을 다시 새롭게 심는 것입니다. 각자는 그리스도로 표현되는데, 그것은 생명의 성배이고 보편적으로 부모의 존재가 가진 생명의 유일한 능력입니다.[1]

---

1 Preston Harold, *The Shining Stranger: An Unorthodox Interpretation of Jesus and*

예수님은 유대인들이 메시아를 기다리던 외재화된 형태의 메시아 사상을 거부했습니다. 그럼에도 불구하고 교회는 예수님이 기다리던 메시아였다는 개념을 그대로 받아들였습니다. 따라서 교회는 정치, 사회와 윤리적 관심으로 나타나는 삶의 외재적 영역에 관심을 기울여왔습니다. 인생의 제도적이고 외재적 측면에 교회가 관심을 기울이게 된 것은 예수님의 사명을 오해한 것입니다. 예수님은 기다리고 소망하는 외재적인 형태의 메시아를 대변하려고 온 것이 아닙니다. 오히려 그것을 깨뜨리려 했습니다. 외재적 상징을 깨뜨림으로써, 예수님은 하나님의 현존의 내면적 상징을 회복시켰습니다.

메시아 대망의 외재적 상징을 파괴한 것은 본질적 의미 속에서 소망을 성취하기 위해서 꼭 필요한 본질이었습니다. 외부의 세계를 떠나는 것은 정말로 그것에 속하기 위해서 꼭 필요합니다. 메시아 대망의 외재적 형태를 깨뜨리는 것은 그것의 진정한 성취를 위해서 꼭 필요합니다. 외재적 메시아의 개념을 파괴함을 통해서 내면의 메시아에 대한 소망이 얻어집니다. 내면의 메시아가 인간의 표현으로 드러날 때, 외부적 메시아는 자발적으로 성취됩니다. 이것이 바로 예수님이 먼저 내적인 왕국을 추구하면 다른 모든 외부의 것은 이뤄질 것이라고 가르친 이유입니다. 내면의 메시아가 삶에서 현실이 될 때 외부의 메시아가 또한 삶의 일부가 됩니다. 이런 의미에서 예수님은 유대인의 메시아 사상을 파괴함으로써 그것을 완성시켰습니다. 이것을 없애는 과정은 성취를 위한 본질이었고, 파괴가 갱신의 과정을 위해 필요한 것과 마찬가지입니다. 교회가 예수님을 오해한 것은 내면의 삶의 기본 패턴인 역설을 파악하지 못했기 때문입니다. 역설은 부정하면서 동시에 확증하

His Mission 3판 (The Wayfarer Press, 1973). xxiii. 위니프레드 밥콕, 3판의 서문.

는 것입니다.

이와 마찬가지로 여기서 예수님 내면의 의미를 강조하는 것은 예수님의 외재적 의미를 부정하는 것이 결코 아닙니다. 내면의 과정은 외재적 과정을 부정하는 것이 아닙니다. 인간의 정치적이고, 사회적이며 제도적인 삶은 예수님 내면의 과정을 인식하면 더욱 풍성해집니다. 참된 사회복음적 선교는 정치사회적인 관심과 거리를 두는 창조적 거리두기에서 나옵니다. 과거 종교의 외재적 접근은 인간 존재 내면의 의미뿐만 아니라 인간의 삶 외부 과정을 파괴해 왔습니다. 한편, 종교적 의미의 내면적 접근은 삶의 내면의 의미를 제공할 뿐만 아니라 인간 활동의 외부적 형태를 완성시킵니다. 이것이 바로 예수님이 종교를 내면화의 방식으로 접근한 이유입니다.

이것이 바로 교회가 세상을 구하고 자신을 구하기 위해서 취할 수 있는 방식입니다. 교회는 사랑, 코이노니아, 내면의 삶의 모든 교제를 이루는 일등이 되어야 합니다. 이것이 성취될 때 교회의 삶의 외재적 형태, 제도적 형식이 얻어질 수 있습니다. 이것이 바로 내적인 과정의 패턴에서 내면의 현실이 외부의 현실에 앞서게 되는 이유입니다. 그러나 외부의 현실이 내면의 현실 우선성을 확증하기 위해서 제외되어서는 안 됩니다. 양쪽이 모두 되어감의 과정에서 상호 여관이 이루어집니다. 교회의 가장 중요한 역할은 사회 정의, 정치 질서, 도덕적이고 제도적인 의무의 영역에 있지 않습니다. 이런 모든 측면은 사랑의 교제인 교회 내면의 생활 부산물입니다. 교회가 내면의 생활을 먼저 추구하면, 다른 외부적 삶의 모든 것은 자연스럽게 교회의 표현의 일부가 됩니다.

모든 분열된 것을 하나의 현실로 만드는 것이 바로 내면의 과정입니다. 그것은 분열된 것들을 재결합시키는 충동이요, 사랑의 과정입니다. 이런 측면에서 외부 과정은 분열시키는 동인이고, 사랑의 상대적인 짝입니다.

분열된 것이 내면의 과정을 통해서 연합될 때 공감할 수 있는 진정한 공동체가 창조됩니다. 따라서 세상은 평화를 증진시키게 되고, 전쟁은 더 이상 일어날 수 없습니다. 모든 사람은 다른 사람들과의 관계에서 연합하게 됩니다. 이런 종류의 연합에서 '나'는 '님'(Thou)과 연합할 뿐만 아니라, '나'는 '님'(Thou)입니다. 즉, "나와 하나님은 하나입니다", "나와 우주는 하나입니다"라고 외칠 수 있습니다.

부록

2024년 미연합감리교회 총회 후의 신학적 성찰
: 지구촌 기독교, 통일 한국의 도래를 기다리는 소망의 노래*

1. 들어가면서

신학이라는 말을 동양, 특히 한자권 문명의 동아시아적 사유의 틀 안에서 어원적이고 실존적 의미로 풀어보고 싶다. 그것은 그냥 번역어일 수가 없고, 삶의 언어로 성육해야 하기 때문이다.

신학(神學)의 한자를 문자적으로 분석해 본다면, 음양 운동 현상에 대한

---

* 이 에세이는 미국연합감리교회는 2024년 총회를 통해서 동성애와 기독교의 가르침이 양립할 수 없다고 했던 언어를 삭제했고, 세계 교단으로 보편적 장정을 사용하던 것을 바꾸어 지역에 맞는 장정을 사용하도록 하는 지역화(regionalization)를 결의했다. 그런 변화를 지켜보면서 새로운 신학적 패러다임, 지구촌 기독교의 도래를 향한 새로운 신학적 언어가 필요하다는 것을 절감하게 되었다. 이런 변화가 그냥 지나가는 변화가 아니라 새 하늘과 새 땅이 열리는 종말론적 사건이라는 시각으로 보고 싶었다. 그것은 한국적 신학, 한국적 감리교 운동이 새로운 기독교의 패러다임, 지구촌 기독교의 도래를 노래하고 살아내고 이루어 내는 운동이어야 한다는 것을 말하고 싶었다. 그것은 통일 한국을 위한 노래이고 세계 평화를 위한 노래여야 한다.
이 에세이는 미국연합감리교회 공보부에서 발간하는 「연합감리교회 뉴스」 2024년 6월 3일 자에 실린 기사다.

배움과 연구의 여정으로 보인다. 동양학적 의미의 신 체험을 의미하는 신(神)은 보일 시(示) 자와 펼 신(申) 자의 결합으로 만들어진다. 여기서 부수 '시'는 어떤 하나의 계시가 하늘에서 땅으로 내려지는 계기를 형상화한 글자다. 옆에 붙은 펼 신은 'enfold', 즉 주름을 펴다라는 의미를 가진 글자다. 그러니 귀신 신(神) 자는 하늘의 계시가 펼쳐지는 현상, 즉 동양적 신 체험을 대변하고 드러내는 글자다. 기가 막힌 텍스트적 표현으로 역의 현상이 펼쳐져 드러나는 것을 형상화한 글자다. 학(學)은 배움과 깨달음의 여정으로 해석하고 싶다. 즉, 신학은 동양적 맥락에서 본다면, 하늘적 계시로서의 신 체험을 붙잡고 살아가는 배움과 연구의 여정이라고 할 수 있는 것이다.

서양적 맥락에서 신학은 하나님(theos)을 이해하기 위해 이성적 논리를 통해 드러나야 하는 'logos'의 길이지만, 동양적 맥락에서의 신학은 서구적 신학과는 결을 달리하는 삶의 새로운 방식을 모색하고 드러내는 여정이다. 서양적 맥락에서의 신앙과 로고스라는 태생적으로 안 어울리는 조합보다는 새로운 가능성이 여여하게 드러나는 동양적 신학의 의미를 이야기할 수 있다. 물론 그런 다름에도 불구하고 신 체험과 그것을 해명한다는 의미에서는 결을 같이한다고도 할 수 있다. 이것은 공교롭게도 종교학이나 신앙의 의미를 새롭게 정립하고자 하는 서양 학자들이 종교와 신앙을 로고스의 작용이라기보다는 삶의 방식(The Way of Life)으로 학문적 정의를 새롭게 하는 현대 학문의 방향성과도 일치한다.

그렇지만 신학은 개인의 실존적 여로에서 시작해야 하는 자서전적 서술일 수밖에 없다. 이정용의 하나님은 증조할머니의 하나님이었고, 어머님의 하나님이고, 아버님의 하나님이었다.

한반도에서 그것도 평안남도 순천(順天)군 자산(慈山)면 향봉(香峰)리에서 선교사에게 복음을 듣고 종산의 땅을 바쳐 교회를 세웠던 증조할머니과, 그분의 뜻을 지성으로 받들어 하나님을 예배하다가 북한 땅에 남아 아기를 낳아야 했던 친척을 섬기기 위해 자신을 사랑으로 희생했던 어머님과, 아펜젤러에게 세례까지 받았으나, 한반도에 태어난 인연을 놓지 못해 회심을 철저하게 하지 못했던 어설픈 세례교인 아버님의 하나님이었다.

이정용의 삶의 자취에는 하늘에 대한 자연스러운 흐름, 사랑의 산과 제사를 드리는 향을 피워 올리는 봉우리 속에서 잉태된 거룩과 신학과 연결되어 있음을 읽게 된다. 그런 한반도 땅에서 태어나 제국주의 열강의 각축장이 되었던 나라를 잃고 고난의 십자가의 땅이 되었던 곳에서 하나님을 만난 이정용, 그의 신학은 자신의 자서전적 고백으로 쓰인 신 체험의 텍스트일 뿐이다.

이정용의 신학은 우주 종교의 예언자요, 시인이요, 이야기꾼이었던 그분의 배움과 깨달음의 여정에서 나온 텍스트이다. 그 텍스트는 우주와 역사, 시간과 세계, 나와 세상을 묶고 해명하는 운동으로서의 변화(易)의 여정일 뿐이다. 종교와 신학은 신비적 실재인 하나님에 대한 체험과 인식을 몸으로써 가는 고백적 텍스트일 뿐이다. 텍스트는 직조된 날줄과 씨줄의 음양의 운동인데, 그것은 심층심리학적 인식의 드러남, 내면의 과정(inner process)이다. 그리스도의 마음을 알아가는 과정, 즉 내면화 과정으로 하나님의 나라가 내 속에서 실재가 되는 여정인 것이다.

결국 이정용의 신학은 하늘의 엉성한 그물코다. 노자가 말했듯이 어떤 것도 이 어불성설의 그물코를 벗어날 수 없는 천망(天網恢恢 疎而不失, 노자 73장)인 것이다. 엉성하나 그 그물코에는 모든 것이 얽매일 수밖에 없는 신비가 출몰하는 것이다.

그의 신학의 텍스트는 관상 기도적 텍스트일 뿐이다. 쉬지 않고 드러나는, 결코 같지 않은 반복과 영겁회귀의 관상적 접근은 묵상과 명상의 기도로 쓰인 신학적 텍스트이기 때문이다. 그의 신학적 작업은 이성적 전개나 구성이 아니라 기도의 대안 활동이다.

나는 누가 뭐래도 신학의 길, 목회의 길을 가고 싶었다. 나는 하나님이 좋았고, 성경이 좋았고, 교회가 좋았다. 한반도 구석진 땅, 당진까지 찾아온 예수님과 하나님에 대한 체험된 만남이 있었기 때문이다. 나의 신학적 여정은 결국은 고향으로 돌아가는 여정일 뿐이다. 그분들을 해명하고 이야기하는 데는 한반도에서 일어난 직조로 짜는 텍스트여야 한다는 생각을 자연스럽게 하게 되었다. 그것이 한국적 신학의 길로 들어서게 된 소명이었고, 그 길 위에서 이정용을 만났다.

이 에세이에서 이정용 신학의 언어와 개념 몇 가지를 하나의 텍스트로 엮어서 이야기하고 싶다. 그가 앞으로 도래할 지구촌 기독교(Global Christianity or World Christianity)를 위한 우주 종교(Cosmic Religion)의 예언자였음을 알리고자 한다. 연합감리교회는 분열의 파열음을 내면서 혼란의 종말론적 상황을 지나고 있다. 새 하늘과 새 땅이 열릴 것인지, 아니면 헌 하늘과 헌 땅의 붙박이로 그칠지 그 미래를 알기도 어렵다. 이 카이로스적 시간의 냄새를 맡으면서, 한국 감리교인의 운명과 소명을 이정용이란 신학자의 텍스트 속에서 읽어보고 싶은 것이다. 거룩한 대화와 회합의 한 계기일 수 있기를 소망해 본다.

2. 하늘을 껴안는 엉성한 그물코(天網) — 이정용 신학의 정체성: 우주 종교에서 우주론적 인간학까지

독일 감리교계 연합형제단(United Brethren)의 목회자들의 자녀가 대다수를 차지했던 오터바인대학에서 이정용이 처음으로 출간한 책은 『나: 기독교적 인간 개념』(*The I: a Christian Concept of Man*, NY: Philosophical Library, Inc., 1971)으로, 그의 초기 강의를 발전시킨 것이다.

그는 이미 이 책에서부터 신정통주의자인 바르티안(Barthian)으로 시작한 그의 신학적 여정의 처음과 끝을 여실하게 보여준다. 이정용의 신학적 출발점은 기독교적 자아(The I)에 대한 인간 이해였음을, 그것에 관심을 집중하였음을 알 수 있다. 그가 신학을 시작했던 1960년대 말 신학이 신정통주의와 실존주의에 깊게 물들었던 상황과도 연관이 있는데, 자신의 신앙적 정체성에 대한 고민과 극복, 형성의 과정에서 신학의 길을 새롭게 시작했음을 보여주는 그의 초기 신학적 텍스트다. 이 시기의 그는 어쩌면 포이에르바하가 선언한 "신학은 인간학이다"라는 명제에 충실한 신학의 결을 갖고 있다.

이정용은 언제나 당당했고, 겸손했지만 비굴하지 않았다. 왜냐하면 그 시대 신학의 최고봉인 칼 바르트를 사사했기 때문이고, 그가 자신의 신학적 여로에서 발견한 우주적 텍스트인 주역을 붙잡았기 때문이다. 물론 그가 칼 바르트에게 직접 배운 것은 아니다. 엄격하게 말하면 사숙이겠지만, 그가 박사과정을 끝내기 전에 처음으로 출간한 논무이 "바르트의 교의학에서 유비론의 사용"("Karl Barth's Use of Analogy in his Church Dogmatic, Scottish Journal of Theology," XXII.2, June 1969: 129-151)이고, 그의 박사학위 논문("God Suffers for Us: A systematic Inquiry into a Concept of Divine Passibility," The Hague: Martinus Nijhoff, 1974)과 교수가 되기 위한 시험 강의 주제도 칼 바르트의 신학이었던 것을 종합해서 상징적으로 표현한 것뿐이다.

바르트는 주역을 붙잡은 이정용을 나무라지 않았고, 자기 신학의 논리적

귀결이었다고 인가해 주었다. 이를 이정용은 신정통주의와 동양 신학의 관계를 철학적으로 해명할 수 있다는 입장을 취했다. 그랬기에 이정용은 하나님의 신비를 해명하는 데 막힐 것이 없었다. 무모해 보이기까지 했던 그는 어거스틴이나 아퀴나스가 플라톤과 아리스토텔레스를 업고 갔던 것처럼, 주역과 동양 철학을 업고 자신만만할 수 있었다. 그에게서는 치밀한 철학적 사고의 전문가가 아니라 도인의 풍모와 군자의 여유로움이 기독교적 영성가의 이미지와 통합적으로 나타난다.

이정용의 신학적 텍스트 속에서는 서양 신학과 그의 고향 한반도가 조우했기 때문이다. 몸과 마음이 연합이 되는데 무엇이 문제가 되고 거칠 것이 있겠는가? 그가 붙잡았던 주역은 아버님이 공부하라고 권유한 텍스트였음이어랴? 그의 신학적 텍스트는 그의 몸과 마음의 고향으로 돌아가는 일치와 연합의 길이었던 것이다. 아버님과의 화해가 일어나고 고난과 고통의 땅에서 구원이 일어나는 것이 실지로 이루어지고 있는데 무엇이 그의 신학적 고백을 막을 수 있겠는가? 그의 신학은 기독교인과 비기독교인 사이를 겁 없이 오갔던 한반도 초기 기독교인인 아버지와의 화해의 텍스트였고, 그의 개인적 여로, 즉 고향으로 돌아가는 길이었다. 아버지는 육신의 아버지였고 또한 영적인 아버지였다. 그는 결코 그 아버지를 홀대하지 않는 신학의 길을 갔다. 그의 신학의 길은 바르트의 '신앙과 관계의 유비론'(Analogy of Faith and Relation)에서 크게 벗어나지 않은 궤적을 그리게 된다.

그의 신학적 작업은 주역에서 말하는, 때로 끊임없이 변화하고 성장하는 생생하는 역을 이름하는(生生之謂易) 길이 된다. 그의 신학적 여정의 초기 오터바인에서 주역을 읽으면서 신학적 상상력으로 창안했던 우주 종교(Cosmic Religion)는 그의 신학적 여정의 후기 드루신학대학원에서 썼던 텍스트로 가게 되면, '우주론적 인간학'(Cosmological Anthropology)으로 신학을 정의하면서 성장해 간다. 그 우주론적 인간학은 마지널리티에서 일어나는 나(이정용)의 운동이요, 변화의 길이기도 했다. 우주와 인간이 분리되지 않은 채 조화와 화해의 길을 갈 수 있게 된 것이다. 그것이 신학의 여로가 된 것이다.

그는 바르트에게서 가톨릭과 기독교 전통의 자연신학과 결별하면서 걸어간 "관계와 믿음의 유추론"을 읽었고, 그 길이 이정용의 신학적 방법론의 출발점이 되었다. 그의 신학적 텍스트에서 겉으로 드러나는 모습이다. 그의 무의식의 세계를 끌어올려 추적해 보면, 음양의 텍스트로 짜인 하나님의 신비를 동양적 유비론으로 정리했다. 주역을 일종의 칼 바르트의 믿음과 관계의 유비론과 결을 같이하는 우주적 유비론으로 읽은 것이다. 그는 주역을 신학적 해석학으로 읽는 태도를 견지한다. 그는 칼 바르트의 신학으로 따져 봐도 자신이 하는 신학적 작업이 하등의 문제가 될 것이 없다고 당당하게 밝혔다.

이정용의 신학은 주역에 대한 일종의 신학적 해석학이다. 이정용의 신학적 방법론을 뭉뚱그려서 말해보면, 양자택일의 사고(either/or way of thinking)와 양면긍정의 사고(both/and way of thinking)의 역동성으로 '넘어'(beyond)의 엉성한 그물코를 만든 것이라고 표현할 수 있겠다. 물론 이것은 성급한 일반화의 오류 가능성에 열려 있기는 하지만, 서구의 어떤 신학자도 동의하지 않을 수 없는 전문가의 길이 아닌 일반론자(generalist)의 어설픈 그물코인 천망인 것이다. 그는 그가 공부한 서구 신학의 모든 논의를 일별하고서 문제를 파악했고, 동양적 사유, 일종의 동양적 신비적 사유인 주역의 논리로 돌파할 수 있다는 확신이 바르티안 이정용에게 찾아왔다. 그것은 그의 속에 하나님 체험이 여여하게 자리했기 때문에 가능했다.

3. 나(The I)와 나의 원형인 완전한 변화의 도인
　 그리스도와 하나님과의 만남

　신학이 자서전적일 수밖에 없는 이유는 나는 변화의 실재이기는 하지만, 결국은 나라는 시간과 공간의 한정적 존재에 의해서 수행되는 신학적 씨름을 드러내는 텍스트이기 때문이다. "나(I)는 길이요, 진리요, 생명이다"라고 예수님이 고백했을 때, 그분의 우주적 나는 하나님의 실재를 드러내는 언어였던 것이었고, 그 존재는 예수라는 역사적 존재 속에 실제로 거하시는 영적 존재였다. 그렇기 때문에 그의 언어 자체는 진실한 고백인 것이다. 그렇기에 2,000년의 시간을 넘어서도 무너지지 않는 것이다. 해체되지 않는 고백의 텍스트인 것이다.

　이정용은 우주 종교에서 우주론적 인간학으로 신학을 정의하는 포스트 모던적 텍스트론자로서 자기 고백의 언어를 토해 냈다. 그는 그리스도를 '완벽한 변화의 도'(The perfect realization of the Change)로 규정하는데, 이것이야말로 웨슬리안으로서 이정용의 화룡점정이었다. 이것은 기독교적 완전을 놓지 않았던 웨슬리의 환생적 개념이 아닐까 생각하게 된다.

　이정용은 가슴이 뜨거워지는 신 체험을 몇 번에 걸쳐서 했는데, 그것은 이상하게 뜨거워진 것이어서 언어의 얼개로 걸러내기가 쉽지 않았다. 서구 신학의 언어로는 자신을 담아낼 수 없다는 깨달음은 그에게 고향으로 가는 길을 열어 주었다. 그를 통해 그리스도는 우주적 언어와 텍스트를 얻게 된다. 언어를 넘어서는 텍스트 시대의 도래를 예언함으로써 한편으로 종말론적 현상이기에 '포스트'라는 개념을, '탈'과 '이후'를 지시하는 접두어를 붙이는 것이다. 옛 하늘과 옛 땅이 없어지고 새 하늘과 새 땅이 열리는 개벽의 텍스트가 열리는 것이다. 나는 그것을 지구촌 기독교의 도래를 외치는 아시아의 황야를 달리던 이정용의 광야의 소리로 듣고 싶은 것이다. 그는 서구적 기독교의 길을 가는 것을 단념하고 새로운 길을 걸어간 것이다.

이정용의 신학의 길은 자서전적인데, 여기서 자서전이라는 의미는 자기에 충실한 현대적 개인의 자아가 아니라 하나님과 우주적 관계를 맺은 우주론적이고 종교적인 자아다. 이 자아의 자서전적이라는 의미는 서구적, 개인적, 실존적 자아의 자서전이 아니라 하나님과 우주적 관계를 맺으면서 성숙하고 변화하고 발전하는 신적 자아의 변혁 운동을 지칭하는 역을 의미한다. 그것은 사회적 관계의 실현을 중시하는 서구적, 인문학적 자아라기보다는 우주적 겸손을 지향하는 역(易)적 자아의 우주적 관계를 통해서 하나님의 나라를 지향하는 운동이기도 하다. 이정용의 신학은 이 부분에서 내면의 과정이라는 내면화의 길, 즉 영성의 길을 지향하게 된다.

그것은 이제까지 서구 신학의 길을 완벽하게 뒤엎는 지난한 혁명의 길을 지향하게 된다. 그것은 신비의 길이고, 영성의 길이고, 내면화의 길이었다. 정의의 길이라기보다는 사랑의 길이었다. 해방의 길이라기보다는 내면으로 더 깊이 향하는 여정이었다. 그 하나님은 외적으로 찾아온 것이 아니라 정치적, 사회적 관계로 찾아온 것이 아니라, 영혼을 향해서 마음의 문을 두드리는 것이었다. 골방으로 우리를 끌고 기는 사랑의 길이었다.

이정용은 서구화와 서구적 논리의 길을 따르는 배타적 종교의 길로 가는 기독교를 경계했다. 그것은 분열과 적대의 길로 갈 수밖에 없는 한계를 드러낸다고 보았기 때문이다. 그는 모든 문제의 근원을 이런 배타적 태도에서 찾았다. 그것은 사랑과 공감의 종교로서의 기독교가 서구화되면서 노출시킨 근원적 병인이었다. 이것의 치유는 동양적, 포괄적 태도로의, 사랑의 길로의 회귀 이외에 다른 길은 없었다. 그것은 주역을 통한 우주론적 회복의 길이었고, 하나님의 세계 속으로 돌아가는 내면의 과정의 길이기도 했다.

그것은 이제까지의 외재화의 길을 회개하고 돌아가는 내면화의 길이기도 했다.

하나님을 외부에서, 제도 속에서, 그리하여 사회적이고 정치적이며 윤리적인 차원에서 만나서 실현하고자 하는 기독교의 길이 예수 복음의 내적 의미를 상실한 길이었다고 이정용은 단언한다. 초기에는 다소 엉성한 논리로 구성되었다면, 후기에는 풍성한 이야기들로 다소 신학적으로 세련되게 발전해 간다. 그렇지만 다소 어설픈 천망의 논리와 그물코를 크게 벗어나지는 않는다. 그것은 내면세계로 찾아오는 우주적 그리스도와 우주적 하나님과의 만남과 경험 속에서 이루어지는 것이다. 그리스도를 완전한 변화의 도의 실현으로 정의하는 것이다. 그것을 실존적으로 적용한다면, 웨슬리적, 기독교적 완전과 동양적 역이 만나는 길이기도 했다. 그것을 다시 한걸음 진전시킨다면, 한국교회와 한국감리교회가 가야 할 길이기도 한 것이다.

4. 포스트 연합감리교회 시대가 열리는 종말의 자리에 서서

한국교회와 한국감리교회는 지구촌 기독교를 탄생시킬 계시적 사건이어야 한다. 이정용은 그 우주 종교와 우주론적 인간학, 어설픈 그물코의 텍스트를 남기고 떠나감으로써 한반도에 찾아온 완벽한 변화의 도인 그리스도에 대한 고백의 언어를 우주적 텍스트로 남겼다. 기독교와 신학은 우리를 찾아오시는 언어로 해명할 수 없는 신비인 하나님 체험에 대한 이야기요, 배움과 깨달음의 여정일 뿐이다.

이정용은 종말론적 시대, 포스트 연합감리교회, 포스트 한국교회 시대를 여는 우주 종교와 우주론적 인간학의 웨슬리요, 시인일 뿐이다. 그의 시는 곳곳으로 날아드는 민들레 홀씨가 되어 온 세상을 노랗게 물들일 것이다. 아니, 그렇게 되지 않아도 괜찮다. 그는 이미 이 땅의 삶에서 한반도에 찾아오신 예수님을 만났고, 그분에게 천망의 인가를 받은 시인이었기 때문이다.

웨슬리가 기독교적 완전을 놓을 수가 없었기에, 그는 장로교적 감리교인들과 절연하고, 모라비안 교도들과 절연할 수밖에 없지 않았을까 생각한다. 이정용은 자기가 완전하다고, 자기의 신학이 완전하다고 주장할 분이 아니다. 그렇지만 그는 이상하게 내 마음이 뜨거워졌다고 말하셨을 것이다. 그 분명한 고백을 들을 수 없는 것이 한스럽다. 그렇지만 그의 신학은 어설픈 그물코였기에, 그렇게 된 것 또한 운명이었는지도 모르겠다. 중심을 떠나 구석진 곳의 모퉁이를 찾아갔던 이정용은 그 모퉁이에서 예수님을 조우했다는 전설을 나는 이야기하고 싶을 뿐이다.

그의 신학의 천망, 어설픈 그물코가 통일 한국을 열고 세계 선교의 새로운 기독교, 즉 지구촌 기독교의 패러다임을 제공하는 영감이 되기를 기도할 뿐이다. 이정용의 엉성한 텍스트가 천망이기에, 미국이란 땅에서 여러 인종을 제대로 알지도 못하면서 섬기는 어설픈 우리의 텍스트와 언어로 오늘 체험되기를 기도할 뿐이다. 어설프더라도 그것을 쓰고 갈고닦아야 하는 것이 우리의 운명이라고 말하고 싶은 소이연(所以然)인 것이다.

그는 신학의 언어를 서구적 언어에서 우주적 언어로 바꾼 혁명적 신학자였다. 그의 시심이 그것을 가능하게 했다. 그의 혁명성은 성 패트릭의 아일랜드 선교와 어거스틴의 회심에 비견되지 않을까? 선교는 개인적, 민족적 선교를 넘어, 결국은 언어와 내면세계를 그리스도에게로 인도하는 내면화(inner process) 과정까지 가야 하는 것이다. 즉, 사상과 문화적 선교를 통해서 철학화의 지점까지 가는 것이다. 그렇기에 문화와 의식의 세계까지 회심을, 만남을 경험케 하려면 언어와 텍스트를 통해 그리스도의 사심을 해명하지 않으면 안 되는 것이다.

부활하신 그리스도가 맨발로 쫓아가 사울을 항복시켜야 했던 절박한 이유일 것이다. 이정용의 신학을 이렇게 상재하고 싶은 까닭은 임찬순의 뇌피셜이 분명하다. 새 하늘과 새 땅이 열리고 있다. 그것은 내가 죽고 그리스도가 사는 사건이다. 그것을 느끼고 체험하는 이들에게는 이정용의 신학적 텍스트는 여전히 유효할 것이다.

칼 바르트의 하나님인 전적 타자(wholly Other)는 전적 자아(wholly Self)와 반대 개념이지만, 이정용의 완전한 변화의 도인 그리스도를 전적 자아로 표현하고 싶다. 전적 타자는 초월을 지향하고, 하늘과 땅은 화합하거나 만날 수 없는 간극을 갖는다. 그렇지만 전적 자아는 내재를 지향하고 하늘과 땅이 만날 수 있다는 믿음과 관계의 유비론을 가능하게 한다. 이정용의 전적 자아는 바르트와는 달리 우주적 종교의 하나님, 즉 전적 타자와 변화의 도를 매개로 결국에는 화해하고 합일한다. 그것은 창조와 구원의 우주적 만남이다. 그것이 우주 종교를, 우주론적 인간학을 가능케 하는 것이다. 결국 전적 자아는 전적 타자와 일치하게 되고 궁극적으로 연합하게 된다. 그것은 외적 공간이나 장소, 제도에서가 아니라 내면의 세계 속에서 이루어지는 신비다. 이것을 신비적 사고의 궁극처라고 본다. 신비적 사고의 극치는 삼위일체적 사고요, 음양적 사고이다. 창조의 종말론적 구원의 완성인 새 하늘과 새 땅이 열리는 것을 조상들은 개벽이라고 불렀다. 신토불이의 하나님의 길이기도 하다.

서양 선교사를 통해서 한반도에 찾아와 소외되고 나라를 잃은 백성을 만나 주시던 그 예수님은, 서양과 동양을 하나로 묶어 지구촌 기독교의 탄생을 한반도에서 열고 닫는 개벽으로, 완전한 변화의 길을 여시는 것이 아닐까? 그 예수님이 한반도를 걸어가실 때 역사 속에서 부활과 생명의 역사가 피어났던 것이다.

선과 악의 문제도, 초월과 내재의 문제도, 신과 인간의 문제도, 구원과 타락의 문제도 만나고 화합하고 화해함으로써 해결하게 된다. 기독교의 궁극과 창조와 종말의 문제도 모두 여기 이 자리에서 해결된다고 믿게 된다. 그리하여 신학은 돌고 돌아 우주 종교가 되었고, 다시 돌고 돌아 우주론적 인간학이 되는 것이다. 전적 타자인 하나님이 돌고 돌아 전적 자아인 인간이 되어 세상에 오심으로써 새 하늘과 새 땅이 열리는 개벽이 시작되기 때문이다.

하나와 둘과 셋이 화해하고 만나고 노래하는 것도 결국은 이 자리인 것이다. 하나님과 내(나)가 만나고 일치하고 하나가 될 때 새 하늘과 새 땅이 열리는 신비가 시작하고 끝나는 것이다. 결국은 이 신비는 열리고 닫히고 머무르고 비상하게 되는 것이다. 삶과 죽음은, 구원과 타락은, 시작과 끝은 함께 동거하는 것이다.

신학이 우주론적 인간학이라는 이정용의 고백은 텍스트로서 완성되는 것이다. 텍스트는 날줄과 씨줄로 천이 짜이듯 음양의 운동으로 완성되는 것이다. 그 완성은 영원한 미제의 사건이지 고정된 완성이 아니다. 천망은 엉성한 그물코지만, 어떤 것도 그 그물을 벗어날 수 없고, 얽히게 되는 것과 마찬가지인 것이다.

나는 기독교의 인간 개념으로 우주적 인간학의 자리에서 하나님과의 화해와 만남이 가능한 것이다. 그것은 지구촌 기독교의 길을 여는 새로운 신학의 길이기도 하다. 우리 모두 그 길을 가는 순례자가 되기를 소원하면서 이 거친 글을 마무리하려고 한다.

역과 나
— 그리스도와 하나님과의 연합을 향한 치열한 이정용의 구도의 길

내면화의 깨달음과 영성 형성의 길을 걸어가고자 했던, 그리스도를 다른 곳에서가 아니라 자신의 내면 깊은 곳에서 만나고자 했던, 한 신학자의 고백을 이 책 속에서 들어야 한다. 주역을 잡고, 도마복음서를 품고, 현대 과학의 발전을 되새기고, 실존주의와 심층심리학의 길을 참고하면서, 새로운 지구촌 기독교의 길을 구상했던 한 바보 같은 한국인 신학자를 읽어야 한다. 그의 책은 아마도 그의 기도의 텍스트였지 않았을까?

Patterns of Inner Process: The Rediscovery of Jesus' Teachings in the I Ching and the writings of Preston Harold (Secaucus, NJ: The Citadel Press, 1976), 이 책을 번역하면서 맨발 걷기를 하게 되었다. 아침 일찍 일어나서 나간다고는 하지만, 6시가 넘으니 꽤 늦은 시간이기도 했다. 매일 4시면 일어나서 새벽 기도를 가시는 충청도 당진의 감리교 텃밭에서 아직도 떠나지 못하고 사시는 아버님, 어머님에 비하면 말이다. 맨발로 걷는 것이 너무 좋았다. 그냥 겸손하게 대지에 신발을 벗고 맨발을 댄다는 것 자체가 좋았다. 그렇게 걸을 곳을 찾는 것도 쉽지 않은데, 집에서 가까운

곳에 그런 곳이 있다는 것도 축복이었다. 하나님은 모세에게 찾아가셔서 신발을 벗으라고, 네가 선 땅은 거룩한 땅이라고 말씀하셨다. 신발을 벗는 것은 존재의 회개를 촉구하는 하늘의 음성이었다. 미디안 광야에서 사십 년의 시간을 보내던 모세에게 새삼스럽게 나타난 하나님이 들려준 음성이었다.

이정용의 글과 삶과 신학을 그런 자세로 읽고 싶었다. 때론 오랫동안 읽지 않고 지낸 적도 많았다. 목회의 현장에서 그분의 글과 삶과 신학이 그리 매력적이지 않고 목회적이지 않은 것처럼 느껴진 적도 있었다. 또한 그분의 박사과정 지도교수 로버트 넬슨(Robert Nelson) 박사가 지적해 주었다는 '반복되지 않게 반복되는 특성'을 가졌다는 언급은 때로 내게 어지럼증으로 다가오기도 했었다. 그렇지만 그의 신학의 저작들 속을 흐르는 어떤 영적인 파토스와 아름다움은 나를 끌어당기는 힘이 있었다. 그 힘은 때로는 뚜렷하게 나타나는 강력한 것이 아니라 감춰져 있는, 그리고 잘 나타나거나 보이지 않는 신비였다고 할 수 있다.

그러다가도 과연 그분의 글 속으로 들어가면, 소박하기만 한 그의 표현 속에 우주가, 그리스도가 새롭게 다가오는 것을 경험하게 되기도 했다. 코트니 교수가 이런 이정용의 특성을 꽤나 잘 파악한 것이 아닐까 하는 생각을 하게 된다. 코트니는 과정철학보다도 역의 신학이 우주와 역사를 더욱 잘 설명하는 것이라는 통찰을 내놓았다. 이정용의 책들을 읽으면서 '코트니는 이정용의 역의 신학의 설명이 과정철학자 네빌의 설명보다도 더 효과적이라고 알아챌 수 있었을까?' 하는 의문이 내 속을 파고든 적도 있었다. 이정용의 인격과 학문은 그렇게 화려하게 드러나지 않는 것이 사실인지도 모른다. 또한 쉽게 읽히지 않는 경우도 있다. 그의 학문의 깊이와 세계는 단순한 언어로 반복되는 지루함으로 그 참신성과 창조성이 감추어져 있다고 해도 과언이 아니다.

　물론 코트니 교수는 깐깐했다. 그는 서양 철학에 대한 깊은 읽기를 계속하는 철학 선생의 좁은 길을 평생 고집하는 그런 분이었다. 그는 젊은 시절에 드루의 최전성기의, 최고의 신학자 칼 마이클슨이 불러온 신지기예였다. 1960년대의 드루가 최전성기에 있을 때, 드루의 미래를 걱정한 칼 마이클슨이 자기의 친구에게 부탁해서 불러온 젊은 교수였다고 전해진다. 코트니는 프랑스에서 박사학위를 마치고 드루에 왔을 때 대학원 강의에 들어갔는데, 자신이 가장 나이가 어렸다고 회고한 적이 있다. 그는 칼 마이클슨이 마이틴 하이데거를 불러서 드루에서 개최한 미국 신학자들과 종교학자들을 불러 모은 학회를 회고하면서, 그때 하이데거가 읽었던 논문을 수업 시간에 나눠주기도 했다.

　서양 철학자에게 이정용이 그리 쉽게 다가오지 않을 듯한데, 코트니에게 이정용은 논리적 비약이라고 할 수 있는 부분이 있는 것은 사실이지만, 그럼에도 불구하고 더욱 설명이 잘 되기도 했다는 사실이 내게는 매우 뜨겁게 다가왔었다. 그런 마음을 가지고 이정용을 읽기 시작했을 때, 팥으로 메주를 쑨다고 해도 믿어질 정도로 강력하게 다가오기도 했다. 그의 글에는 쉽게 논리적으로 연결되지는 않지만, 곱씹어서 연결하는 연결고리와 연속성의 논리가 녹아들어 있었다. 그의 책들을 읽으면 그런 논리와 사유 방식이 처음에는 낯설다가 때로는 친근하게 다가오기도 했다. 그것은 그의 신학이 의식의 영역을 넘어서서 무의식의 영역까지도 포괄하는 자리에서 나오기 때문인지도 모른다. 인식의 언어가 아닌 고백의 언어의 힘이었는지도 모른다.

신학은 자서전적이다

『내면의 신학』이라는 이 책은 이정용의 신학의 속살을 과감하게 보여주는 책이기도 하다. 이정용은 정확하게 신정통주의가 정점에 서 있던 60년대 말과 70년대의 초에 신학자로서의 길을 출발하게 되었다. 그렇지만 그는 신정통주의적인 논리와 토대를 그대로 계속 가져가면서도 동양적 사유와 동양적 형이상학, 즉 역의 철학에 토대를 마련하면서 새로운 신학적 사유의 여정을 출발했다. 그것은 고향으로 가는 길이었고, 자기를 찾아 떠나는 여행이 되었다. 또한 한국적 기독교인이었지만 서구적 신학 전통에서 훈련받은, 지구촌 기독교를 향한 여정을 시작하는 길이기도 했다. 그는 서구 기독교의 전통을 밟고 소화하면서, 또한 그런 전통에서 벗어나서 세계 기독교, 지구촌 기독교를 향해 새로운 여정을 떠나야 했다. 그것은 종말론적 실존의 상황이었고 새로운 도전이기도 했다.

이 책의 번역은 가장 어렵기도 하고 역설적으로 가장 재미있기도 했다. 이런 신학적 전개도 가능하구나 하는 동의도 내 속에서 일어나곤 했다. 그리고 한국과 미국, 세계가 돌아가는 방향에 대한 이정용의 탁월한 영성적 감각이 만든 글이라고 감히 말하게 된다. 그의 글은 그리 치밀하고 강력하고 파워풀한 것만은 아니게 느껴지기도 한다. 하지만 노자가 말한 대로 그의 그물은 조금 엉성하지만 하늘과 땅의 어떤 것도 그의 그물망에서 벗어날 수 없는, 그런 엉성함이 가진 역설적이게도 치밀한 논리력을 경험하게 된다.

내면의 과정을 내면의 깨달음과 의식 형성, 영성 형성, 즉 자아의 실현의 과정을 다루고 있는 이 책의 요지는 그리스도는, 신앙은 외재적인 것이 아니라 내면의 것으로 수렴되는 내면화의 과정을 거친다는 점을 집요하게 성찰하면서 밀어붙이고 있다. 그것은 신앙의 본질은 외적인 역사, 정의, 사회,

도덕이 아니라 종교의 궁극은 영성의 길이라는 것이다. 심층 종교가 되어야 한다는 것을 그런 언어적 표현들이 학문이나 문화 속에 등장하기도 전에 깨달았다고 할 수 있을 것이다. 그것은 외적인 어떤 것으로, 제도로, 정의로, 성공으로 평가될 수 있는 것이 아니고, 내면화의 길로만 파악되는 영의 길이요, 영혼의 일이라는 것이다. 그것은 지극히 성서적인 발상이고 영적인 깨달음의 길이라고 할 수 있다. 그렇지만 칸트 이후 철학의 인식론적 전환과 근대성으로의 길을 다시 뒤집는 사실은 혁명적이지만 굉장히 외로운 길일 수밖에 없었다. 그러나 또한 서구 철학과 신학이 결국에는 무의식의 심연으로까지 가려는 심층심리학과 실존주의 앞에 무릎 꿇는 것을 보면서, 이정용은 왜 동양적 사유와 동양적 세계가 신학의 토대로 형이상학적 우주론을 통해서 새로운 신학의 길을 위한 기본 철학적 사유를 제공하지 못하느냐는 문제의식에서 그의 신학의 길을 출발하고 있다. 그의 영혼의 고백이 이 책 속에 자리하는 것이다.

이정용은 아예 신학의 역사를 서양 문명의 길 속에서의 외재화에서 찾았기에 진정한 예수의 가르침의 의미를 잃어버린 역사였다고 갈파한다. 그것은 일면 조속한 일반화의 오류라고 비판받을 수 있지만, 그렇다고 그 주장의 진실성을 뒤엎기는 어려울 것이다. 왜냐하면 일반적으로 그것은 서구 신학자들의 실존적 회개적 고백이요, 결론이기도 하기 때문이다. 이정용의 주장이 아니라 그의 출발점인 서구 신학의 현주소였기 때문이다.

이런 상황에서 이정용은 주역을 만나게 되었다. 어쩌면 그는 어렸을 때, 아버님이 동양의 고전을 읽어야 한다고 말씀하셨을 때, 무의식에서 그런 길을 이미 택하고 있었는지도 모른다. 다만, 그가 본격적으로 동양의 고전들, 특히, 주역을 읽고 공부하기 시작한 것은 처음 교수로서 신학과 종교를 가르치기 시작했던 오터바인대학에서였다. 그는 주역을 공부하면 좋겠다는 학생의 도전을 어린아이처럼 받아들였다. 아마 의식을 넘어서 무의식의 결단과 선택이었을 것이다. 우연의 일치이고 인과율에 의한 선택이 아니라, 우연의 동시성의 일치에서 온 선택이었다. 그는 그 이후로 주역의 철학을 그의 새로운 신학의 토대로 삼게 되었다. 이름하여 '역의 신학'이었고, 그의 문제의식과 철학적 정초는 '모퉁이의 신학'(theology of marginality)까지도 수미일관하게 일이관지로 계속된다. 그의 신학적 논의는 그의 삶의 자리에서 나온 구체적이고 의미 있는 신학적 자서전적 길이었던 것이다.

그분이 살아 계실 때 어떻게 이런 길을 걷게 되셨느냐고 물었던 적이 있다. 그분은 인도의 한 스승이 있었다고 말씀하셨다. 아미야 차크라 바티란 분으로, 현대에 자신이 만나 본분들 중 예수님에 가장 가까운 분이라고 하셨던 기억이 새롭다. 이정용에게는 예수님이 진정한 자신의 스승이었고 따라가야 할 길이었던 것이다. 그분을 내면에 모시고 살아야 한다는 고백은 그분의 삶에 일관된 신앙의 고백이었다.

내적 깨달음과 의식 형성의 과정은 과연 무엇인가?

번역하는 과정 내내 그리고 마지막 원고를 보내기 전에 가장 고투했던 것은 '내면의 과정'(inner process)이 과연 무엇인가에 대한 정확한 번역이 무엇일까였다. 그냥 독자들이 이 책을 읽으면서 스스로 터득하기를 바라는 마음이었다. 역자 또한 그것이 정확하게 잡히지는 않았기 때문이다. 이 글을 읽으면서 사도 바울이 내가 잡은 것이나 이미 이뤘다는 것이 아니라고 말했던 고백이 내 속에 공명되어 다가오기도 했다. 책을 읽기를 싫어하는 시대에 살면서 이렇게 '내면의 과정'이라고만 번역해서 내보낸다면, 원문과 비교해도 책을 잡힐 것은 없겠지만, 계속해서 내 속에서는 스트러글(struggle)이 일어났다. 내면의 과정(inner process)은 내적 깨달음의 과정이나, 내적 의식 형성의 과정, 혹은 내적 영성이나 인격 형성의 과정, 내적 변화의 과정이라고 번역한다면, 그래도 독자들에게 좀 더 접근 가능하지 않을까 하는 생각을 하였다. 그것은 모든 것을 외적인 것으로 검증되거나 경험되지 않으면 안 된다고 생각하는 서구적 경향이나, 근대와 현대의 어떤 과학과 기술을 통해 형이상학과 존재론과 가치와 심지어는 종교적이고 도덕적인 것까지도 재단하려는 그런 모든 흐름에 대한 일종의 대안 문화 내지는 대안적 가치를 지향하는 학문적 경향이라고도 할 수 있다. 물론 그렇지만 이정용 박사는 그런 외재적 과정을 내면의 과정을 중심으로 끌어안고 가려는 입장을 계속 견지한다는 것을 깊이 주목해야 한다. 내면의 과정을 오히려 외적 과정을 완성해 내는, 즉 실지로 이루는 길이라고 주장한다. 그렇기에 전통은 해체가 아니라 보듬어 포괄해 나가야 하는 상생의 과정인 것이다.

내면의 과정은 예수, 십자가, 하나님의 나라, 물질과 영, 정신, 시간, 환생, 소통, 공감, 도덕, 남녀의 문제를 모두 포괄하는 어떤 것이다. 다시 말하면 신학과 역사, 심리와 인간과 소통, 우주를 모두 포괄하는 것이기도 하다. 즉, 이정용 박사는 우주와 역사를 내면의 깨달음과 인격 형성과 영성 형성의 과정으로 보는 것이다. 그것이 외적으로 드러나는 것이 우주와 역사 속에서 일어나는 모든 것이라고 할 수 있다. 그렇기 때문에 내면의 과정은 이런 모든 것을 풀어내고 설명해 줄 수 있는 연속성의 전체 과정이라고 할 수 있다. 그렇기에 그것은 결국 깨달음과 자아실현과 영성 형성의 과정일 수 있는 것이다.

신학은 우주론적 인간학이다

그리스도를, 예수님을 어떻게 이해하고 어떻게 모시고 살 것인가는 기독교인을 만드는 시금석이다. 역자가 살아온 길을 돌아본다면, 왜 기독교인이 되었고, 왜 목사가 되었는지도 정확하게 제대로 모르면서 이 길을 걸어왔다고 고백하게 된다. 누가 의식적으로 알고 결단하고 정확하게 가기만 하겠는가?

난 한국 사람으로 예수를 믿는 것이 어떤 의미인지를 언젠가부터 묻기 시작했다. 정확히 의식적으로는 모르면서 무의식적으로 그런 질문을 하면서 살았다고 할 수 있다. 아버님과 고향 교회 목회자의 결이 서로 다르게 흐름을 보면서도 나는 아버님의 길이 잘 이해되지 않았지만, 속으로는 그런 길이 좋았다고 고백할 수 있었다. 물론 그 과정에서 아버님이 가시는 길이 잘 이해되지 않았던 시간이 있었다. 근본적으로 나는 기독교인 이전에 한국인이었고, 나의 기독교인 됨과 한국인 됨은 다른 것이 아니라 한 뿌리에서 난, 실존적인 다름이었을 뿐이지 본질적으로는 같은 길이었다. 이 책은 그것을 깨닫게 해주었다. 그런 마음으로 읽으면서 이정용의 신학과 글은 바로 나의 내면에서 들려오는 소리로 다가온 적이 많았다.

그리스도를, 예수를 믿는다는 것이 왜 이리 다르고 다르게 되는가를 다시 묻게 되었다. 그렇지만 그것이 나의 나 됨과 일치하고 연합될 때만 궁극적인 길이 열리지 않을까 하는 생각이 일어나곤 했다. 모세는 '나는 나이신 하나님을 만나 하나님의 이름을 물으면서, 사실은 자신의 길을 깨달은 것이고, 그것은 이스라엘 민족이 가야 할 길이라는 것을 하나님과의 관계에서 소명으로 받았고 또한 찾게 되었다. 성서의 모든 인물이 이런 길을 가게 되는 것이 아닐까 생각하게 된다. 어느 날은 내가 임가인 것이 "I'm"으로 뜨겁게 다가오기도 했다.

미국의 연합감리교회가 분열되는 상황 속에서 내 의견과 생각도 여러 차례 곤두박질을 쳐야 했다. 그러면서 계속해서 어떤 질문과 대답을 물어야 했다. 그러다가 이정용 박사의 가장 내밀한 내면의 세계를 볼 수 있는 이 책을 다시 접했고, 번역하면서도 여러 가지로 도전이 되고 어려운 시간이 지나갔다. 곳곳에 그것이 그렇지 않음을 이정용은 누누이 밝히고 있지만, 내면의 그리스도, 내적 과정이라는 것이 눈에 보이는 것도 아니고, 내 속에 그리스도가 계신다는 주장이 막상 실제로 주장하고 논의된다면 보통 위험한 일이 아닐 수도 있겠다는 생각이 나를 사로잡기도 했었다. 이정용의 신학적 전개가 제대로 쉽게 받아들여지기 어려운 한국교회와 한국 신학계의 현실이 내 속으로 전해 오기도 했다.

그러다 보니 환갑이 지나는 나이가 되었다. 그냥 감추고 살 일도 아니고, 내가 속한 교단이 깨어지는 마당에 무슨 논의도 못 할까 하는 생각이 싹트기 시작했다. 미국에 살다 보니 신학교에서 어떤 의견이든 두려움과 겁 없이 말하던 이들의 도전과 용기가 부러웠던 시간도 있었다. 이정용 선생님, 그분이 이미 반백 년 전에 하신 이야기를 못 할 것이 무엇이 있겠느냐는 생각을 자꾸 굳혀가게 되었다. 사실 잘 이해가 되지 않는 부분이 많았지만, 자꾸 여러 계기가 생기면서 이것은 이 분만의 주장이 아니고, 이런 논의는 이미 교회 안에, 기독교 문화 속에, 우리 문화 속에 너무도 많았었다는 것을 밝히고 싶었다. 그렇지만 이렇게 분명한 목소리로 예수님의 본질적 가르침을 잃어버렸었고 되찾아야 한다고 외치는 신학자들은 많지 않았다. 이정용은 역사적 예수 찾기는 애초에 잘못된 질문이라고 이야기하는 듯하다. 내면의 세계에서 영혼 속에 내재해 계시는 그리스도를 발견하고 경험하고 그분을 모시고 사는 것이 기독교 신앙의 본질이라고 이야기하는 것이다.

심층심리학이 모든 담론의 중심으로 밀고 들어온 지금 학계의 현실에서 그리스도 그분은 계속 우리에게 내면에서 이야기를 걸고 계신 것이다. 영혼을 이루어 가는 것이 바로 내면의 과정의 고갱이인 것이다. 영혼을 형성해 가는 것이고, 어떤 의미에서는 만들어져 가는 형성의 과정이 조금만 깊이 생각한다면 자연스러운 과정이기도 하다. 역은 내면화의 과정은 자연스러운 흐름의 길이라는 생각을 하게 된다. 그것은 우주의 흐름이요, 의식의 흐름이고, 무의식까지 움직이는 인간과 우주와 자연의 합창이기도 하다.

그리스도를 경험한다는 것은 어차피 우리의 의식과 생각과 내면세계에서 이루어지는 것이다. 즉, 영적인 경험이다. 우리의 신체와 이성을 통해서 경험하고 이해하는 것을 넘어서 있는 길이라는 것이다. 창조적 거리두기라는 초연, 즉 떠남이 아니면 쉽게 인식되기 어려운 것도 사실이다. 그렇기에 그것은 새로운 신학과 경험의 길을 열게 되는 것이 아닐까? 이정용이 늘 경고하는 대로 그것은 절대로 다른 길이 아니라, 실존적 차이만을 드러내는 길로 본질적인 차이는 없다고 봐야 할 것이다.

제도화된 기독교 속에서 이정용은 사셨다. 교단 신학교 교수도 하셨고, 끊임없이 교단과 관계를 맺고, 교단의 지도자들과 관계를 맺으면서 활동하셨다. 주립대 교수를 하면서 종교학을 가르치고, 기독교와 관련된 강의를 안 했다고 해도, 오히려 그는 교회 공동체를 이끌고 교단과의 협력 속에 목회의 길을 걸었다. 그러면서도 그는 내면의 세계, 그리스도의 잃어버리고 잊힌 가르침을 찾아갔다. 새로운 신학의 길을 가고자 했던 것이다. 물론 그렇게 큰 목소리를 낸 것도 아니었다. 조용하게, 그렇지만 쉬지 않고 갔다. 온 힘을 다해서 교회 공동체를 세우기 위해서 일하셨던 것이다.

서구 기독교는 굉장한 위기의 시대를 살았고 지금도 살아가고 있다. 미국은, 아니 한국도 일종의 내란을 겪고 있다고 우려하는 이들이 많다.

교회가 전통적인 신앙 속에 붙잡혀 있다면, 이런 거대한 문화적 흐름 속에서 생존해 나가기가 어려운 시대를 살아가고 있다. 이런 도전은 지금에만 특수한 것은 아니고, 어느 시대나 도전에 응전하지 않는 종교나 운동은 도태해서 사라져 갈 수밖에 없는 것이 운명인지도 모른다. 생명이 있는 것은 변화하기 마련이고, 이 변화는 생명의 운동인 것이다.

이런 서구 신학적인 모든 문제는 우주론적 인간학으로 조명될 때 새로운 우주론적 시각에서 해결될 수 있다는 것이 자서전적 길에서 이정용이 깨달은 바였다고 할 수 있다. 신학은 인간의 이성과 합리적인 노력을 넘어서 하나님의 창조와 신비를 체험하고 목격하게 되는 우주론적 인간학의 길이라고 정의할 수 있는 것이다. 이정용이 미국에서도 당당하게 이름을 걸고 신학적 작업을 할 수 없었던 *The Shining Stranger*(빛나는 나그네)라는 책의 저자 프레스턴 해롤드를 만나면서, 자신의 모퉁이성과 창조성을 붙잡을 수 있었던 것은, 그의 내면에 어떤 새로운 시각이 자리 잡고 있었기에 가능했다. 해롤드와 이정용의 만남이 어떻게 이루어졌는지 새삼스레 궁금하지만, 그것 또한 미스터리하게 남겨져 있다. 70년대 초 이정용은 이 책을 위한 연구를 위해서 해롤드연구소가 있던 노스캐롤라이나를 찾아갔는데, 아직 인종차별(racism)이 창궐하고 있을 내였기에 호텔을 얻을 수가 없었다. 밥콕 여사에게 전화하고 난 다음에야 겨우 호텔에 들어갈 수 있었다. 그런 시대 상황 속에서 그는 아무도 거들떠보지 않던 주역을 들고 모든 사람 속에 이미 들어와 역사하시는 그리스도를 찾아 나선 것이었다. 이 책이 쓰였던 상황과 비교한다면 지금은 상전벽해의 변화가 이루어진 상황이다. 주역에 대한 해석과 이해도 광범위하게 퍼져 있고, 많은 사람들이 관심을 기울이고 있으며, 영성에 대한 이해도 이제는 유행이 되어버렸다.

이정용이 자신의 신학적 작업의 기초를 놓을 수 있었던 주역은 우주론적 인간학을 담고 있다고 할 수 있다. 그는 인간의 구원과 역사에의 천착을 넘어서서 자연에 거하는 우주론적 시각을 주역에서 얻는다. 그것은 현대의 모든 발전된 학문과 과학의 길까지도 품어내고 함께 갈 수 있는 우주론이 있기에 가능한 일이다.

창조를 통해서 존재의 자리를 얻은 인간에게는 하나님의 인도하심을 따르는 길 외에 다른 길이 따로 있을 수 없다. 음양의 신비적 사유, 삼위일체적 사유는 어떤 보이지 않는 영적 세계에 대한 신비를 버리지 않고 간직하고 있는 것이다. 그렇기에 이정용은 주역의 길을, 성경의 길을, 영성의 길을 자기 안에서 통합해 가는 신학의 길을 가게 되었다. 그것은 자신의 삶의 길 속에서 만났던 하나님과 예수 그리스도와의 관계와 신 체험을 자신의 문화와 전통과 역사와 사상 속에서 끊임없이 묻고 찾아온 길이었다.

내면화는 외재화와는 다른 길: 전통과 창조의 통합의 길

모세가 물었던 하나님의 이름을 다시 묻게 된다. "나는 스스로 있는 자다. 나는 나다." 영어로는 "I am who I am, I will become whom I will become." '나는 나이신' 하나님은 조상의 하나님으로 나타나시고, 자신의 백성들을 이집트의 노예적 삶에서 해방시키는 하나님으로 그들을 구원해 낸 주님에게 순종하라고 십계명을 주신다. 결국 그 하나님이 드러내시는 계시의 정신을 따라서 살아야 하고, 그러기에 율법, 성경이 중요하고, 그리스도가 뜨겁게 다가와야 하는 것이다. 그렇지만 하나님은 자기와 떨어져서 존재하는 외적인 대상이 아니라, 자신의 삶과 내면에 이미 침투하여 들어와 살고 계신다는 깨달음의 자리까지 나가는 내면의 과정, 영적인 깨달음이 있지 않다면 그런 길은 열릴 수가 없다.

하나님은 성육하신 아들 예수 그리스도를 통해서 드러나신다. 이 시대에 새로운 계시가 떨어져야 한다면, 그렇게 아들로 성육해서 오신 그리스도가 모든 인간 속에 영으로 역사하셔야 하는 것이다. 이름하여 제3의 성령의 시대, 모든 이가 그리스도를 모시고 사는 중생의 경험이 보편화되는 시대가 열려야 하는 것이 아닐까?

하나님은 인간의 내면에 존재하신다. 그 내면은 어디에 존재하는 것일까? 그것은 의식과 무의식 사이에 존재한다. 바로 의식과 무의식, 몸과 마음 사이에 존재한다. 몸과 마음이 하나 되어야 하는 것은 삼위일체적 신비가 이미 오래전에 말해 온 기독교의 전통이라고 할 수 있다. 그렇지만 그 기독교의 전통은 서구의 정신이 아니라 보편적인 영혼의 전승이라고 할 수 있다고 이정용은 갈파하고 있다.

동양적 에큐메니즘

현대 신학자들은 에큐메니즘을 반대하기 어려운 것이 사실이다. 보수적인 신학을 대변한다고 자처하기 전에 현대 신학의 세례를 받은 이들은 에큐메니즘을 대놓고 반대하기가 어려운 현실인 것이다. 그렇지만 요즘 에큐메니즘은 동네북이 되었고, 한국교회 안에서는 에큐메니즘을 주장하다가는 이단 소리를 들어도 방어하기 어려운 환경이 조성되고 있는 것도 사실이다. 사실 신학자라는 존재 자체까지도 한국교회나 이민교회의 현실에서는 그렇게 좋은 평가를 받지 못한다. 신학 자체의 무용론이 대두되는 것도 오래되었고, 반지성주의적 경향이 거대한 물결로 자리하는 것도 한국교회가 숨길 수 없는 사실이다. 물론 이것은 한국교회만의 문제는 아니다. 서구 교회 전통에서도 신학과 신앙의 싸움은 역사 이래 계속된 기독교의 전통이다.

복음은 보편성을 지향할 수밖에 없고 보편적인 신학을 이야기하기는 쉽지 않지만, 복음이 모든 이에게 소개되고 선포되어야 하는 것은 자명하다. 복음이 모든 이에게 전해지기 전에는 주님이 다시 오실 수 없다는 명제적 선포가 복음서 속에 들어와 박혀 있는 것도 사실이다.

이정용의 글을 읽으면서, 이분은 동양적 에큐메니즘을 드러내고 있다고 생각하였다. 그리스도는 전해지기도 전부터 이미 우리의 심성 속에, 마음속에, 문화 속에 존재하고 있는 것이다. 다만, 그것이 감추어져 있어서 드러나지 않기에 사람들이 인식하지 못하는 것뿐이었다. 이런 의미를 이정용은 그리스도는 내면적 과정으로, 무의식으로 이미 존재한다고 주장하는 것이다. 그것은 웨슬리의 선행적 은총일 수도 있다.

하나님이 선행의 은총(prevenient grace)으로 모든 이를 구원과 생명의 길로 인도하셨다는 웨슬리적 전통에 서 있기에 이정용의 이런 주장은 교회적이고, 선교적이고, 신학적인 것으로 아무런 문제가 없지만, 그의 주장이 서양적 신학의 전통에서가 아니라 동양 사상적 근거와 자료들을 가지고 주장한다는 것은 매우 독특하다. 그런 의미에서 이정용은 일찍이 신학의 깊이와 폭에 있어 감히 누구도 따라가기 어려운 길을 걸어왔고, 또 28년 전에 이미 하늘나라로 떠나셨다. 이 책이 나온 지 반백 년의 세월이 흐른 것이니, 그가 앞서갔던 것만은 분명한 사실이다.

그는 신정통주의에서 시작해서 신정통주의의 신학의 길을 따라 동양 사상을 자신의 고향 가는 길에서 발견해 품고 신학적 작업을 했다. 다행인 것은 그의 신학적 스승들도 그의 길에 함께했고, 동양 사상은 서구 신학의 한계들을 넘어설 수 있는 신비를 머금고 있었다. 이정용은 의문과 문자를 넘어서 영과 진리로 성경과 신학을 읽어내고 있었는데, 그것은 탄탄한 서구 신학적 훈련을 통해서 습득된 길이었고, 또한 동양적 영성과 전통을 몸으로

호흡하고 있었기에 그의 신학에서는 아름다움과 감동이 묻어날 수 있었다.

"주체성이 진리다"라고 주장하는 실존주의적 언명은 객관적 진리와 명료성을 주장하는 서구 철학에서는 사실상 받아들여지기 쉽지 않은 주장이다. 이정용은 실존주의가 철학적으로 신학적 주장들을 뒷받침하는 신정통주의가 정점에 있을 때 신학을 공부했던 분이다. 칼 바르트와 불트만, 틸리히는 그의 초기 신학적 저작에서 거의 모든 주장을 뒷받침하는 논거들이 되고 있다. 첫 번째로 신학 전문 저널에 출간되었던 그의 논문은 "칼 바르트의 유추론"이었다. 바르트의 신정통주의적 유추론은 자연신학이 아닌 계시신학의 길을 제시했는데, 이정용은 그런 정신으로 동양의 자연론과 우주적 유추론을 붙잡고 새로운 신학의 고향 가는 길을 열었다.

그는 그런 신학적 토대에서 동양 사상으로 신학의 방향을 틀 때도 큰 문제가 없었다고 회고하기도 했다. 왜냐하면 동양 사상의 토대 위에 신학을 하는 작업은 신정통주의적 신학의 방법론과 크게 다르지 않았기 때문이다. 어떤 신학이든 그 토대가 되는 것은 어느 시대고 어떤 사상이나 철학의 근거 위에 시작되었기 때문이다.

내면화는 메시아, 환생과 재림까지 재해석하는 영성의 길

서양 신학사와 기독교사는 하나님의 나라를 외재화함으로써 예수님의 가르침의 진정한 의미를 잃어버렸다고 이정용은 주장한다. 구조와 제도, 사회 정의와 정치, 윤리의 문제로 예수님의 가르침을 바꿔버리는 오류를 범했다는 것이다. 내면의 문제, 영혼의 문제로 서구 기독교는 방향 전환을 해야 했고 실제로 그런 길을 걷고 있다. 신학의 모든 문제는 외재화를 통해서 밖에서 해결되는 것이 아니라 결국 내면의 과정으로 안에서(within), 속에서

(in), 의식 안에서(in consciousness), 영혼 속에서 해결되고 이루어지고 풀리는 일이다. 결국은 내면에서 이루어지는 내면의 과정, 즉 내면화의 길이라는 것이다.

결국 신앙은, 우주적 인간학의 결론은 그리스도와 내가 하나가 되는 길이 열려야 한다는 것이다. 이것은 동일화의 문제가 아니라 공감(empathy)을 통한 참여의 문제로 인식되어야 한다. 이정용은 박사학위 논문에서 신의 수난과 고통의 문제를 다루었다. 서구 신학의 역사 2,000년 동안 하나님은 고난을 당할 수 없다는 것이 기독교의 교의였다. 물론 현대 신학에 해방신학이, 몰트만의 희망의 신학과 십자가에서 돌아가신 하나님 등의 논의들이 들어오면서 신의 고통의 문제는 더 이상 그리 반대할 수 없는 대세가 된 것은 사실이다. 그러나 이정용이 신학자로 학위 논문을 마치고 강의를 시작하던 60년대 후반은 하나님이 고난을 당할 수가 있다는 '신의 수난설'(God's passibility)이 신학적으로는 받아들여질 수 없었던 시대였다. 왜냐하면 신의 완전성을 확보해야 했던 서구 신학은 그리스의 정태적 존재론의 철학에 기초하고 있었기 때문에, 신은 완전하고 변화할 수 없는 존재였던 것이다. 그렇기 때문에 신은 고난을 받을 수가 없었다. 그것은 예수 그리스도의 삶과 사역을 통해서 경험되었던 하나님과는 전혀 다른 철학의 하나님이었다.

그렇지만 이정용은 교부신학까지 거슬러 올라가면서, 하나님은 사랑의 존재이고 공감하시는 분이기에, 인간의 고난 속에 사랑의 존재로 참여할 수밖에 없다는 신의 심정을 이야기한다. 그리스 철학의 정태적 존재론이 아니라 동양적 역의 철학이 성경과 신학과 더욱 적합할 수 있다는 것을 그는 발견하였다. 그렇지만 그는 신학을 구성해 나가는 어떤 토대가 되는 생각을, 주역을 공부하고 동양 사상을 끌어들이기 전에도 이미 새롭게 하고 있었다. 그것은 다름과 같음을 모두 넘어서는 초월과 초연의 길이었다. 그것은 신과 함께 참여하느냐, 심정으로 느끼느냐를 물어야 하는 공감의 문제로 귀결되었다. 참여를 통해서 삼위일체적 사유를 경험하는 길이기도 했다. 이정용의 신학은 주역과 동양 사상을 품기 전에도 이미 그런 길을 가고 있었던 것이다.

이정용은 그가 다루는 문제와 주제에 있어서 포스트모던 신학자라고 해도 손색이 없다. 그러나 그의 포스트모더니즘은 서구 학계의 일반적 추세와는 전혀 다른 방향과 결을 가지고 있다. 그는 전통을 해체하려 하지 않는다. 전통은 역사이고, 역사는 해체되는 것이 아니라 존중되고 새롭게, 조심스럽게 개혁되고 새로워져야 하는 것이기 때문이다. 대체나 비판을 통한 수정이 아니라 새로워지는 변화를 가져와야 하는 것이다. 변화는 생명의 운동이고 흐름으로 자연스러워야 하는 것이다. 변화를 거부하고 어떤 것을 주입하거나 외부에서 강제로 영향을 미쳐서 일어나는 것이 아니라, 자연스럽게 내부에서부터 일어나는 운동이어야 한다. 기독교적 용어로 말하면 성령의 운동이어야 하고, 창조적 작업이어야 하고, 신율적(theonomy) 변화여야 한다.

사실 그것을 가장 잘 표현한 것은 바로 무위의 활동일 수 있다. 그것은 의식의 차원에서만 이루어지는 것일 수만은 없고, 무의식의 차원이 함께 참여하는 전체적인 것이어야 한다. 인간의 의식과 의도가 개입하게 된다면, 오히려 일은 제대로 이루어지지 않고 그르치게 되는 결과를 낳게 된다. 그렇기에 내면화를 통해 하나님의 계시가 우리의 삶과 의식 속에서 일어나는 성육신의 길이 열려야 한다. 그것이야말로 자유의 길이요 영성의 길이다. 바로 이정용의 신학은 미래의 신학의 길이요, 지구촌 기독교가 형성되어서 퍼져 가는 길이다. 바로 그것은 외적으로 드러나는 외재화의 길이 아니라 영혼과 내면에 하나님이 그리스도를 통해 오셔서 성령으로 역사하는 성령의 제3시대가 열리는 길이다. 이런 새로운 신학이 일어나서 한국교회가 진정한 내면화의 길을 경험할 수 있기를 소원한다.

메시아의 강림과 재림, 하나님 나라의 완성, 그리스도의 부활이 일회적 역사적 사건으로 외재화되어서 나타날 것을 기다리고 대망하면서 역사 속에 기독교의 복음이 전해져 온 것은 사실이다. 2,000년이 되기 전에 그리스도의 재림이 일어나리라는 어떤 암묵적 동의가 한국 강산과 한국교회를 꿰뚫고 있었던 시간이 있었다. 신학자들은 이런 문제를 제대로 해명하지도 않았고, 부흥사들은 그리 용감하게 외쳤던 시기가 지나고서는 신학적 해명을 하지도 않는다. 성경도 마찬가지다. 그러나 복음과 진리가 귀하고 능력 있게 전해졌음에도 불구하고 여러 가지 부작용과 문제가 많았던 것은, 외재화의 길을 걸어감을 통해 예수 그리스도의 복음의 원래적 의미가 역사 속에서 제대로 적용되고 실천되지 못했기 때문이다. 그렇다면 내적 과정을 통해서 그리스도의 사심과 부활이 동양의 신비적 사유와 함께 새롭게 창조적으로 해석되고 구성됨으로써, 하나님 나라의 도래와 그리스도의 구원과 부활이 새롭게 조명되고, 내면화의 길을 통해 영혼과 의식 속에서 그리스도가 살아 역사하시는 그런 시대가 열려야 한다. 이정용의 내적 과정에 대한 신학적 논의를 읽고 적용하는 것은 그런 새로운 시대가 열려가는 징조요, 바람이 불기 시작하는 새로운 운동의 시작이다.

내면의 신학: 주역과 기독교의 만남

2026년 2월 6일 처음 펴냄

지은이   이정용
옮긴이   임찬순
펴낸이   김영호
펴낸곳   도서출판 동연
등 록   제1-1383호(1992년 6월 12일)
주 소   서울시 마포구 월드컵로 163-3, 2층
전화/팩스   02-335-2630 / 02-335-2640
이메일   yh4321@gmail.com
인스타그램   instagram.com_dongyeon_press

ISBN 979-11-7611-012-9 93200